Sally Nicholls
Keiner kommt davon

SALLY NICHOLLS
KEINER KOMMT DAVON

Eine Geschichte vom Überleben

Aus dem Englischen von
Beate Schäfer

Carl Hanser Verlag

Die Originalausgabe erschien 2012 unter dem Titel
All Fall Down
bei Marion Lloyd Books,
an Imprint of Scholastic Children's Books, London.

Die Übersetzung des Gedichts von Geoffrey Chaucer
stammt von Hans Feist und ist dem Band
Englische Dichtung: Von Chaucer bis Milton,
hg. v. Friedhelm Kemp und Werner von Koppenfels, entnommen,
erschienen im C.H. Beck Verlag, München.

1 2 3 4 5   18 17 16 15 14

ISBN 978-3-446-24511-2
© Sally Nicholls 2012
Alle Rechte der deutschen Ausgabe:
© Carl Hanser Verlag München 2014
Umschlag: Maren von Stockhausen,
unter Verwendung von Bildelementen von artant – Fotolia.com
Satz: Satz für Satz. Barbara Reischmann, Leutkirch
Druck und Bindung: GGP Media GmbH, Pößneck
Printed in Germany

MIX
Papier aus verantwor-
tungsvollen Quellen
FSC
www.fsc.org   FSC® C014496

*Für Zoe Owlett,
die mit Sicherheit
besonders cool ist.*

INHALT

ERSTES BUCH – INGLEFORN

1 Morgen 13

2 Die Romanze von Vater und Alice 18

3 Sonntagsmesse 21

4 Die Flüchtlinge 25

5 Grenzen 29

6 Prozession 33

7 Die Pest 38

8 Johannisfeuer 41

9 Freie und Unfreie 50

10 Kleine Edith 52

11 Was recht ist, was schlecht ist 55

12 Wunderglauben 63

13 An wen wir uns erinnern und wen wir vergessen 66

14 Der Priesterjunge 76

15 Küsse gegen die Nacht 80

16 Ein schlimmer Tod 88

17 Liebevolle Freundlichkeit 93

18 Emma Baker 101

19 Ernte 106

20 Tote und Teufel 111

21 Mein Bruder Geoffrey 117

22 Ein Festtag, ein Feiertag 122

23 Heute 132

24 Mein Bruder Edward 136

25 Bei Kerzenlicht   138
26 Isabel allein   149
27 Durch Rauch atmen   154
28 Im Haus   161
29 Der Jüngste Tag   169

ZWEITES BUCH – YORK

30 Thomas   177
31 York   183
32 Das Haus Gottes   192
33 Die andere Familie   202
34 Matilda   216
35 Zetermordio   221

DRITTES BUCH – DAHEIM

36 Noch mal Thomas   233
37 Robin im Mondlicht   240
38 Am Leben sein   245
39 Zum Stern   247
40 Abschiednehmen   256
41 Aus offenem Grab   259
42 Finis   268

Historischer Hintergrund   271
Glossar   275

ERSTES BUCH

INGLEFORN

Mit eigenen Händen bestattete ich meine fünf
Kinder in einer Grube. Es läuteten keine Glocken mehr,
und niemand weinte. Dies ist das Ende der Welt.

Agnolo di Tura
1348

In dem Jahr, als ich dreizehn wurde, regnete es vom Mittsommerfest bis Weihnachten ununterbrochen. Graue, nasse Schafe standen dicht zusammengedrängt auf den Feldern, bekamen die Viehseuche und starben. Hafer, Gerste und Roggen hatten staksige und schwache Stängel, wenn sie überhaupt wuchsen. Vor dem Mahlen musste man grünlichen Schimmel von den Körnern kratzen. Wir litten die meiste Zeit über Hunger, und in den Dörfern weiter oben im Tal starben Leute.

Reisende, die von York her durch Ingleforn kamen, erzählten von seltsamen Vorkommnissen in weit entfernten Ländern. Dort gab es Erdbeben und Vulkanausbrüche und eine neuartige Krankheit, die die Stadtbewohner befiel und keine Menschenseele am Leben ließ. Die meisten Reisenden amüsierten sich scheinbar über diese Katastrophen.

»Ein schlechtes Jahr für die Franzmänner«, sagten sie zum Beispiel. Oder: »Paris liegt offen da für König Edward, er muss es sich nur nehmen.«

Sogar die umherziehenden Geistlichen, die Einsiedler und Ordensbrüder, die Prediger und Ablasshändler schienen angetan von den Verwüstungen auf der andern Seite des Meeres.

»Gott hat seine Engel ausgesandt, die Frevler vom Antlitz der Erde zu fegen!«, riefen sie, und die Dorfbewohner nickten und seufzten und waren wie die Geistlichen der Meinung, in Kastilien, Aragon und Frankreich müsse es wirklich furchtbar viele Frevler geben.

Doch im Jahr des Herrn 1348 änderten sich die Geschichten. Die Krankheit sei nach Bristol gekommen, erzählten manche. Erst war es nur ein Gerücht; aber als immer mehr Reisende das Gleiche sagten, begannen wir es zu glauben. Dann kam die Krankheit – die Pest – bis nach London. London!

Jetzt erzählten die Prediger und Ablasshändler, Einsiedler und Ordensbrüder eine neue Geschichte.

»Das Ende der Welt ist nah!«, sagten sie, die Augen glühend vor Rechtschaffenheit, die Haare ungebärdig und wild. »Buße, tut Buße!« Die Dorfbewohner standen in Grüppchen zum Reden beisammen, und ein paar Wohlhabendere – die Besitzer kleiner Güter, die Freisassen und Yeomen* – sprachen davon, ihr Land zu verkaufen und Richtung Norden zu ziehen, nach Duresme oder in die wilden Gegenden noch weiter nördlich, vielleicht sogar bis Schottland, als könnten sie sich dort vor dem Zorn Gottes verstecken. Die meisten aber schüttelten die Köpfe und bissen die Zähne zusammen. Ihnen fehlten die Mittel, sie konnten nicht fliehen. Oder sie waren Leibeigene von Sir Edmund wie wir und hatten sowieso keine Wahl.

Schon damals wussten wir, das Jahr 1349 würde entsetzlich werden.

Aber wie groß das Entsetzen wäre, konnte sich keiner von uns ausmalen.

---

* Historische Begriffe und ungebräuchliche Namen werden im Glossar am Ende des Buches erklärt.

1 MORGEN

Sonntag, früh am Morgen, Anfang Juni. Noch ist es dunkel, das aschgraue Licht kurz vor Sonnenaufgang. Unten weint mein Bruder Edward, unser Baby. Neben mir drückt Ned sein Gesicht ins Kopfpolster und stöhnt, aber ich liege da und lausche. Alice klettert aus dem Bett, ich höre es knarren. Einen Augenblick später läuft sie über den Lehmboden. Ich drücke mich auf die Ellbogen, tue den Vorhang beiseite und spähe nach unten. Alice hat nur ein wollenes Unterkleid an und die Schlafhaube auf. Ihre strohblonden Haare sind ganz zerzaust, wie immer am Morgen. Sie lässt sich auf einen Schemel sinken und öffnet das Unterkleid. Ich sehe ihre schweren, fleckigen Brüste. Edward schreit nicht mehr, sondern fängt an zu saugen. Alice merkt, dass ich ihr zuschaue, und hebt den Blick. Sie lächelt.

»Bist du wach?«, fragt sie. »Zieh dich an und weck die andern, ja? Jemand muss Wasser holen.«

Ich habe eine große Familie. Vier Brüder, zwei von ihnen älter, zwei jünger als ich, und eine kleine Schwester. Meine großen Brüder wohnen nicht mehr bei uns. Richard hat für sich und seine Frau Joan eine Kate gebaut, am andern Ende vom Dorf. Nach Richard kommt Geoffrey, mein Lieblingsbruder. Mit elf ist er in die Abtei von St. Mary gezogen. Er will Priester werden.

Danach komme ich, dann Ned, neun Jahre alt und mit roten Haaren, und dann Margaret, die Kleine in der Familie, trotz Baby Edward. Die beiden liegen zusammengerollt neben mir auf der Matratze. Ich schüttele Ned.

»Nedkin, Zeit zum Aufwachen.«

Ned seufzt und rollt sich noch fester zu einem kleinen, warmen Ball aus Ellbogen und Knie.

Margaret schläft noch, mit einer strohblonden Haarsträhne im Gesicht. Wachwerden fällt ihr leicht, sie klappt ihre blauen Augen auf und strahlt mich an.

»Ist jetzt Morgen?«

»Ja. Komm, zieh die Kleider an.«

Vater hat den Zwischenboden für uns eingezogen, eine Holzbühne unter dem Dreieck des Hausdachs. Der Boden hat genau die richtige Größe für unsere Matratze aus Sackleinen und Heu. Im Winkel zwischen Dachschräge und Boden sind Getreidesäcke, Talglichter und aufgerollte Seile verstaut. Keine Ecke bleibt ungenutzt.

»Ned!« Ich schüttle meinen Bruder noch mal. »Mach schon!«

Ich ziehe mir den Kittel über und klettere barfuß die Leiter hinunter. Maggie kommt mit ihrem Kleiderbündel hinterher. Ich helfe ihr, die Schuhe zuzumachen, und zerre den Kamm durch ihre Haare. Sie jammert.

»Das tut weh!«

»Schon gut.«

Alice nimmt mir den Kamm aus der Hand und macht sich geduldig an Maggies wildem Haarschopf zu schaffen. Ich hocke mich auf die unterste Stufe der Leiter und streife im Dunkeln meine Hose über. Alice hat noch kein Feuer gemacht, und die Läden vor den schmalen Fenstern sind geschlossen. Ich zittere in der Kälte.

Die Herdstelle ist in der Mitte. Alice' Krüge und Töpfe und Becher stehen auf Borden hoch über dem Tisch, damit die Tiere nicht drankommen. Alles, was wir sonst jeden Tag brauchen, ist an den Wänden aufgereiht – Eimer und Sicheln und Säcke mit Gerste, außerdem ein halb volles Fass Dünnbier und Alice' Webstuhl mit einem angefangenen Tuchballen. Der Verschlag unter unserm Zwischenboden ist mit einer Decke zugehängt, die Vater an den Querbalken genagelt hat. Dahinter ist das Bett von Vater, Alice und Edward.

Hinter der Flechtwand am andern Ende wacht langsam das Vieh auf. Unsere Kuh Beatrix schnaubt mich an. Wir haben zwei Ochsen für den Pflug, eine Kuh, ein Schwein, acht Hühner und einen jungen roten Hahn. Vater sagt immer, er will einen Kuhstall bauen, tut es aber nie. Mir macht das nichts. Ich finde es gemütlich, dass wir alle zusammen schlafen, ich mag das eigenartige Schnauben und Atmen der Tiere in der Nacht und ihre Wärme im Winter. Ihr kräftiger, erdiger Geruch passt gut zu den andern Gerüchen im Haus, zu Holzrauch und Stroh und zu Thymian und Rosmarin.

Ich heiße Isabel. Ich bin vierzehn Jahre alt und kann mir nicht vorstellen, jemals ein anderes Leben zu führen als das hier.

Wie furchtbar falsch ich damit liege.

»Fertig«, sagt Alice, und Mag auf ihren Knien lehnt sich zurück. »Du siehst aus wie ein Mädchen, das Wasser holen will. Ned? Schläfst du immer noch? Am Ende steht die Sonne früher auf als du, dabei wissen wir alle, was die für ein Langschläfer ist! Komm schon.«

Aber die Sonne ist schneller als Ned und taucht die zerzausten Wolkenfetzen in ein blasses Frühmorgenrosa. Der Sommer kommt. Das spüre ich, als ich auf dem Weg zum Brunnen den leeren Eimer hin und her schlenkere. Bald kommen Sonnenschein und Erntezeit, bald gehen wir im Fluss bei der Kirche schwimmen. An einem Morgen wie heute scheint die Krankheit weit weg zu sein.

Unser Haus steht am Rand des Dorfangers im Schatten von zwei großen Hainbuchen, etwas abseits von den andern Gebäuden im Dorf. Bis zum Brunnen ist es nicht weit. Ich laufe übers Gras, vorbei an den Dorfhäusern. Bei der Wassermühle, um den Anger herum und beim Fluss stehen die Häuser dicht an dicht, aber je weiter man sich von der Kirche entfernt, desto mehr Platz gibt es zwischen ihnen. Die Kirche liegt in der Mitte von Ingleforn. Hier sind auch die Schmiede und das Backhaus und die Dorfeiche, wo der Verwalter von Sir Edward dreimal im Jahr Gericht hält. Auf der andern Seite vom Friedhof liegen die Schießstände, an denen alle gesunden Männer das Bogenschießen üben müssen. Wobei Sir Edward es nicht weiter schlimm findet, wenn sie es manchmal vergessen, vor allem in der Erntezeit oder wenn Heu gemacht wird.

Die Straße aus York läuft, so weit wie ich ihr gefolgt bin, immer am Fluss entlang. Über die Brücke bei der Wassermühle kommt sie ins Dorf und führt an der Kirche und dann vor unserm Tor vorbei. Fast jeden Tag sind Fuhrleute unterwegs, und im Frühling ziehen Pilger zum Grab des heiligen William von York, außerdem gibt es Wanderprediger, Kaufleute, Aussätzige, Verrückte und heilige Narren.

Die beiden großen Dorffelder – das bei den drei Eichen und das am Hügel – liegen vor unserer Tür, das eine rechts, das andere links. Vater bestellt fast eine ganze Landhufe, aufgeteilt zwischen beiden Feldern. Auf der Rückseite vom Haus liegen ein Wäldchen und dahinter das Herrenhaus von Sir Edward. Zu den Weihnachtsfeierlichkeiten gehen wir hin, sonst halten wir uns lieber fern. Die Reichen sollst du nicht stören, dann stören sie dich auch nicht. Sir Edward hat in Devon noch ein Anwesen, das größer ist, und dazu ein geräumiges Haus in London, dort lebt er die meiste Zeit des Jahres. Gott schütze ihn.

Hinter dem Herrenhaus ist das nächste Dorf, Great Riding, und hinter den entlegensten Feldern von Great Riding liegt die Abtei, in der mein Bruder Geoffrey lebt. Hinter der Abtei kommt Riding Edge und dann immer weiter Ackerland – eine flache, fruchtbare Landschaft, ideal zum Pflügen. Sie breitet sich bis nach York hin aus, das zwei Tagesmärsche von hier entfernt liegt. In York war ich noch nie. Alice sagt, es ist den weiten Weg nicht wert.

»Hier sein ist besser, Isabel. Hier sein ist besser!«

Am Brunnen sind schon viele Frauen und Kinder. Sie nicken mir zu, alle noch schläfrig und zerzaust. Die pummelige Amabel Dyer mit den Kupferhaaren lächelt mich an. Sie ist ungefähr so alt wie ich, und wir verstehen uns gut.

Die Frauen stehen zusammengedrängt und reden.

»Jetzt ist sie schon in York!«

»York!«

»Fünfzig sind tot, hab ich gehört.«

»Hundert, heißt es.«

»Mein Mann sagt, die Straße aus York ist voll von Leuten, die Richtung Norden wollen. Auf Pferden und Ochsenkarren, und Reiche in ihren vornehmen Sänften, die sich von Dienern tragen lassen, statt zu laufen.«

Amabel Dyer und ich sehen uns an.

»Stimmt das mit York?«, flüstert sie. »Weiß Geoffrey was?«

Mein Bauch wird hart.

»Nie im Leben«, verkünde ich. »Das ist doch bloß Gerede.«

Aber von der Freude dieses schönen Morgens ist nichts mehr übrig.

York ist nicht mal einen Tagesritt entfernt.

York ist so gut wie hier.

2 DIE ROMANZE VON VATER UND ALICE

Alice ist meine Stiefmutter und einer der liebsten Menschen auf der Welt, finde ich. Die Geschichte, wie Vater und sie sich gefunden haben, klingt wie aus einem Spielmannslied. Meine Mutter ist bei der Geburt von Maggie gestorben, und danach wollte Vater keine andere Frau mehr. Maggie hat er zu Robins Mutter gegeben, und um Geoffrey, Ned und mich musste sich mein Bruder Richard kümmern. Der war damals fünfzehn und konnte das nicht besonders gut. So mussten wir uns an schmutzige Kleider und angebrannten Eintopf, an abgestandenes Dünnbier und qualmende Feuer mit nassem Holz gewöhnen.

Die Dorffrauen schüttelten die Köpfe und brachten uns vors Gericht, wo Sir Edwards Verwalter anordnete, Vater müsse innerhalb von drei Wochen wieder heiraten. Wenn nicht, würde er eine Frau für ihn bestimmen. Vater kümmerte das nicht. Er nickte bloß und machte so weiter wie vorher. Als der Verwalter Ned und Geoffrey und mich das nächste Mal anschaute, mit unsern roten Augen und zerzausten Haaren, befahl er Vater, Agnes mit der Hasenscharte zur Frau zu nehmen, noch vor dem Mittsommertag.

Schlimm für Vater! Und schlimm für uns. Agnes mit der Hasenscharte ist nämlich ein alter Hausdrachen. Sie ist Spinnerin, macht Garn für die Frauen der Freisassen in Ingleforn und Great Riding und wohnt in einer sauberen kleinen Hütte, in der alles immer genau so ist, wie es sein soll. Sie betrachtete Richard und Geoffrey und Ned und mich mit blankem Entsetzen. Vater presste nur die Lippen zusammen und sagte nichts. Aber am Tag darauf machte er sich Hände und Gesicht sauber, und auch mich hat er gewaschen und gekämmt. Dann sind wir zum Haus von Agnes' Vater gegangen.

Vater klopfte an die Tür, und Alice machte auf. Ich kannte sie da schon ein bisschen und mochte sie gern. Ihr strohblondes Haar war hinten am Kopf zu einem Knoten zusammengeschlungen. Aber ein paar lange Strähnen waren entwischt und spielten ihr um die Ohren. Ihre großen Hände waren voll Malz, und in ihren Augen war lauter Lachen und Freundlichkeit.

»Ist dein Vater da?«, fragte Vater, und Alice sagte: »Nein, aber komm doch auf einen Happen herein mit dem Kind.«

Drinnen war alles ordentlich gefegt, und die kleinen Brüder und Schwestern von Agnes und Alice tollten ums Feuer herum. Alice gab uns Eintopf, Vater fragte sie nach den Kindern, und ich saß da und wünschte mir ein Zuhause wie dieses.

Nach einer Weile sagte die Mutter von Alice, die Wäsche würde sich nicht von alleine waschen, sie müsse sich jetzt verabschieden. Mit einem letzten Blick auf Alice ging sie nach draußen. Dann saßen Alice und Vater einfach nur mit ihren Essschalen da und guckten ins Feuer.

»Deine Familie ist groß«, meinte Vater, und Alice sagte, ja, mit drei kleinen Geschwistern, und dazu käme ja noch ihre ältere Schwester, nämlich Agnes.

»So gefällt mir das«, sagte sie. »Ein Haus ohne Kinder wär nichts für mich.«

»Bei uns gibt es vier«, erklärte Vater. »Und das Baby. Mehr Arbeit für eine Frau, als man irgendwem antragen kann.«

»Agnes sicher nicht!«, lachte Alice. »Wenn ihr mich fragt: Der dumme Fettsack hat keine Ahnung, welche Last sie für euch wäre.«

»Wärst du denn für die Kinder da?«, fragte Vater. Alice schaute ihn an und war gar nicht überrascht.

»Ich möchte aber auch ein eigenes«, sagte sie, und Vater nickte.

»Gut.«

»Na dann«, sagte sie, und das war's. Nach der nächsten Messe wurden sie an der Brauttür verheiratet. Und bald hatten wir Alice alle ins Herz geschlossen, nur Richard nicht, der war nämlich eifersüchtig, weil er der Älteste war. Aber immerhin musste er jetzt nicht mehr auf uns aufpassen.

Bevor Edward kam, hat Alice schon dreimal beinahe ein Baby zur Welt gebracht. Zweimal war das Kind viel zu früh da. Einmal bekam sie ein kleines Mädchen, das nur einen Tag gelebt hat. Aber letztes Jahr kam Edward, und er ist bei uns geblieben.

»So heiß *ich* doch schon!«, hat Ned protestiert, als wir das Baby zum ersten Mal zu Gesicht bekamen. Und das stimmt, Ned heißt in Wirklichkeit Edward, genau wie sein Taufpate Edward Miller, aber der ist eben auch der Pate von Baby Edward. Wenn die beiden älter sind, können sie als Lehrlinge zu Edward in die Mühle, hofft Vater.

Richard kann Alice nicht leiden. Ihr Baby hasst er. Je mehr Kinder Vater und Alice haben, umso weniger Land bleibt später für jeden Einzelnen übrig, und ohne Land gibt es nichts zu essen.

»Vielleicht heiratet Edward ja die Tochter von einem Lord und füttert uns alle durch«, sage ich zu Richard, aber der guckt bloß finster auf die Krippe und überlegt, wie viele Morgen Land Baby Edward ihm wohl wegnehmen wird.

3 SONNTAGSMESSE

Die Kirche ist voll, aber keiner hört auf das lateinische Geleier von Sir John, unserm Pfarrer. Die Nachrichten aus York gehen allen durch Mark und Bein, knistern in der Luft wie Wetterleuchten im Sommer. Alle reden nur von der Krankheit.

»In London wird keiner mehr begraben, die Leichen liegen auf der Straße. Wer kann, ist schon raus aus der Stadt.«

»Und die, die nicht können?«, fragt John Dyer leise. Kurz ist es still, alle schweigen, dann setzt das Gemurmel wieder ein.

»Man kann nicht weglaufen. Die Krankheit kommt mit. Hab von einem Mann aus Lynn gehört, der geflüchtet ist. Zu seiner Schwester. Der dachte schon, er hätte's geschafft. Hatte keine Krankheitszeichen. Zwei Wochen später war er tot. Genau wie die Schwester und alle ihre Kinder.«

»Im Süden gibt's Gegenden, da lebt keiner mehr. Lauter kleine Dörfer und Häuser, alles leer ...«

»York!«

Amabel und ich stehen mit Robin zusammen und lauschen.

»In London sind doch nicht alle tot, oder?«, fragt Amabel.

»Das kann gar nicht sein«, sagt Robin. »Wie viele von den Männern sind in London gewesen? Alles bloß Geschichten.«

»Aber York ...«

Wenn ich erwachsen bin, heirate ich Robin. Wir sind schon unser Leben lang verlobt. Meine Mutter war mit seiner Mutter befreundet und auch mit seinem Vater, der an der Halsbräune gestorben ist, als Robin noch klein war. Robin erbt sein Land, wenn er einundzwanzig ist.

Der Klang der Kirchengespräche hat sich verändert. William vom Wald redet laut mit Vater. Er geht weg aus dem Dorf, verkauft sein Land an seinen ältesten Sohn.

»Auf keinen Fall bleib ich da und seh zu, wie Gott meine Kinder dahinrafft«, erklärt er. »Morgen geht's nach Norden.«

»Und dann?«, sagt Vater. »Wo willst du hin?« Ich schließe die Augen und male es mir aus: William vom Wald hoch oben im wilden Norden, wo keiner ihn finden kann. Bestimmt macht er sein Glück, indem er Bänder und Katzengold verkauft, und seine Töchter kommen als hohe Damen oder Prinzessinnen zurück, mit Hermelinmänteln und weißer Haut.

William spuckt aus und schüttelt den Kopf. »Hoch nach Newcastle«, sagt er. »Dann Schottland. Ist ein raues Land da oben – dort sind wir sicher, denk ich mir. Ich an deiner Stelle würd nicht bleiben, Walt. Pack zusammen, solang's noch geht.«

Jetzt ändert sich das Bild vor meinen Augen. Robins Familie und meine, unser Hausstand auf dem Rücken von Stumpy und Gilbert, unsern Ochsen, wie wir auf geschwungenen, grasbewachsenen Wegen hoch zu den verrückten Schotten ziehen. In Herbergen schlafen und vor der Pest wegrennen.

Aber Vater holt nur tief Luft.

»Kann sein«, sagt er, und ich weiß, wir brechen nicht auf. Wir können unser Land so wenig verlassen wie Geoffrey das Kloster. Unterwegs wären wir nichts als Bettler oder höchstens Tagelöhner, wenn es gut geht.

»Dann viel Glück«, sagt William und wendet sich ab.

»Glaubst du denn«, fragt Amabel, »dass die Krankheit wirklich bis hierher kommen kann?«

»Nein«, sage ich und meine es auch so. Ich weiß genau: Seuchen und regnende Frösche und Donnerkeile und Belagerungen, bei denen alle sterben, all das gibt es wirklich. Ich bin Leuten begegnet, die haben das mit eigenen Augen gesehen. Aber so was passiert nur weit weg, in fremden Ländern, wo lauter Heiden sind und keiner den Namen von Jesus Christus kennt. Ich habe versucht, mir vorzustellen, wie solches Unheil hier passiert – hier in Ingleforn! –, aber ich schaffe es einfach nicht.

Vorne beim Altar spielen die Musiker die ersten Töne eines Kirchenlieds. Der Chor – mein Bruder Ned ist auch dabei – fängt an zu singen. Ich schließe die Augen. Ich glaube fest, dass Gott die Bösen straft, und ich glaube auch, dass Er durch einen brennenden Dornbusch zu seinen Getreuen sprechen und Gelähmte allein durch die Kraft Seines Wortes heilen kann. Das alles glaube ich.

Aber dass es *hier* passieren könnte, das kann ich einfach nicht glauben.

Nach der Messe bleiben wir da, um das neue Gemälde an der Kirchenwand zu bewundern. Das heilige Bild soll Gottes Zorn besänftigen, hofft Sir John, und wir werden ihm nicht widersprechen. Ein junger Künstler hat Noah gemalt, der in seiner Arche steht und mit gnädiger Anteilnahme zuschaut, wie die Sünder von der Flut verschlungen werden und ertrinken. Viel sieht man nicht von den Sündern, bloß ihre wedelnden Arme, die Köpfe sind schon unter Wasser.

»Welches ist das frömmste unter Gottes Geschöpfen?«, fragt Sir John.

Emma Baker antwortet: »Der Pelikan.«

»Der Pelikan«, erklärt Sir John, »der sich das eigene Fleisch aus der Brust reißt, um seine Jungen zu füttern:

Gleich einem Pelikane starbst du, Jesus mein;
Wasch in deinem Blute mich von Sünden rein.
Schon ein kleiner Tropfen sühnet alle Schuld,
Bringt der ganzen Erde Gottes Heil und Huld.«

Maggie gefällt das neue Bild, mit dem Elefanten und dem Fabelwesen, die ihre Köpfe aus der Arche strecken, aber Ned findet das an der andern Wand besser, auf dem die Sünder in der Hölle brennen und die Teufel sie mit Mistgabeln stechen.

»Reißt sich der Pelikan wirklich sein Fleisch raus?«, will er von Alice wissen. »Warum?«

»Für die eigenen Kinder tut man das«, sagt Alice. Sie presst Edward an ihre Brust, dessen Kopf aus den Windelbändern guckt. Er macht den Mund auf und sabbert ihr die Schulter voll.

»Du auch? Für Edward?«

»Wenn ich müsste.« Alice ist anders als Noahs Frau im Mysterienspiel, die, als man sie auf die Arche trägt, immer nur jammert und klagt. Wenn ihre Kinder in Gefahr wären, ginge Alice nach draußen und würde Bäume fällen und Bretter sägen, schneller als der Regen fällt.

»Und für mich auch?«, fragt Mag. Alice lacht und fährt ihr durchs Haar.

»Ein großes Mädchen wie dich?«, sagt sie. »Dich würde ich losschicken, einen Pelikan für den Topf holen. Pelikangulasch, klingt nach einem Festmahl, oder?«

4 DIE FLÜCHTLINGE

Nach der Kirche gehen Robin und ich zum Holzholen in den Wald.

»Stell dir William in Schottland vor!«, sagt Robin. »Meinst du, Robert Bruce macht Kleinholz aus ihm? Ich finde ja, wir sollten auch weg, aber Mutter meint, wir bekämen nicht genug für unser Land, und außerdem will sie Großmutter die Mannsteuer nicht aufbürden.«

»Du würdest aus Ingleforn weggehen?« Schon von dem Gedanken wird mir schwindlig. Ich kenne nichts außer Ingleforn – die Hügel hinter uns, den Wald beim Dorf, das komische Kirchlein mit der verbogenen Turmspitze. Schon als ich noch kleiner war als Maggie jetzt, habe ich auf Vaters Acker mitgeholfen, bin den Schnittern gefolgt und habe die heruntergefallenen Gerstenhalme aufgeklaubt. Wie kann Robin so leichten Herzens ans Weggehen denken?

Robin grinst mich an. »Du guckst schon wieder wie ein Bauer.«

»Wie ein Bauer?«

Er spitzt die Lippen und legt die Stirn in Falten. »Robin, wieso machst du dir nichts aus dem Hafer? Schau mal, die Bohnen, wie schön! Vater hat vier Morgen dazugekauft, da haben wir dieses Jahr noch mehr Arbeit, ist das nicht herrlich?«

Ich schubse ihn. »Besser als dein Gesicht.« Dabei hat Robin ein liebes Gesicht, immer in Bewegung, immer mit lachendem Mund, aber jetzt spiele ich Robin, die Schlafmütze, lasse den Kopf baumeln, die Zunge raushängen und klappe die Augen zu.

»Ach je ... gibt's Arbeit? Warum macht ... das nicht ... Isabel? Ist so ... gemü-ü-ütlich hier ...«

»Klingt doch gut«, sagt Robin, zugleich bückt er sich aber und hebt einen Ast auf. Mein Beutel ist fast voll. »Ja, ich würde weggehen. Ich wär lieber arm und am Leben als hier und tot. Hast du von dem Nonnenkloster gehört …«

»Ja, hab ich!« Was im Nonnenkloster passiert sein soll, ist die schlimmste Geschichte von allen – in diesem Jahr voller Schrecken, mit den vielen Berichten über Dörfer, in denen nur noch Tote sind, über Leichen auf den Straßen, die verrotten und von Raben und Schweinen gefressen werden, über verhungernde Kinder neben Feldern voller Korn, das niemand mehr erntet, über Leute, die ihre Angehörigen alleine sterben lassen, sodass keiner mehr da ist, der die Totenglocken läutet oder eine Messe liest.

»Ich glaub nicht mal die Hälfte von dem, was die Leute erzählen«, sage ich zu Robin. »Außerdem kannst du nicht weg. Du gehörst Sir Edmund, genau wie ich, wenn du deine Großmutter nicht für deine Freiheit büßen lassen willst. Also bleiben wir hier. Wozu das Grübeln?«

Ich dränge mich an Robin vorbei und laufe den Hang hoch, der Beutel mit Holz schlägt mir gegen den Rücken, und die Stöcke bohren sich mir ins Fleisch wie Fragen, die keiner hören will. Vielleicht kommt die Seuche nicht bis zu uns. Kann doch sein.

Ich trete aus dem Wald. Und erstarre.

Ein langer Trupp von Leuten zieht aus York die Straße entlang. Außer in kalten Wintern ist die Straße nicht besonders gefährlich, trotzdem reisen die wenigsten Leute allein, denn in den Wäldern gibt es Wegelagerer und Geächtete. Aber einen so großen Zug wie den hier habe ich noch nie gesehen. Menschen und Vieh, Rufe und Stimmengewirr, schrilles Quieken von Schweinen, heulende Kinder. Da sind Reiter, die nichts weiter dabeihaben als das, was in ihre Satteltaschen passt, Packpferde, die mit den Besitztümern ganzer Familien beladen sind, sogar ein Gefährt, das wie ein Heuwagen aussieht und auf dem sich Bettzeug und Möbel türmen, da sind Hühner in Käfigen und launisch herumspringende Gänse, Menschen allein und Menschen in Gruppen, Spielleute und Geistliche, Aussätzige und Bettler neben Familien mit Bediensteten, und da ist sogar eine von zwei Pferden getragene überdachte Sänfte, die gefährlich kippelt, als sich die Pferde durch Matsch und Löcher kämpfen.

Ich höre Robins Schritte hinter mir. Ihm stockt der Atem, er kann nur noch keuchen.

»Wo wollen die hin?«, sage ich, ohne den Blick von der Straße zu lösen. Robin beugt sich vor, stützt die Hände auf die Knie. Er atmet tief durch.

»Duresme. Schottland. Hierher.«

»Doch nicht hierher!« Das geht nicht. Ich weiß, wie sich die Krankheit ausbreitet. Sie wohnt in den Häusern der Armen und Elenden. Übertragen wird sie durch Miasmen – üble Dünste. Wer den Pesthauch von Kranken einatmet, wird selbst auch krank. Um verschont zu werden, muss man die tote Luft mit Lavendel und Rosmarin und Rosenblüten und andern lieblichen Düften abwehren.

»Die bringen die Krankheit her!«, sage ich.

Robin schüttelt den Kopf. »Die wissen Bescheid. Schau da!«

Er zeigt auf zwei Männer aus unserm Dorf, die mit denen aus dem Zug reden. Trotz der Entfernung erkenne ich Gilbert Reeve, den Schultheiß, und Philip de Coverley, den Büttel. Die beiden sprechen mit einem kleinen Knäuel von Männern und zeigen die Straße entlang.

»Die schicken sie weg«, sagt Robin, aber …

»Sie sollen zum Kloster!«

Die Abtei von St. Mary liegt etwa drei Meilen östlich von Ingleforn. Die Mönche werden die Reisenden nicht abweisen. Sie geben allen Obdach – Soldaten, Bettlern, einmal haben sie sogar einen Boten von König Edward bei sich aufgenommen. Aber …

»Aber da ist Geoffrey!«

Robin schaut weg, zurück zur Straße. »Wird schon alles gut gehen, Isabel, ganz bestimmt.«

Doch er denkt an die Geschichte vom Nonnenkloster. Genau wie ich. Eine Truppe von Spielleuten, die im Frühjahr durch Great Riding gezogen ist, hat sie erzählt. Großes Grausen hatte sie erfüllt über ein Kloster in Frankreich, in dem alle Nonnen außer einer die Pest bekamen und starben.

»Man sagt, die Nonnen hätten's mit Teufeln getrieben«, behauptete der Flötenspieler, worauf die Trommlerin den Kopf schüttelte.

»Sie haben die Kranken aus dem Dorf gepflegt«, sagte sie. »Daran sind sie gestorben.«

»Alle außer einer tot«, staunte Alice.

Die Trommlerin antwortete: »Nur eine war noch da, die Toten zu begraben und ihre Namen in das große Klosterbuch zu schreiben. Danach hat sie sich im Fluss ertränkt.«

Das ist die Geschichte, die uns so viel Unbehagen bereitet. Nonnen – gute Frauen, die den Kranken halfen und Fremde bei sich aufnahmen, wie Gott es von ihnen verlangt. Gerade weil sie so fromm waren, hatten sie sterben müssen. Und die letzte von ihnen hatte sich ertränkt. Ihre offenen langen Haare waren im Wasser getrieben, wie die einer wahnsinnigen Selbstmörderin, und ihre Seele war zur Hölle gefahren.

Das ist die allerschlimmste Geschichte.

5 GRENZEN

Will Thatcher wendet mir den Rücken zu und schaut, wie Gilbert Reeve, der Schultheiß, und Radulf, der Gerichtsdiener, in ihren Pergamenten herumkramen. Er steht kerzengerade, aber sein Helm sitzt schief, und sein Bein ist hinten von oben bis unten voll Matsch. Einer von Edward Millers Hunden schnüffelt an seinen Stiefeln. Will guckt starr geradeaus und tut, als würde er nichts merken.

»Er mag dich«, wispert mir Amabel Dyer zu.

»Psst! Das hört er doch«, wispere ich zurück, ein bisschen zu laut, und wir kichern beide.

Will Thatcher ist sechzehn und einer von Sir Edmunds Soldaten. Er hat bei der Schlacht von Crécy in Frankreich mitgekämpft, im Tross von König Edward. Jetzt bewacht er nur noch das Herrenhaus von Sir Edmund, trotzdem haftet ihm wegen Crécy immer noch ein bisschen Glanz an. Er ist einer der besten Bogenschützen im Dorf und ziemlich hübsch, aber immer wenn er mich sieht, wird er knallrot, und ich muss einfach kichern. Wenn er doch ein bisschen mehr reden würde. Oder überhaupt den Mund aufbekäme.

Alle aus dem Dorf sind auf dem Anger versammelt, unter der Gerichtseiche. Sir Edmund ist natürlich nicht da – er wohnt in London. Ich bin ihm nur einmal begegnet, da war ich noch ganz klein. Mir ist nicht viel in Erinnerung geblieben. Er saß in einem Pelzmantel auf einem großen kastanienbraunen Zelter, und er und sein Verwalter redeten in einer seltsamen Sprache miteinander. Wie Vater mir später erklärte, war das Französisch.

Der Tisch aus der Zehntscheune steht heute unter der Gerichtseiche. Dahinter sitzen Gilbert und Radulf, sie reden im Flüsterton mit unserm Pfarrer, Sir John. Sir John hat Schreibfeder und Tinte aus dem Skriptorium in der Zehntscheune vor sich und fährt unentwegt mit den Fingern über die Feder. Radulf und Gilbert streiten sich – Gilbert fuchtelt mit den Händen. Ich bekomme nicht mit, was sie sagen, aber Radulf schüttelt den Kopf und brummelt vor sich hin. Alice funkelt die beiden böse an.

»Wer ist gestorben und hat die zwei da zum König gemacht?«, murmelt sie und rückt Edward auf ihrer Hüfte zurecht. Edward streckt sein Händchen aus und will an ihrem Schleier ziehen, aber sie schiebt es gereizt beiseite.

»Halb Europa«, antwortet Vater trocken.

Ned legt sich die Hände um den Hals und japst, als wäre er kurz vorm Ersticken. »Und Schultheiß Gilbert – wird – der Nächste –«

Wir sind nicht so viele, wie wir sein sollten. Vier oder fünf Familien sind schon weg. Sie haben ihr Land verkauft, um nach Norden zu ziehen, wie die Leute aus York, die Robin und ich gesehen haben.

Kann die Pest wirklich bis nach York gekommen sein?

Sir John, der Pfarrer, steht auf.

»Man erzählt sich, die Pest ist in Felton«, verkündet er, und ein Angstschauder läuft durch die Menge. Felton ist nur einen Tag weit weg. Ich drehe mich zu Alice um, sie ist blass geworden. Leise betet sie ein Pater Noster.

»Uns bleibt nur die Hoffnung, dass der Herr uns verschont«, sagt Sir John mit lauter Stimme, um den Tumult zu übertönen. »Wir müssen unsere Sünden bereuen und den Herrn demütig um Verzeihung anflehen.«

Dann redet er über zusätzliche Messen und Gebete und Barfußprozessionen. Ich zerbreche mir den Kopf darüber, was ich bereuen könnte. Mir tut leid, dass ich garstig zu Alice war. Mir tut leid, dass ich Ned und Mag angeschnauzt habe. Mir tut leid, dass ich Alice um ihre strohblonden Haare beneide und überhaupt so viel nachdenke über meine Haare, die viel zu schlapp und kupferrot sind. Und mir tut leid, dass ich mich über die Sommersprossen auf meiner Nase gräme und mich frage, wie es wäre, von Will Thatcher geküsst zu werden. Das klingt nicht nach viel.

Jetzt erhebt sich Gilbert. Als Schultheiß ist er die Hand und die Stimme von Sir Edmund hier im Dorf. Er sorgt dafür, dass wir alle zur rechten Zeit auf den Feldern sind und unsere Pacht zahlen, und den Hauptfall, wenn jemand stirbt. Und er kauft alles, was Sir Edmund für das Gut braucht – Pflüge und Zuggeschirre und Wagenschmiere, Nägel, Hämmer, Hacken und Hobel. Radulf, sein Gehilfe, ist ein großer Mann mit wächserner Haut, einem langen, trübsinnigen Gesicht und hängenden Wangen und einer Frau mit bösem Mundwerk und spitzen Ellbogen, die in alles ihre Nase steckt und gerne Leute kneift. Trotzdem mag ich Radulf. Er redet kaum etwas, aber für Maggie und Edward hat er immer ein freundliches Wort übrig.

Gilbert streicht sich über den Bart, als wüsste er nicht recht, wie er anfangen soll.

»Also«, sagt er. »Nun ja. Ihr wisst alle, warum wir hier sind. Es muss was passieren – jawohl. Great Riding, hört man, igelt sich ein und schickt alle Reisenden weg. Wir denken – äh –, wir sollten das hier auch tun.«

Radulf hält den Kopf gesenkt und zieht die Mundwinkel nach unten. Ich schiebe mich dichter an Robin.

»Schau dir Radulf an! Warum ist er so bekümmert?«

»Weißt du's nicht?« Amabel hört Gilbert auch nicht zu. »Radulfs Schwester wohnt in York«, verkündet sie. »Gestern erst hat er Mutter gesagt, er findet, wir sollten die Flüchtlinge aufnehmen. Der Mann würde glatt die Pest hier einschleppen und uns allen den Tod bringen.«

»Er kann doch seine Schwester nicht wegschicken«, sagt Robin, und Amabel ärgert sich.

»Er darf sie nicht nach Ingleforn holen!«, erklärt sie. »So selbst-
süchtig kann doch keiner sein, die Krankheit hierherzubringen. Die
soll in York bleiben und uns zufrieden lassen!«

Robin dreht sich unbehaglich hin und her, aber die andern Dorfbewohner sind anscheinend der gleichen Meinung wie Amabel. Die
Männer beratschlagen, wie sie sich in Gruppen zusammentun und
alle Straßen ins Dorf bewachen können.

»Die Leute stehlen auch Vieh«, behauptet ein Kaplan. Erstaunlich,
was er alles weiß. Schließlich haben wir die Flüchtlinge gestern zum
ersten Mal zu Gesicht bekommen.

»Und was ist mit der Christenpflicht der Gastfreundschaft?«, fragt
Robin. Er wirft Alice einen Blick zu, aber die steht stocksteif da und
sagt nichts. »Die Leute sterben, wenn keiner sie aufnimmt.«

Alice schlingt den Arm fester um Baby Edward, der wieder seine
dicke kleine Faust ausstreckt und an ihrem Schleier zerrt. Alice ist
frommer als irgendwer sonst in meiner Familie, von Geoffrey abge-
sehen, doch diesmal weicht sie Robins Blick aus.

»Die meisten von denen sterben sowieso«, sagt sie. Mir wird klar,
dass sie Angst hat.

6 PROZESSION

Der Abt führt die Prozession an. Er schwingt im Laufen ein Gefäß mit brennendem Weihrauch und versucht mit lateinischen Psalmen die Dämonen zu verscheuchen und die guten Erdgeister anzulocken. Oder die Engel. Wahrscheinlich eher die Engel. Die andern Mönche folgen ihm in dichten Reihen und mit gesenkten Köpfen. Ich zähle einunddreißig kahle, warzige Köpfe, was hinkommt, denn acht Mönche sind schon zu alt für eine Prozession, und der Krankenbruder und sein Gehilfe sind in der Abtei geblieben. Mein Bruder Geoffrey läuft ganz hinten, nicht in den Reihen der Mönche und nicht mit den Leuten aus dem Dorf. Armer Geoffrey, nicht dies und nicht das. Er ist hochgeschossen im letzten Jahr und erinnert mich an Unkraut, das im Dunkeln wächst und die Sonne sucht. Sein strohblonder Haarschopf fällt ihm seltsam über die Ohren, die runde Tonsur mitten auf dem Kopf ist sonnenverbrannt vom heißen Wetter der letzten Tage. Geoffrey ist kein Mönch. Er ist noch zu jung dafür – gerade mal einhalb Jahre älter als ich. In der Abtei ist er, um Latein und Französisch und die Geschichten aus der Bibel zu lernen und alles, was er sonst noch wissen muss, um Priester zu werden.

Es ist ein kalter Tag, einer von den düsteren, windigen Tagen, wie es sie mitten im Sommer manchmal gibt, und als der Abt die vierzehnte Bibelstelle vorliest, fängt es zu regnen an. Mag wimmert.

»Mir ist kalt. Ich will meine Schuhe.«

Ich zittere und ziehe meinen Umhang enger um mich.

Wir beten zu Gott, er möge der Pest ein Ende bereiten. Uns verschonen. Wir bitten Ihn um Vergebung für alle Sünden, die wir begangen haben. Barfuß und voller Reue werfen wir uns vor Ihm in den Staub und flehen Ihn an, Seine Krankheit von unsern Türen fernzuhalten. Und von den Türen derer, die wir lieben. Bitte lass uns davonkommen, bitte, bitte. Schick Deinen göttlichen Zorn zu den Leuten, die wirklich böse sind, in York und in London oder auf der andern Seite des Meers.

In manchen Gegenden hat das gewirkt, in Cornwall und in Devon. An ein paar Dörfern ist die Pest einfach vorbeigezogen, so wie die zehn ägyptischen Plagen die Häuser der Israeliten verschonten. Aber Geoffrey behauptet, der Papst selbst hätte die Prozessionen in Avignon geleitet und seine Leute trotzdem nicht retten können.

Nach der Prozession hängt mir der Matsch schwer und klobig an den Füßen, wahrscheinlich fallen sie mir nur deshalb trotz der Kälte nicht ab. Geoffrey und Robin und ich gehen zum Füßewaschen runter an den Fluss. Robin hat unter den Jungen aus dem Dorf nicht viele Freunde – meistens hält er sich an mich und Amabel und an Alison Spinner. Aber mit Geoffrey hat er sich schon immer gut verstanden, auch als wir noch klein waren.

Ich bin Geoffrey gegenüber ein bisschen schüchtern, was immer so ist, wenn ich ihn lange nicht gesehen habe. Dann fällt mir alles Mögliche an ihm auf, das ich vergessen habe. Wie groß er ist. Dass er sich in den fünf Jahren, die er schon bei den Mönchen lebt, einen normannischen Akzent angewöhnt hat. Wie ihm sein strohblondes Haar ins Gesicht fällt und wie er den Kopf zurückwirft, um es aus den Augen zu kriegen.

»Geht's dir gut?«, frage ich ein bisschen nervös. »Kommst du zum Mittsommerfest? Habt ihr wirklich allen Leuten aus York ein Bett gegeben?«

Bei der letzten Frage verzieht Geoffrey das Gesicht. »So vielen wie möglich. Den Rest lassen wir in der Scheune schlafen. Mach dir keine

Sorgen, Isabel. Erzähl mir lieber, wie es dir geht – und Vater – und Ned und Maggie.«

»Uns geht's gut«, sage ich. »Edward hat schon drei Zähne! Und er kann sich umdrehen – und klatschen und –«

»Tüchtiger Junge«, sagt Geoffrey, aber er kennt Edward kaum und macht sich nicht viel aus ihm. Wie seltsam, einen Bruder zu haben, den du nicht kennst und auch nicht lieb hast! Das kann ich kaum begreifen, genauso wenig, wie ich mir vorstellen kann, wie es wäre, wenn Alice nicht zu uns gehören würde und uns nicht lieb hätte oder wir sie nicht.

»Ich glaub nicht, dass ich zum Mittsommerfeuer kommen darf«, sagt er. »In der Abtei ist so viel zu tun, jetzt, wo all die Leute da sind. Ich habe mich mit Galen befasst. Ich wüsste gern, ob er so was wie diese Pest je erlebt hat.«

»Galen?«, frage ich. »Ist das der Krankenbruder?«

Geoffrey lacht. »Das ist einer der Väter der Medizin«, erklärt er. Anscheinend sieht er mir an, wie verwirrt ich bin. »Galen hat vor Hunderten von Jahren gelebt, Isabel.«

»Ah.« Geoffrey weiß immer mehr als ich, egal worum es geht. »Wirst du also Krankenbruder?«

Geoffrey lässt den Kopf über seine Stiefelschnalle hängen. Ohne aufzusehen, sagt er: »Könnt ihr ein Geheimnis bewahren?«

»Klar«, sage ich. Robin nickt.

»Noch ist es nicht beschlossen – erzähl also Vater nichts –, aber vielleicht werde ich früher geweiht.«

»Früher? Aber warum denn?«

»Was glaubst du wohl?«, gibt Geoffrey zurück, der im Geist schon wieder zur Antwort springt, während ich noch nicht mal die Frage richtig verstanden habe. Ist doch klar, warum: Weil so viele Priester gestorben sind, unten im Süden, wo die Pest schon angekommen ist. Weil die Priester in die Pesthäuser geschickt werden, wo sie die faulige Luft einatmen und die Sterbenden von ihren Sünden freisprechen. Weil Geoffrey genau dafür in eine fremde Gemeinde geschickt werden soll, wo der Pfarrer tot ist und jeder im Ort die Krankheit hat.

»Machst du das?«, fragt Robin. »Wenn sie sagen, du sollst?«

»Ich will«, sagt Geoffrey, guckt aber immer noch auf seine Stiefel. Ich glaube ihm nicht. Geoffrey ist wegen der Bücher und Wörter ins Kloster gegangen und weil er die Namen von Steinen und Sternen und von Heiligen und Knochen lernen will. Er ist nicht hingegangen, um neben Sterbenden zu sitzen. Ich würde ihm gern sagen, er soll das nicht tun, er soll nicht gehen. Aber wenn jemand stirbt, ohne dass ihm ein Priester die Beichte abgenommen und ihn von seinen Sünden freigesprochen hat, muss er in die Hölle. So viele Menschen – gute Menschen: Mönche, Nonnen, Christenleute – brennen jetzt im Höllenfeuer, weil ihr Pfarrer gestorben ist und nicht rechtzeitig ein neuer kam. Falls Geoffrey gebeten wird, als Priester seine Pflicht zu tun, kann ich ihm nicht sagen, er soll es nicht tun. Ich kenne meinen Bruder. Falls sie ihn fragen, dann macht er es.

»Außerdem«, sagt er und beantwortet die Frage, die ich ihm nicht gestellt habe, weil ich mich vor der Antwort fürchte, »ist es da auch nicht gefährlicher als in der Abtei.«

Seine Stimme klingt, als wollte er, dass wir nachfragen, wie er das meint. Ich will gar nicht wissen, was sich hinter seinen Worten verbirgt, aber Robin sagt: »Wieso? Ihr habt doch nicht die Pest dort, oder?«

Geoffrey spielt mit den Fingern an der Messingschnalle seines Stiefels. Er antwortet nicht.

»Habt ihr doch nicht, oder?«, sagt Robin. »Geoffrey! Ihr habt sie nicht!«

Geoffrey ist ganz weiß im Gesicht. »Ihr dürft es keinem verraten!«, sagt er. »Der Abt will nicht, dass im Dorf Panik ausbricht. Und wenn Vater wüsste …«

Vater ist mir egal. Der Abt eigentlich auch. Mein Herz beginnt zu rasen, und mein Kopf ist dumpf und schwer und voller Angst. *Die*

Pest ist in der Abtei. Die Pest ist drei Meilen weg. Die Pest ist in der Krankenstube, in der mein Bruder Geoffrey arbeitet.

»Isabel?«, sagt Geoffrey, und als ich mich zu ihm umdrehe, sehe ich, wie er blinzelt, mit besorgtem und irgendwie verkniffenem Gesicht. »Isabel –«

Ich krieche zu ihm, wobei ich mir die Röcke mit Matsch verschmiere, und schlinge ihm die Arme um den Hals. Er umarmt mich, und ich atme seinen Geruch ein. Er riecht nach Weihrauch und Tinte, dazu ein bisschen nach Matsch und Stroh und der feuchten Luft über dem Fluss.

»Geh nicht zurück«, sage ich. »Bitte nicht. Komm mit nach Hause, damit du in Sicherheit bist.«

Geoffreys lange, knochige Arme halten mich fest. Ich denke an das, was die Bibel über Standhaftigkeit und Gottvertrauen und Pflicht sagt und wie egal mir das alles ist, wenn es bedeutet, dass mein Bruder zurück an einen Ort muss, wo die Pest wütet. Aber Geoffrey sagt bloß: »Isabel, sie kommt auch hierher«, und da weiß ich, dass nicht einmal der kleine Schutz, den ich ihm geben kann, irgendetwas nützt.

7 DIE PEST

Was ist sie also genau, die Pest? Manche sagen, es sei eine von Gott gesandte Seuche, mit der er die Bösen vernichten will oder vielleicht die ganze Welt, daher hilft nichts dagegen. Ein Prediger, der letztes Jahr ins Dorf kam, hat behauptet, in der Bibel stehe, dass erst ein Drittel der Menschheit von einer Seuche zugrunde gerichtet werde, und dann komme das Ende der Welt. Aber wenn all die Geschichten stimmen, die wir gehört haben, nimmt sich Gott mehr als Seinen Anteil des Todes.

Manche sagen, die Pest sei eine Krankheit wie jede andere, ausgelöst von schlechter, vergifteter Luft, die der Wind aus Europa hierherträgt. So wandert sie langsam immer weiter nach Norden, darum kann man auch nicht vor ihr wegrennen, und darum nimmt sie nie ein Ende. Aber wo ist diese schlechte Luft hergekommen? Und was passiert mit ihr? Wenn die Erde eine Kugel ist, wie Geoffrey behauptet, zieht die Pest dann oben über die Welt und kommt von der andern Seite wieder zu uns zurück? Oder bringt sie uns alle um und streift dann bis ans Ende aller Tage durch eine leere Welt?

Das ganze letzte Jahr über haben uns Reisende aus dem Süden von der Krankheit erzählt. Manche nennen sie *morte bleu*, den blauen Tod, oder Pestilenz, aber die meisten sagen einfach *die Pest* oder *die Krankheit*. Manche berichten vom Blutspucken, von harten schwarzen Pestbeulen, die groß wie Taubeneier sind und unter der Achsel oder in der Leiste wachsen, von den Malen Gottes, blutroten Flecken unter der Haut. Die Krankheit stinkt – jeder, der von der Pest redet, erwähnt den Gestank.

»Wie der Teufel riecht sie!«, sagt ein Soldat und bekreuzigt sich.

»Du musst es ja wissen«, sagt sein Kamerad, aber niemand lacht.

Noch unheilvoller wirken die Geschichten von einer Form der Krankheit, die plötzlich wie eine Giftschlange zuschlägt, ohne Vorwarnung.

»Der Sohn meines Vetters – am Abend ist er krank geworden, eine Stunde später war er tot.«

»Mein Vater hatte ein Schwein, das hat sich einen Lappen geschnappt, mit dem man einem Kranken das Blut von der Stirn gewischt hat. Das Schwein hatte den Lappen kaum gefressen, da ist es schon tot umgefallen.«

Wieder andere erzählen, dass die Pest Irrsinn über die Menschen bringe. Leute springen aus den Fenstern, rennen nackt durch die Straßen, lallen und weinen und schlagen um sich, als wäre ihnen der König mit seinem Heer auf den Fersen.

»Ist doch gar nicht so schlecht«, sagen die Männer und grinsen sich gegenseitig an. »Wenn sich die jungen Frauen die Kleider vom Leib reißen.«

Wie kann man sich schützen? Das ist die nächste Frage, auf die alle unbedingt Antwort wollen. Es muss doch Arzneien und Bannformeln geben oder sonst irgendeinen Ausweg?

Die Prediger brausen auf. »Liebt Gott und bittet Ihn um Vergebung. Wendet euch ab vom Teufel und all seinen Werken.«

»Nehmt diesen Knochen«, hat ein Wanderprediger gesagt. »Er stammt vom heiligen William. Tragt ihn auf der Haut, und er wird euch vor allem Übel beschützen.«

»Hühnerknochen und Leim«, hat Alice gemurmelt. »Entweder das, oder er ist ein Grabräuber. Vielleicht hat er sogar die Kathedrale bestohlen, wenn nicht noch Schlimmeres!«

»Ihr dürft den Kranken nicht in die Augen schauen«, erklärte uns ein Ablasshändler, der kurz nach Weihnachten kam und Vergebung für sämtliche Sünden verkaufte, auf die man je verfallen würde, und dazu noch für ein paar andere, die man nie im Leben würde begehen wollen. »So wird sie übertragen – durch die Augen!«

»Mitten durch die Stadt London bin ich gegangen«, tönte auf dem Ostermarkt ein junger Mann mit einer nässenden Wunde im Mundwinkel und einem flackernden Blick, der nie lange auf einem von uns liegen blieb. »Ich war in den Häusern der Sterbenden und bin über die Leichen in den Straßen gestiegen. Quer durch den Gestank der Krankheit bin ich gelaufen und unversehrt geblieben. Dabei hatte ich nichts weiter als das!« Und er wedelte mit einem seidenen Beutel, gefüllt mit Rosmarin und Lavendel. »Dicht auf der Haut zu tragen«, verkündete er. »Näher als dein Liebster und dein Schutz in dunkler Nacht.«

Die Stille, die darauf folgte, war so zäh, dass man sie hätte auslöffeln können.

»Und du hast überlebt?«, sagte Emma Baker.

»Und ich habe überlebt.«

Die wichtigste Frage von allen stellen wir jedem Reisenden.

»Wenn man sie erst mal hat, wenn man krank ist – kann man wieder gesund werden?«

Die Antwort ist immer die gleiche.

»Keiner wird wieder gesund. Wenn du sie hast, dann stirbst du.«

Und jetzt ist sie da, die Pest, in dem Kloster, wo mein Bruder lebt.

Und die Mönche aus diesem Kloster kommen mit bloßen Füßen nach Ingleforn und leiten uns an in unsern Gebeten, dass uns Gott von der Krankheit verschont. Sie wirken so ruhig und so fromm, aber die Seuche klebt an ihren Händen und Augen und am Saum ihrer Kutten. Mit jedem Besuch bringen sie den Tod näher.

Und ich habe Geoffrey versprochen, nichts zu erzählen.

8 JOHANNISFEUER

In der Johannisnacht gibt es auf dem Dorfanger ein großes Feuer und das übliche Mittsommernachtstreiben. Wir versammeln uns alle um das Feuer, schreiten Hand in Hand feierlich aus und singen den Mittsommervers.

»Grünes ist gold.
Feuer ist nass.
Glück sei uns hold.
Untier sei Hass.«

Der Vers ist ein Rätsel, das nur am Johannisabend Sinn ergibt. Denn dann leuchten die Kornähren auf den Feldern und die Blumen auf den Wiesen goldgelb, dann flackern auf dem Wasser die Lichter der Kerzenschiffchen, dann ergründen alle ihr Glück fürs kommende Jahr, dann kämpfen der heilige Georg und das Drachenuntier gegeneinander. Dass der Drache besiegt wird, ist so klar wie die Lösung des Rätsels: Mittsommernacht, was sonst!

Nach dem Singen geht das ausgelassene Feiern richtig los. In Great Riding wird jedes Jahr ein anderes Stück aufgeführt, aber bei uns in Ingleforn gibt es immer die Geschichte vom heiligen Georg und dem Drachen. Will Thatcher ist der heilige Georg und reitet auf Gilbert Reeves schwarzem Pferd. Hinter dem Schandstock steht Edward Miller, er leiht dem roten Drachen seine Stimme.

»Ich bin der Drache. Hier sind meine Klauen! Ich bin der Drache. Hier sind meine Hauer!«, ruft er, und alle Kinder zittern und schauen gebannt. Der rote Drache ist der gleiche prächtige rot-goldene Tuchdrache wie jedes Jahr – Robin und ein anderer Dorfjunge lassen ihn hoch in die Luft steigen. Letztes Jahr hat Joan, die Frau meines Bruders Richard, die Prinzessin gespielt, aber dieses Jahr macht es Maude, die kleine Schwester von Alice. Joans Baby kommt bald, ihr Bauch ist zu dick.

Will Thatcher ist auch als heiliger Georg schüchtern. Er verhaspelt sich bei seinen Sätzen und läuft rot an, als er sich Maude nähert, um sie vor dem Drachen zu retten. Aber kaum hat er für den Kampf mit dem Drachen sein Schwert gezogen, wirkt er wie ein echter Ritter auf einem bunten Kirchenfensterbild. Der Drachendrache rast am Himmel hin und her, bis ihn der heilige Georg mit seinem Schwertgefuchtel bezwungen hat und einen Seidenfetzen um die Drachenschnur schlingt. Damit zeigt er seinen Sieg über das Untier an. Er und Maude führen den Drachen jetzt wie einen Hund an der Leine, von den Zuschauern begeistert beklatscht. Doch dann löst sich die Seide, und der Drache entkommt. Robin und der andere Junge grölen und heulen und lassen den Drachen auf und ab jagen, um zu zeigen, wie wütend er ist. Zwei kleine Mädchen rennen mit roten Seidenbändern über die Bühne, die Drachenflammen darstellen. Will Thatcher sinkt auf dem Boden zusammen und wirkt fast erleichtert, aber Maude wälzt sich hin und her und stöhnt äußerst überzeugend.

Als alle tot sind, stolziert Gilbert Reeve als Arzt auf die Bühne.

»Ich bin der Doktor und heile das Leid,
Schluckt nur die Pillen, die ich euch bereit.
Ich nehme es auf mit Blutsturz und Blattern,
mit Gliedschwamm, Gallsucht, Rotlauf und Ruhr.
Für alle Schmerzen weiß ich eine Kur.«

Er gibt dem heiligen Georg und der Prinzessin eine Pille, und die beiden springen wieder auf die Füße. Auch der Drache bekommt eine Pille, woraufhin er erst wehklagend hoch in den Himmel schießt und dann tot zu Boden stürzt.

Alle jubeln und klatschen, und John und Emma Baker bringen Drachenflügelkekse für alle, rot gefärbt und mit Rosenblättern verziert, extra für die Johannisnacht. Dann gibt Gilbert Reeve den Musikanten ein Zeichen, sie fangen an zu spielen, und der Tanz beginnt.

Ich liebe das Mittsommerfest. An diesem Tag danken wir Gott fürs vergangene Jahr und freuen uns auf das, was kommt. Nachher werden wir Kerzen anzünden und sie mit unsern Wünschen auf dem Mühlteich schwimmen lassen. Aber jetzt ist erst mal das Wahrsagen dran.

Vater gibt uns ein paar Münzen, damit wir uns Johannisbrot kaufen können. Johannisbrot ist aber gar kein Brot. So nennt man die flachen, weichen Schoten, die die Farbe von Datteln haben und wie ein Bogen geformt sind. Mit dem Johannisbrot macht man das Wieviel-Spiel und fragt zum Beispiel: »Wie viele Kinder werde ich kriegen?« oder »Wie viele Jahre dauert es, bis ich heirate?«.

Dann beißt man in die Johannisbrotschote und zählt beim Essen die einzelnen Samen. Die Anzahl der Samen ist die Antwort auf die Frage.

Ich wüsste gern, wie viele Fragen sich in diesem Jahr wohl um die Pest drehen. Ich überlege, ob ich fragen soll, wie viele Tage es noch dauert, bis sie bei uns im Dorf ist, aber dann denke ich mir, dass sie sowieso kommt und ich nichts daran ändern kann, also ist es eigentlich egal, wann sie kommt.

Wie viele von den Menschen, die ich liebe, werden sterben?, frage ich stattdessen, aber als ich die Schote aufmache und die Samen sehe, beschließe ich, lieber nicht zu zählen. Schon einer wäre zu viel.

Ich glaube sowieso nicht an Wahrsagerei.

Auch die Glückskuchen gehören zur Mittsommernacht. John

Baker trägt gerade ein Tablett durch die Menge. Der Kuchenberg ist mit einem Tuch zugedeckt.

»Glückskuchen! Glückskuchen!«, ruft er. Jeder von uns kauft sich einen, streckt die Hände unter das Tuch und wählt sein Glück. Der größte Spaß mit den Kuchen besteht im gemeinsamen Raten, was sie wohl bedeuten mögen. Robin bekommt einen langen, gewundenen Kuchen, der wie eine Schlange aussieht. Ich erkläre ihn zum Henkerstrick: Er steht dafür, dass Robin wegen seiner Faulheit noch am Galgen baumeln wird. Er findet, der Kuchen stelle eine Welle dar und bedeute, dass er über den Ozean reisen wird.

»Nein, das ist gepflügtes Land«, sagt Vater und bewegt die Hand in einer geschwungenen Linie. »Das gute, schöne Land, das du zu pflügen hast!« Robin verzieht das Gesicht. Er interessiert sich nicht fürs Pflügen.

Maggie bekommt einen runden Kuchen, den Ned zum Ei erklärt: »Du legst ein Ei, Mag!« Aber Alice meint, es ist ein Goldklumpen und bedeutet, dass Maggie reich werden wird. Der Kuchen von Alice hat eine seltsam verbogene Form, aus der niemand schlau wird. Ned hält es für einen Berg von irgendwas. »Vielleicht Gold?«

»Wohl eher Wäsche«, meint Alice. »Stimmt's, Baby Edward? Alle deine Sachen?«

Meiner ist rechteckig.

»Ein Haus«, sagt Ned. »Ein neues Haus.«

»Oder vielleicht ein Buch?«, sagt Alice. »Vielleicht kommst du nach deinem Bruder und wirst eine Gelehrte?«

»Vielleicht«, sage ich, habe aber nur einen Gedanken: Dieser rechteckige Kuchen sieht aus wie ein Sarg.

Nach den Glückskuchen wird getanzt. Ich tanze einen Tanz mit meinem Vater – wie immer –, und er tritt mir auf die Zehen – wie immer. Dann einen mit Alice, die für eine Frau über dreißig wirklich gut tanzen kann. Dann tanze ich mit Robin, der schwitzige Hände hat und sich dauernd entschuldigt, wenn er gegen mich stößt.

»Ist das nicht furchtbar?«, flüstert er mir zu.

»Was? Was soll denn furchtbar sein?«

»Diese Wahrsagerei«, antwortet er. »Bei der Mittsommernacht geht's doch um das Leben – nicht um den Tod.«

Aber vielleicht geht es um beides zugleich. Niemand würde sich Sorgen über den Tod machen, wenn er nicht so gern leben würde, oder?

Der nächste Tanz ist ein Reigen, mit immer neuen Tanzpartnern. Ich fange mit Amabel Dyer an und höre mit Will Thatcher auf, der viel besser tanzen kann als Robin.

Die Musikanten halten inne und wischen sich die Stirn ab, dann machen sie weiter, mit einer anmutigen und langsamen Pavane.

»Möchtest du noch mal tanzen?«, frage ich Will, und er wird rot.

»In Ordnung.«

Ich liebe die Pavane, dieses langsame, würdige Schreiten. Und William ist ein guter Tänzer. Er hält meine Hand leicht in seiner, die sich rau anfühlt, und ich spüre etwas Seltsames in mir aufsteigen – etwas, das genauso gut Angst sein könnte wie Freude, vielleicht aber auch keines von beidem.

Seine Hand liegt auf meinem Rücken. Ich bin zerrissen: Dieser Tanz – und dazu die Musik, das Feierliche, das flackernde Feuer, der Zauber dieser klaren, kalten Johannisnacht – ist so schön, und doch bete ich, dass er zu Ende geht. Als die Musik aufhört, lässt Will seine Hand einen Moment länger auf meinem Rücken liegen als nötig, und ich schaue, ohne etwas zu sagen, einen Moment länger zu ihm hoch, als ich sollte. Dann lässt er seine Hand sinken, und ich rucke hilflos mit dem Kopf und gehe zurück zu Amabel und Robin, die beim Dünnbierfass auf mich warten.

»Ich sag's doch, er mag dich!«, verkündet Amabel. Ich wende den Kopf weg von Robin, will den fragenden Blick in seinen braunen Augen nicht sehen.

Das Tanzen geht noch bis tief in die Nacht weiter, doch meine

Familie bleibt nicht bis zum Schluss. Ned hat schlechte Laune, er ist müde und überdreht. Er hat sich mit dem jüngsten Sohn des Schmieds geprügelt, Vater musste einschreiten und die beiden trennen. Maggie schmiegt sich im Halbschlaf auf einer Bank eng an Alice. Aber die Johannisnacht ist nicht vorbei, bevor wir nicht unsere Kerzen auf dem Mühlteich haben schwimmen lassen.

Sie werden in kleine Pergamentschiffchen gesetzt, jeder im Dorf bekommt sein eigenes. Ich entzünde meine Kerze an der von Vater und lasse Wachs ins Boot tropfen, damit ich sie aufrecht ankleben kann. Jetzt muss ich mir einen Wunsch ausdenken. Um mich herum lachen und reden alle, sie helfen den kleinen Kindern beim Kerzenanzünden und setzen die Schiffchen für sie ins Wasser. Ich wette, alle wünschen sich dasselbe. *Ich wünsche mir, dieses Jahr nicht zu sterben. Ich wünsche mir, dass meiner Familie nichts passiert.*

Wie grässlich, denke ich auf einmal. Die Pest verdirbt alles, sogar die Mittsommernacht, das mir liebste Fest gleich nach Weihnachten ist.

Ich wünsche mir, dass mich Will Thatcher auf den Mund küsst, denke ich und setze mein Wunschboot aufs Wasser, bevor ich es mir anders überlegen kann.

Wenn es dein Wunsch quer über den Mühlteich schafft und die Kerze immer noch brennt, wird er in Erfüllung gehen. Wenn die Kerze erlischt oder das Boot untergeht, dann nicht.

In diesem Jahr kräuselt ein Wind den Mühlteich, und nur ein paar wenige Boote schaffen es auf die andere Seite. Meines und das von Vater auch, aber die von Alice und Ned und Maggie werden ausgeblasen.

Auf einmal schäme ich mich. Sicher hat sich Alice gewünscht, dass wir alle dieses Jahr überleben. Wenn ich den Wunsch nach Sicherheit für meine Familie aufs Wasser gesetzt hätte, würden wir dann alle sicher am Leben bleiben?

Nach der Johannisnacht kommt eine ziemlich öde Zeit. Das freudige Festgefühl hält nur bis zum nächsten Morgen. Ned liegt nämlich krank im Bett, und Alice schreit mich an, ich hätte ihn zu viele Kekse essen lassen.

Und am Donnerstag nach dem Mittsommerfest bekomme ich etwas mit, was ich lieber nicht gewusst hätte.

Radulf, der Gerichtsdiener, lebt ganz am Rand vom Dorf, auf der andern Seite des Hügels. Er hat drei Apfelbäume, einen Birnbaum, fünf weiße Gänse und drei Bienenstöcke. In einem solchen Haus möchte ich später auch einmal wohnen.

Am Donnerstagmorgen schickt mich Alice mit einem Kochtopf dorthin, den sie Radulfs Frau ausleihen will. Ich bin vergnügt, weil heute Waschtag ist und ich dem Schlagen und Scheuern und Schrubben unten am Fluss entkommen bin. Ich mache beim Laufen lauter kleine Hüpfer und bin so froh, am Leben zu sein und nicht in London oder York oder an sonst einem Ort, wo die Seuche wütet.

Radulfs Gänse veranstalten ein gewaltiges Geschrei, als ich auf das Haus zugehe. Sie sind besser als jeder Wachhund. Sie strecken mir ihre langen weißen Hälse entgegen und flattern wild mit den Flügeln.

»He!«, sage ich zu ihnen. »Beruhigt euch. Ich bin's doch nur, Isabel.«

»Weg da, ihr Gänse!«, sagt jemand – weder Radulf noch seine Frau. »Weg da!«

An der Türschwelle steht ein kleines Mädchen und verscheucht die Gänse. Es muss acht oder neun sein, hat seine glatten hellen Haare hinter die Ohren gesteckt und trägt einen langen grünen Kittel. Es hält einen Besen, der fast so groß ist wie es selbst – es hat den Boden damit gefegt. Jetzt legt es den Kopf schief und lächelt mich an.

»Die machen viel Krach«, sagt es. »Aber eigentlich sind sie friedlich. Du musst keine Angst haben.«

»Hab ich auch nicht«, sage ich. »Ich mag Gänse.«

»Ich hab's nicht so gemeint«, sagt das kleine Mädchen hastig. »Nur falls –«

»Schon gut.« Sie erinnert mich ein bisschen an Alison, die jüngste Tochter von Edward Miller. »Was machst du hier? Du wirst doch wohl nicht Radulfs neue Frau sein, oder?«

»Nein!« Sie nimmt meine Frage ernst und schüttelt energisch den Kopf. »Radulf ist mein Onkel«, erklärt sie. »Ich bin Edith. Wir wohnen nur hier bei ihm, solange die Krankheit in York ist. Mama ist auch da, aber sie hat sich hingelegt, weil sie die ganze Nacht nicht schlafen konnte wegen meines Bruders. Er kann nichts dafür, er ist noch ein Baby und weiß es nicht besser. Aber schreien kann er! Darum schläft Mama jetzt, und ich pass auf William auf und kümmer mich ums Fegen.«

»Das sehe ich.« Ich schenke ihr ein Lächeln, aber mein Herz rast. Darüber hat Schultheiß Gilbert auf der Versammlung gesprochen. Flüchtlinge beherbergen! Ich sollte es irgendwem melden – dem Büttel, denke ich mir. Aber was würde dann passieren? Edith und ihre Mutter und das Baby würden aus dem Dorf vertrieben und Gilbert und seine Frau wahrscheinlich auch. Und was würde das nützen? Wenn sie die Seuche nach Ingleforn gebracht haben, ist sie schon da.

Ich denke an die Flüchtlinge auf der langen Straße, die von York hier vorbeigezogen sind, an die stolpernden Kinder hinter den Karren und an die beiden Männer aus dem Dorf, die sie weggeschickt haben. Ich frage mich, was mit ihnen passiert ist. Ein paar von ihnen – die Wohlhabenden – hatten vielleicht Landsitze und Verwandte, zu denen sie konnten. Aber der Rest? Wir haben sie nicht nach Ingleforn gelassen, und ich bezweifle, dass irgendein anderes Dorf sie hat bleiben lassen. Vielleicht sind sie ein Stück weiter an der langen Straße verhungert. Vielleicht hat die Seuche sie eingeholt, und sie sind irgendwo im Graben gestorben. Ich betrachte das Kind mit den hellen Haaren und weiß, ich werde niemandem verraten, dass es hier ist.

»Wo ist Radulf?«, frage ich Edith.

»Sie sind ins Dorf gegangen. Ach!« Sie schlägt die Hand vor den Mund, ihre blauen Augen werden vor Angst groß und rund. »Ich darf doch mit keinem reden!«, sagt sie. »Keiner darf wissen, dass wir hier sind! Das soll ein Geheimnis sein!«

»Ist schon gut«, sage ich. Einerseits, um sie zu beruhigen, andererseits … Ich werde jedenfalls nicht zulassen, dass ihre Mutter weggeschickt wird. Nicht mit einem Baby. »Ich sag es keinem«, verspreche ich.

»Das darfst du auch nicht«, sagt Edith, und ihre Finger umklammern den Besenstiel so fest, dass die Knöchel weiß werden.

»Ich tu's nicht«, sage ich und frage mich, was ich da versprochen habe.

9 FREIE UND UNFREIE

Hier im Dorf gibt es zwei Sorten von Menschen – Freie und Leibeigene. Wer frei ist, kann hingehen, wo er will, kann tun, was er will, und heiraten, wen er will. Solange er nicht das Gesetz bricht, kann ihn keiner von irgendwas abhalten.

Leibeigene wie wir können das nicht.

Ein Leibeigener zu sein bedeutet, dass du Sir Edmund und Lady Juliana gehörst. Hauptsächlich geht es dabei um Geld. Wenn wir das Dorf verlassen wollen, müssen wir zahlen, wenn wir jemand von anderswo heiraten wollen, müssen wir zahlen, wenn wir sein Land nicht dann bestellen, wann er es will, müssen wir zahlen. Was wir auf seinem Land anbauen, gehört ihm, und wenn er großen Hunger hätte, könnte er uns alles wegnehmen. Aber das hat er noch nie getan.

Es gibt Grundherren, die von ihren Leibeigenen nicht viel verlangen. Für manche muss man gar keine Frondienste leisten, für andere nur ein paar Tage während der Ernte. Sir Edmund ist härter als die meisten. Wir müssen zwei Tage in der Woche auf seinen Feldern arbeiten und zur Erntezeit sogar fünf, obwohl da auf unsern eigenen Feldern die meiste Arbeit anfällt. Vater wirbt meistens Tagelöhner an, trotzdem ist es eine lange, beschwerliche und erschöpfende Angelegenheit, bis in den Nachmittag hinein auf Sir Edmunds Land zu arbeiten und dann auf unserm eigenen Land weiterzuernten.

Auch Robins Mutter ist eine Leibeigene, aber sie leistet nie Feldarbeit.

»Ich hab genug zu tun«, sagt sie, »auch ohne dass ich für den alten Schwätzer Unkraut jäte. Soll er doch kommen, wenn er was will!« Sir Edmunds Verwalter lässt es ihr durchgehen. Er verhängt an

50

jedem Gerichtstag eine Strafe von ein paar Pence, die sie nie zahlt, und weiter tut er nichts.

Es gibt drei Wege, wie man der Leibeigenschaft entkommen kann. Man kann vom Grundherrn freigelassen werden, man kann sich die Freiheit erkaufen oder man kann weglaufen und ein Jahr und einen Tag in einer Stadt verbringen. Die meisten Leute tun nichts davon. Letztes Jahr hatte Vater genug Geld zusammen, um sich freizukaufen, aber dafür hat er am Ende lieber John Adamsons Ackerland bei den drei Eichen gekauft.

»Aber du hättest *frei* sein können«, habe ich geklagt.

»Aber du hättest *satt* sein können«, hat er mich nachgemacht, und damit war es geklärt.

Mir liegt genauso viel am Land wie Vater, aber ich hasse es, jemand anderm zu gehören. Ich habe es schon immer gehasst, solange ich denken kann, das ist wie ein Jucken, das nie aufhört, egal wie viel du kratzt. Robin geht es genauso. Wenn wir erst erwachsen und verheiratet sind, werden wir so lange immer nur arbeiten, bis wir genug Geld haben, um uns freizukaufen. Dann sind auch unsere Kinder frei und können gehen, wohin sie wollen, und leben, wie sie möchten, ohne sich um Sir Edmund oder die Pflichten und all die andern Dinge zu scheren, die uns Kummer machen.

Das gelobe ich.

10 KLEINE EDITH

Meinst du, ich hätte es jemand erzählen sollen?«, frage ich Robin. Es sind ein paar Tage vergangen, und wir bringen gerade das Vieh von der Weide zurück, ich unsere Kuh und die beiden Ochsen, Robin die alte Milchkuh mit dem verkrüppelten Horn. Hinter uns geht warm und diesig die Sonne unter.

»Nein ...«, meint Robin, aber er klingt unsicher. »Warum kümmert dich das so?«

Warum mich das kümmert? Ich weiß nicht. Doch, ich weiß es schon. Wenn ich dafür sorge, dass die kleine Edith – die zierliche flachsblonde Edith, die so zart und zerbrechlich ist wie ein Küken – am Leben bleibt, gibt es Hoffnung für uns alle: für Ned und Maggie und Edward und die ganze bunte Schar von Leuten, die ich lieb habe. Aber indem ich mich für ihr Leben einsetze, bringe ich meine Familie womöglich noch mehr in Gefahr. Mir brummt der Kopf, wenn ich versuche, das zu entwirren. Bin ich eine gute Christin, wenn ich Radulf dabei helfe, die Heimatlosen aufzunehmen? Oder tue ich etwas Dummes, Leichtsinniges und Gefährliches?

»Kümmert es dich denn nicht?«, frage ich stattdessen. »Ein kleines Mädchen, so alt wie Ned?«

»Sicher ...«, sagt Robin. »Aber viele kleine Mädchen in Neds Alter sind schon gestorben.«

»Na ja ...«, sage ich. »Wenn sie den Pesthauch mitgebracht hat, ist er schon da.«

In den letzten Tagen ist die Zahl der Flüchtlinge geschrumpft, es kommen kaum noch welche die Straße entlang. Überhaupt zieht fast niemand mehr nach Norden. Keine Fuhrleute, keine Krämer, keine Ablasshändler und keine Pilger, auch sonst kommt niemand mehr auf dem Weg nach Duresme oder York durch unser Dorf. Unheimlich ist das.

An der Schmiede beschlägt Robert Smith gerade ein Pferd. Sein Sohn hält den Pferdekopf fest, während Robert die Nägel in den Huf treibt. Ein paar Frauen stehen am Brunnen und reden, und am Straßenrand spielt eine kleine Schar Kinder mit einem Kätzchen. Tolly Hogg, der Schweinehirt, führt die Schweine zurück ins Dorf, und ein paar Hühner picken im Dreck. Alles ist wie immer, glücklich und wohlbehalten.

Zu Hause schimpft Alice mit Ned.

»Du solltest auf das Feuer aufpassen und nicht zum Würfeln auf den Anger gehen! Schau, was passiert ist!« Im Haus riecht es rauchig und angebrannt, und im Boden vom Kochtopf ist ein schwarzes Loch. »Woraus sollen wir jetzt essen?«

Maggie sitzt auf dem Boden und spielt mit Baby Edward. Sie lässt ihre molligen Finger auf seinem Gesicht tanzen, während Edward nach ihnen grapscht. Er greift gerne nach allem, was er sieht – Flammen, Mustern auf Stoff, Murmeln, Würfeln. Und was er in den Fingern hat, versucht er aufzuessen. Als wir an die Tür kommen, rennt uns Maggie entgegen und ruft: »Robin! Robin!«

Robin schnappt sie und wirbelt sie rundherum, bis sie schreit. Dann hält er sie mit dem Kopf nach unten. Sie quiekt und grapscht nach seinen Beinen, aber kaum hat er sie auf die Füße gestellt, ruft sie: »Noch mal! Noch mal!«

Alle kleinen Kinder lieben Robin.

Alice ist ordentlich in Rage.

»Steh nicht rum!«, faucht sie Ned an. »Du musst los zu Muriel und den Topf holen, den ich ihr geliehen habe. Sonst gibt's heute Abend nichts zu essen!«

»Nein«, sage ich rasch. Ned ist ein Plappermaul. »Lass Ned. Ich geh schon.«

Das Licht lässt nach, als ich durchs Dorf zu Radulfs Haus gehe. In den Baumkronen über meinem Kopf singen die Vögel, und über den Teichen am Waldrand schwirren Schnaken.

Das Haus liegt still in der Senke. Rauch kräuselt sich über dem Strohdach, und im Gras picken die Hühner, sonst sieht alles verlassen aus.

Ich klopfe an die Tür. Es dauert unendlich lange, bis Radulf aufmacht.

»Isabel!«, sagt er. »Ach – Isabel. Das ist jetzt nicht …«

»Ich brauche nur den Kochtopf von Alice«, sage ich schnell. Edith soll keinen Ärger bekommen. »Ich will gar nicht bleiben.«

»Ach«, sagt Radulf. »Nun ja …« Zaudernd steht er auf der Türschwelle, aber da höre ich, wie drinnen im Haus ein Kind schreit. Ein hohes, gequältes Wimmern.

»Wenn …«, sagt Radulf. »Wart einfach hier.«

Radulf schlägt mir die Tür vor der Nase zu. Ich höre ihn drinnen im Haus herumklappern und fluchen, und dann ist da wieder dieses Weinen, diesmal lauter.

Die Tür schwingt von selbst auf.

Edith sitzt aufrecht in einem niedrigen Bett bei der Herdstelle. Schon von der Schwelle kann ich erkennen, wie rot ihr kleines Gesicht ist. Schon von hier rieche ich den süßen, leicht fauligen Geruch, wie von alten Äpfeln. Schon von hier sehe ich die schwarze, geschwollene Beule an ihrem Hals, so groß, dass sie das Gesicht zur Seite schiebt.

Ich weiß nicht viel, aber was das heißt, weiß ich.

Die Krankheit ist bei uns angekommen.

11 WAS RECHT IST, WAS SCHLECHT IST

Bis ich zurück beim Anger bin, ist es dunkel geworden. Der Kochtopf von Alice schlägt mir gegen das Bein. Zu Hause werden sie Hunger haben und auf mich warten.

Die Pest ist da. Hier in Ingleforn.

Sir John wohnt neben der Kirche. Ich schlage an seine Tür. Von drinnen höre ich Stimmengemurmel, das lauter wird, als er näherkommt. Die Tür geht auf, und er steht da, den Bierkrug in der Faust. Der dicke Bauch spannt seine Soutane. Gilbert Reeve ist auch da, er sitzt auf einem Schemel beim Feuer. Sie sind beim Abendbrot – ich sehe halb aufgegessenen Eintopf in ihren Schalen.

»Isabel.« Sir John zieht die Stirn kraus. Ich muss schlimm aussehen. Mein Gesicht ist rot angelaufen, und die Kapuze meines Umhangs ist mir halb über die Schulter gerutscht. Und ich halte immer noch den großen Kochtopf umklammert. »Ist irgendwas?«

Ich atme tief ein, ringe nach Luft, ringe nach Luft, ringe nach Luft. »Sie ist hier, Sir. Sie ist hier. Bei Radulf haben sie sie.«

Sir John weicht so schnell vor mir zurück, dass es schon fast komisch ist. Das Dünnbier schwappt aus seinem Krug.

»Die Seuche?«

Ich nicke. »Seine Schwester hat sie von York hergebracht. Ihr kleines Mädchen ist krank.« Ich sehe sie wieder vor mir, die kleine Edith mit dem roten Gesicht, wie ihr Mund offen steht und wie sie weint, und dazu diese grauenhafte Beule am Hals. »Bitte, Sir«, sage ich zu Sir John, »Muriel fragt, ob Ihr nicht zu ihr kommen könnt? Ich weiß nicht …« Ich breche ab. Radulf wollte nicht, dass es irgendwer erfährt, aber dieses Geheimnis ist zu groß, denn jetzt geht es nicht mehr nur um ein paar Fremde im Dorf. Und was geschieht mit dem kleinen Mädchen, wenn es stirbt? Denn sterben wird es. Und man kann ein Kind doch nicht ohne Priester sterben lassen, oder?

»Ah«, sagt er. »Nun ja, ich weiß nicht. Ich kann nicht – ich meine, wer weiß, ob ich da irgendwas …«

Gilbert Reeve starrt ihn an.

»Ihr könnt den Kranken Euren Besuch nicht verweigern«, sagt er, und genau das denke ich auch. Will er uns alle ohne Beichte mit unsern Sünden in die Hölle fahren lassen? Der elende alte Feigling!

»Ah«, sagt Sir John. Er sieht sich nach einer Fluchtmöglichkeit um. Aber es gibt keine. »Ah. Natürlich. Ich will nur … wenn ihr einfach …« Aber er rührt sich nicht. Gilbert Reeve sieht mich an.

»Sind Radulf und Muriel krank?«, fragt er. Ich schüttle den Kopf.

»Nein. Noch nicht«, sage ich. Dann sehe ich seinen Gesichtsausdruck und füge hinzu: »Sie werden doch nicht bestraft, oder?«

»Wenn er die Pest hierhergebracht hat«, erklärt Gilbert grimmig, »hat er das Dorf in große Gefahr gebracht und muss sich verantworten. Was mit ihm geschieht, habe nicht ich zu entscheiden.«

Das Dorf in großer Gefahr. Die Härchen an meinen Armen stellen sich auf. Der Schutz eines kleinen flachsblonden Mädchens gegen das Leben von uns allen. Die Liebe eines Bruders zu seiner Schwester und ihren Kindern gegen das Wohl von Alice und Ned und Vater und Robin und Amabel und Mag.

Das Gebot, für die Kranken da zu sein, gegen Geoffreys Leben. Die Sicherheit des Dorfs gegen die Verheißung ewigen Lebens. Leben gegen Sterben. Tugend gegen Verzweiflung.

Neuigkeiten verbreiten sich hier schnell. Am nächsten Morgen bei der Messe wissen alle Bescheid. Die Angst geht um, das spürt man am Rascheln und Murmeln und den vielen Blickwechseln.

Kein Zeichen von Radulf oder Muriel, seiner Frau.

»Habt ihr gehört?«, fragt Emma Baker.

»Haben wir«, antwortet Alice. »Das arme Kind.«

»Aber habt ihr auch das von Sir John gehört?« Emmas Augen leuchten vor Aufregung. Alice schaut weg und saugt Luft in ihre Nase. Sie hasst jedes Gerede über die Geistlichkeit. Einmal hat sie Ned eine schlimme Tracht Prügel verpasst, weil er Sir John einen dummen alten Quatschkopf genannt hat.

»Es steht uns nicht zu, schlecht über einen Priester zu reden«, sagt sie. Sie kann nicht ahnen, was kommt.

»Warte, bis du's weißt«, sagt Emma und flüstert: »Er ist fort!«

»Fort?«

»Er ist weggerannt, lässt uns im Stich. Er hätte zu dem Kind gehen sollen, tauchte aber nicht auf. Da ist Muriel zu seinem Haus gegangen, und er war weg. Hat seine Kleider mitgenommen und alle guten Sachen und ...« Sie wird noch leiser. »Und auch die Leuchter aus der Kirche, heißt es.«

Bei uns in der Kirche gibt es zwei Kerzenleuchter aus Silber, die während der Messe auf dem Altar stehen. Das tun sie auch jetzt.

»Die Leuchter sind noch da«, sage ich. »Schau doch, Emma.«

Emma wirft mir einen bösen Blick zu und spricht weiter, als ob sie nichts gehört hätte.

»Das kleine Mädchen«, sagt sie. »Was wird aus ihr, wenn sie stirbt? Ohne einen Priester, der ihr die Beichte abnimmt.« Mich schaudert. Wer stirbt, ohne seine Sünden zu beichten und die Absolution zu empfangen, nimmt seine Sünden mit ins nächste Leben und muss sie bezahlen, indem er Jahr um Jahr in der Hölle schmort. Wenn man in den Himmel kommen will, ist die Absolution das Allerwichtigste.

»Was wird aus uns allen?«, fragt Emma und wird wieder lauter. »Was passiert mit uns, wenn wir ohne Priester sind?«

Vater presst die Lippen zusammen wie immer, wenn er wütend oder aufgewühlt ist, aber bevor er irgendwas sagen kann, bewegt sich vorne im Kirchenschiff etwas. Einer von Sir Johns Kaplänen ruft: »Hallo? Hallo!«

Die Leute stoßen sich an und scharren mit den Füßen, dann werden alle still, was in der Kirche sonst fast nie passiert. Normalerweise murmelt Sir John auf Lateinisch vor sich hin, während wir andern uns weiter über das Wetter oder die Ernte unterhalten, uns das Maul über das neue Kopftuch zerreißen, das Agnes mit der Hasenscharte trägt, oder über Edward Miller lästern, der so unverschämt war, bei der Verteilung der Hostien seine neue Frau vor Emma Baker zum Altar zu führen.

»Wie einige von euch bereits gehört haben«, beginnt der Kaplan, »ist Sir John unglücklicherweise nicht länger in der Lage, seine Pflichten als Pfarrer dieser Gemeinde wahrzunehmen.« Ein paar Leute murren, andere lachen leise. »Wir werden einen Boten zum Bischof schicken und darum bitten, dass ein neuer Priester gesandt wird. In diesen schweren Zeiten kann allerdings keiner sagen, wie lange das dauern wird.« Das Gerede wird lauter, aber als der Kaplan fortfährt, sind alle wieder still. »Daher werden uns in der Zwischenzeit die Mönche aus der Abtei in allen Kirchendingen unterstützen.«

Das Murmeln wird wieder lauter. *In diesen schweren Zeiten.* Priester sterben, das meint er.

Der Kaplan ist noch nicht fertig. Auch wenn er nur der Vetter von Alice ist und aus Great Riding stammt, kann er doch lesen, und jetzt hält er ein beschriebenes Stück Pergament vor sich.

»Der Erzbischof von York«, erklärt er, »hat uns gebeten, euch mitzuteilen, dass jeder aus dem Laienstand, ganz gleich ob Mann oder Frau« – hier wird es lauter – »dazu ermächtigt ist, die Beichte abzunehmen und Absolution zu erteilen, solange uns diese unglückselige Verheerung heimsucht.«

Jetzt ist keiner mehr still! Frauen sollen die Beichte abnehmen können! Alice sieht aus, als hätte ihr jemand ins Gesicht geschlagen. In mir steigen zugleich Entsetzen und Aufregung hoch. Fast scheint sich die Erde zu verschieben und sich unter meinen Füßen plötzlich zu bewegen, und ich weiß nicht, was für ein Ende es nimmt, wenn sie sich wieder niederlässt. Was wird aus der Welt, wenn Menschen wie Alice und ich all das tun können, was Priester tun?

»Eine Schande ist das«, sagt Alice.

»*Hört zu.*« Der Kaplan schreit gegen den Tumult an. »*Hört zu.* Wie ihr wisst, sind viele der Mönche von St. Mary als Priester geweiht. Wir haben mit ihnen gesprochen, und sie sind bereit, uns beizustehen in unserer Not. Ein jeder von euch, der die Dienste eines Priesters benötigt, soll zur Abtei gehen. Dort wird man tun, was möglich ist, um zu helfen.«

Stille. Wenn jemand die Sterbesakramente braucht, das meint er. Wie das arme kleine Mädchen in Radulfs Haus. Die Angst kriecht in meinen Bauch.

Man hört Gemurmel und das Scharren von Füßen, dann ruft Emma Baker: »Ihr heißt diese Widerwärtigkeit also nicht gut?«

»Wir hoffen, dass niemand davon Gebrauch machen muss«, sagt der Kaplan ausweichend.

»Die Leute in York sollen tun, was sie wollen!«, schreit Edward Miller. »Das stellt die Welt auf den Kopf, das machen wir nicht mit!«

Vater schüttelt entmutigt den Kopf, und ich schiebe mich zu ihm. »Was denkst du?«

Vater seufzt.

»Ich denke, das stellt wirklich die Welt auf den Kopf«, sagt er. »Aber egal, was Edward Miller davon hält, wir werden mitmachen müssen.«

Zum ersten Mal seit ich denken kann, ist es halbwegs still bei einem Gottesdienst, den der Kaplan abhält. Am Schluss sagt er, wir können alle zur Kommunion gehen. Da brandet eine Woge von Aufregung durch die Kirche, und Alice murmelt ein schnelles Pater Noster.

Auch wenn ich den Gedanken selbst furchtbar böse finde – tief drinnen wünsche ich mir fast, einmal eine Beichte anhören zu können. Nicht von einem Familienmitglied, von einem Fremden aber schon – einem Reisenden aus York, der unterwegs stirbt. Geoffrey sagt, dass auch derjenige Gott dient, der Brot backt und die Ernte einbringt. Aber in Gottes Namen die Absolution zu erteilen – was ist das wohl für ein Gefühl? Wahrscheinlich bekomme ich so eine Gelegenheit nur einmal.

Als ich an der Reihe bin, die Hostie zu empfangen, schließe ich die Augen und versuche, etwas Frommes zu denken, aber die Hostie schmeckt auch diesmal nur wie vertrocknetes Pergament. Tief im Innern bin ich nicht besonders fromm, mein Glaube ist nicht so wie Geoffreys, das ist mein Problem. Ich bemühe mich, aber dann kommt mir wieder irgendwas anderes in den Sinn, mein Gemüsebeet zum Beispiel oder Robin oder ob ich Will Thatcher wirklich gern habe oder nur so tue, um Robin zu ärgern. Und auf einmal sind die Gebete vorbei, und ich habe überhaupt nicht zu Gott gesprochen.

Nach der Messe stehen alle noch ewig lang vor der Kirche und reden. Die Pest in Ingleforn – Sir John – Frauen, die die Beichte abnehmen – Radulf! – Sir John – die Pest in Ingleforn.

»Die sollten verbannt werden!«, sagt Agnes. »Die Seuche hier einzuschleppen! Wir sollten sie wie Aussätzige aus dem Dorf jagen und sie vermodern lassen.« Sie spuckt eine zerkaute Gewürznelke auf die trockene Erde. Die Spucke bildet einen kleinen nassen Hügel mit ekligen Bläschen.

»Aufhängen sollten wir sie!«, sagt der schmutzige Nick. Der schmutzige Nick ist lang, hager und zerlumpt und sieht überhaupt schmuddelig aus. Sein Leben besteht aus Faulenzen und Trinken, sein Brot verdient er sich mit Betteln und einem halben Tag Arbeit hier und einem halben Tag dort. Ich hasse ihn.

»Sie aufhängen!«, sagt Alice. »Großer Gott, man findet in diesem Dorf doch keine Männer, die Radulf und Muriel aufhängen würden. Und wozu wäre das gut?«

Ich hoffe, dass Alice recht hat, aber ich sehe die dunklen Mienen in ein paar Gesichtern und bekomme Zweifel.

»Was passiert jetzt mit Radulf und Muriel?«, frage ich Margaret, Robins Mutter. Erst habe ich Vater gefragt, aber der meinte, ich soll meine Nase nicht in fremde Angelegenheiten stecken. Margaret seufzt. »Gilbert Reeve will sie verbannen«, sagt sie. »Aber wahrscheinlich bleiben sie am Ende doch. Bald werden die Leute andere Sorgen haben.«

Radulf – Edith – die Kerzenständer aus der Kirche – die Mönche. Die Pest in Ingleforn.

Ich packe Robin am Arm und ziehe ihn auf die Längsseite der Kirche.

»Ich hab sie gesehen«, flüstere ich. »Ich war's, die sie gefunden hat. Ich bin zu Sir John, damit er zu ihr geht, und danach muss er weggerannt sein!«

Robin macht ein ernstes Gesicht.

»Wie hat sie ausgesehen?«, flüstert er zurück.

Ich denke an Edith. Mir fällt nichts ein als ihr rotes Gesicht und die Tränen.

»Sie hat gerochen«, erinnere ich mich dann. »Der Teil stimmt. Ein scheußlicher Geruch, wie verrottet. Robin, was machen wir bloß? Die Pest ist hier! In Ingleforn!«

»Wir sollten weg«, sagt Robin. Als er meine Miene sieht, seufzt er. »Wusste ich's doch, dass du so gucken wirst. Mutter hat auch ein Gesicht gezogen, als ich's zu ihr gesagt habe. Mir ist das egal. Wäre ich ein Mann, würde ich morgen aufbrechen.«

»Aber wie –«, will ich fragen.

»Keine Ahnung, wovon ich leben würde«, sagt Robin. »Vielleicht von gar nichts. Trotzdem wäre es besser, als hierzubleiben, oder?«

Ich bin still. Alice wollte auch fort, das weiß ich. Aber die Vorstellung, unser Land zu verlieren, finde ich unerträglich. Ohne Land wäre es egal, ob wir die Pest überleben oder nicht. Ohne unsere Felder sind wir nicht mehr wir selbst.

Ich drehe mich von Robin weg und schaue über den Friedhof. Ned und Maggie laufen mit ein paar andern Kindern zwischen den Gräbern herum. Sie kommen auf uns zugestürmt. Ned rennt mir so heftig in den Bauch, dass mir die Luft wegbleibt.

»Ned! Benimm dich!«

Ned weicht zurück.

»Warum sind alle so böse?«

»Wegen dem, was der Kaplan gesagt hat«, erkläre ich ihm. »Jeder könnte die Beichte abnehmen, hat er behauptet, so wie ein Priester. Auch du oder Magsy.«

Ned lacht schnaubend: »Doch nicht Mag!«

»Könnt ich wohl!« Mag hüpft hoch und stellt sich auf die Zehenspitzen. »Das könnte ich, stimmt's, Isabel?«

»Der Kaplan hat das jedenfalls gesagt«, antworte ich. »Und ich kann's auch und Alice auch.«

Ned prustet wieder in die Hände. Man sieht, wie sich hinter seinen Fingern vor lauter Lachen die Mundwinkel weit auseinanderziehen.

»Alice kann vielleicht schon mit Gott reden«, sagt er. »Aber Mag nie im Leben!«

12 WUNDERGLAUBEN

Ned und Maggie nehmen die Pest nicht besonders ernst. Als Vater und Alice zu einer der Bierbrauerinnen gehen, um mit den andern Dorfbewohnern hinter vorgehaltener Hand über Sir John zu reden und sich zu zanken, beschließen die beiden, das Haus gegen die Krankheit zu schützen. Ich arbeite in meinem Garten, als sie kommen, mich an den Händen nehmen und mir unbedingt zeigen wollen, was sie gemacht haben.

»Guck mal, wir haben jetzt ein Kreuz an der Tür.« Das stimmt. Sie haben mit einem verkohlten Stock ein wackliges Kruzifix auf die Tür gemalt. Aber ihr Herr Jesus schaut nicht so nachsichtig wie sonst, seine Mundwinkel sind tief nach unten gezogen.

»Er ist traurig, weil er ans Kreuz genagelt worden ist«, erklärt Maggie. »Und schau hier!« Sie haben einen Eimer auf die Türschwelle gestellt, der halb voll Pisse ist.

»Tritt nicht rein!«, sagt Ned.

Ich steige über den stinkenden Eimer.

»Wozu ...«

»Das bannt den Pesthauch. Die Leute werden doch krank, wenn sie die Pest riechen, oder? Deswegen verbrennt Alice immer Rosmarin und Wacholder. Aber *wir* finden, Pisse stinkt viel mehr als Wacholder, und jetzt sind wir doppelt geschützt.«

»Riech mal«, fordert Mags. Sie beugt sich über den Eimer, saugt die Luft tief ein und muss gleich husten. »Iiih!«

»Das lass ich lieber«, sage ich. »Was habt ihr noch?«

»Den alten Beda mit seinem Bart.«

Die kleine Zinnfigur des heiligen Beda steht beim Webstuhl. Alice hat sie von einer Pilgerreise zur Kathedrale von Duresme mitgebracht. Sie zündet Kerzen neben der Figur an und betet vor ihr, und als Mags ihr einmal ein bisschen Schafwolle umgehängt hat und mit ihr auf dem Hof herumspaziert ist, wurde Alice furchtbar wütend. Sie hat Mag geohrfeigt und sie eine Satansbrut genannt. Jeder Atemzug ihrer Gebete für Mag sei Verschwendung, hat sie gesagt.

Der heilige Beda ist noch an seinem Platz, hat aber eine zweite Kerze bekommen und steht knietief in Veilchen, Gänseblümchen und Löwenzahn. Ned und Mag haben ein paar einfache Lehmfiguren neben ihm aufgestellt, grob geformt aus dem glitschigen Uferschlamm, mit dem Mag immer spielt, wenn Alice und ich am Fluss die Wäsche waschen. »Vater, Alice, du, ich, Maggie, Edward, Geoffrey und Richard.« Ned zeigt nacheinander auf die Lehmfiguren. Die Beule im Arm von einer der Gestalten soll ein Baby sein, das kann ich erkennen. Alice bringt dem heiligen Beda oft irgendwelche Gaben dar – einen aus Lehm geformten Arm, wenn ich mir mit der Sense in meinen geschnitten habe, ein Lehmauge gegen die Blindheit ihres Vaters –, aber diese verstörende Schar erinnert eher an einen Haufen Leichen auf dem Schlachtfeld. Einer von Vaters Füßen ist schon abgefallen.

»Noch mehr Kreuze …« Sie haben zittrige Kreuze auf alle Balken gezeichnet und auch ans Kopfteil von Vaters und Alice' Bett. Das wird Alice nicht gefallen. »Und das da ist für dich.«

Maggie hält mir einen Stoffrest hin, der von Alice' Schneiderarbeiten übrig ist. Er ist mit einem Stück Schnur zu einem kleinen Bündel zusammengebunden.

»Riech mal!«, befiehlt Ned.

Ich schnüffle daran. Es riecht nach Lavendel und Holzrauch, der Geruch unseres Zuhauses.

»Da ist Lavendel drin«, verkündet Mag. »Du musst es dir um den Hals binden.«

»Wir haben an alles gedacht«, sagt Ned, und auf einmal kommen mir die Tränen. Denn egal wie unsinnig die Versuche der beiden sind, weiß irgendwer von uns einen besseren Schutz?

Da kommt Vater durch die Tür, dicht gefolgt von Alice, und stiefelt mitten hinein in den Pisseimer. Was beweist, dass Ned und Maggie eben doch nicht an alles gedacht haben.

13 AN WEN WIR UNS ERINNERN
UND WEN WIR VERGESSEN

Immer wenn ich mir vorgestellt habe, wie es wohl wäre, wenn die Seuche zu uns kommt – und das habe ich oft in diesem Jahr –, dachte ich, das wäre wie bei der Styche oder der Ruhr. Ein Kind wird krank, dann vielleicht noch eins in der gleichen Familie und irgendwann die Mutter. Ein paar Tage später wandert die Krankheit zu einer Familie in der Nähe oder zur Schwester der Mutter, und so verbreitet sie sich von einem Haus zum nächsten, wie ein Gerücht oder ein Geheimnis.

Am Montagmorgen gehe ich zum Brunnen und treffe Amabel Dyer. Ihr Wassereimer ist schon voll, aber als sie mich kommen sieht, bleibt sie, wo sie ist, und winkt mich zu sich.

»Hast du gehört?«, fragt sie leise.

»Was denn?«

»Radulf und Muriel sind jetzt auch krank, alle beide! Gilbert Reeve ist gestern hingegangen und hat sie gefunden. Und jetzt hat er's auch, sagt meine Schwester.«

»Pfff.« Die Frau neben Amabel – es ist Hasenscharten-Agnes, die Schwester von Alice – stößt empört die Luft aus. »Gilbert Reeve hat gar nichts! Der ist heute Morgen noch zum Markt gegangen, ich hab ihn gesehen. Deine Schwester redet Unfug, Mädchen.«

Amabel verstummt kleinlaut, aber nur kurz.

»Die kleine Joanie Fisher hat es auch erwischt. Ihre Mutter hat Honig bei Muriel gekauft, letzte Woche erst. Bestimmt kriegt sie's auch bald.«

Joanie Fisher ist erst drei. Sarah, ihre Mutter, ist eine Freundin von Richards Frau Joan. Ein eisiger Schauer läuft mir über den Rücken.

»Man darf nicht in die Nähe von irgendwem, der's hat«, erklärt Alison Spinner, die ein halbes Jahr älter ist als ich, »sonst bekommt man's auch. Die Krankheit wird über den Blick weitergegeben – guck einem Kranken in die Augen, und du bist tot.«

»Aber wie soll das gehen? Man kann doch nicht einfach wegbleiben! Alle müssen zum Brunnen oder auf die Felder – oder in die Kirche?« Mir würde es nicht viel ausmachen, seltener in die Kirche zu müssen, aber im Augenblick strenge ich mich an, Gott nicht zu verärgern. »Du würdest ja verhungern!«

Alison Spinner zuckt mit den Schultern. »Dann stirbst du eben«, sagt sie.

Ich bin still. Amabel und Alison auch. Das passiert alles zu schnell. Ich brauche eine Pause, so wie man eine braucht, wenn die Spielleute mit ihrer Musik fertig sind und alle tief Luft holen und langsam zurückkehren aus der Welt, in die sie sich beim Lauschen hineingeträumt haben. Das ist alles zu viel.

Alison Spinner nimmt den Eimer mal in die eine und dann wieder in die andere Hand und guckt unbekümmert.

»Mutter hat gehört, sie schicken uns einen neuen Pfarrer«, sagt sie. »Bis Ende der Woche, hätte Sir Edmunds Verwalter Gilbert Reeve gesagt. Die sollen sich beeilen, meinte er, sonst sind wir alle tot, bis der Pfarrer hier ist.«

»Alison!« Amabel guckt entsetzt, muss aber beinahe kichern, als hätte Alison einen derben Witz gemacht.

»Das hat er gar nicht gesagt«, widerspreche ich und werde auf einmal wütend: auf Alison, weil sie das alles nicht ernst nimmt, und sogar – ja, das gebe ich zu – auf Muriel und Radulf und die kleine Joanie Fisher, weil sie krank geworden sind, und auf mich, weil ich nichts dagegen tun kann. Ich bin wie Alice: Ich will Dinge heil machen – will Kinder versöhnen, Wunden versorgen, das verschüttete Dünnbier wegwischen. Aber das hier? Es gibt nichts, was ich tun kann.

Am nächsten Tag erleben wir den ersten Tod – die kleine blonde Edith, Radulfs Nichte. Einer der Mönche aus der Abtei hält die Messe, aber nur ihre Mutter und ihr Babybruder sind da, um für ihre Seele zu beten. Und dann hören wir, dass die Mutter auch krank ist.

»Aber wer kümmert sich um das Baby?« Ich sitze auf dem Boden und spiele mit Edward, lasse meine Finger über seinen Bauch wandern und kitzle ihn, bis er sich windet. Der Gedanke an das andere Baby – wie es da liegt und schreit, hungrig und allein in einem Haus voller Sterbender – ist so grauenhaft, dass ich ihn kaum ertrage.

Alice sitzt am Tisch und schneidet Lauch. Sie weicht meinem Blick aus.

»Jeder muss an seine eigene Familie denken, Isabel. Keiner will die Seuche ins eigene Haus einschleppen. Und dieses Baby kennt hier keiner …«

Und das sagt Alice, die immer so viel über christliche Nächstenliebe redet! Entsetzt starre ich sie an. Sie richtet ihr Kopftuch und sagt, wie um sich zu verteidigen: »Außerdem wird es sicher bald krank, Isabel.«

Irgendwie ist das mit dem Baby das Furchtbarste, was bis jetzt passiert ist, schlimmer als das mit Edith und ihrer Mutter, denen sowieso keiner hätte helfen können. Ich muss immer an den kleinen Jungen denken – wie er weinend im eigenen Dreck liegt, während neben ihm seine Mutter stirbt. Etwas zerrt an mir. Soll ich hingehen und ihm helfen? Aber was kann ich für ihn tun, wenn Alice nicht erlaubt, dass ich ihn herbringe? Würden die Mönche das Baby nehmen?

Ich bin wahnsinnig wütend auf Alice und auch auf mich selbst, weil ich nicht hingehe. Ich höre gar nicht mehr auf zu schimpfen, als

Amabel und ich Robin und Ned zu den Schießständen begleiten, um ihnen beim Bogenschießen zuzuschauen.

»Die lassen es einfach allein … lassen es sterben. Ein Baby! Jetzt liegt es da, und keiner kümmert sich, alle haben Angst, keiner will in ein Haus, in dem alle krank sind.«

»Ich würd's jedenfalls nicht machen«, sagt Amabel. »Und ich finde, eure Alice sollte da auch nicht hin. Die Leute müssen an ihre eigenen Kinder denken. Die dürfen die Krankheit nicht in ihre Häuser schleppen.«

»Robin, du siehst das doch anders, oder?«, flehe ich.

»Ich finde es furchtbar«, sagt Robin, und mir wird leichter zumute. Lieber, netter Robin, immer freundlich zu kleinen Kindern und hilflosen Welpen. »Ich geh jetzt auf der Stelle mit dir hin, Isabel, wenn du willst«, sagt er ernst. »Ich geh hin und seh nach, wenn du willst.«

»Seid ihr verrückt?«, kreischt Amabel. »Ihr könnt doch nicht einfach das Baby von jemand anderm mit nach Hause nehmen! Ihr kriegt die Pest!«

»Ich weiß«, sagt Robin. Er betrachtet mich mit seinen dunklen Augen unter dem schwarzen Haarschopf. »Ich würde trotzdem gehen, wenn du willst, Isabel.«

Ich zögere. Mein Herz schlägt schneller.

»Würde deine Mutter das Baby nehmen, wenn es nicht krank ist?«, frage ich. Robin zuckt mit den Achseln.

Wir laufen an der Mühle entlang. Das Wasserrad dreht sich im Mühlbach, funkelnde Tropfen spritzen uns nass. In den Bäumen über unsern Köpfen singen Vögel. Wir sind lebendig. Aber wie lange noch? Bestimmt ist das Baby sowieso schon krank.

»Ach, ich weiß nicht«, sage ich. »Ich weiß nicht, was ich will.« Und dann renne ich los, bevor Robin antworten kann.

Drei Tage später klingen die Totenglocken für Radulf und Muriel und für Ediths Mutter. Wir hören das Läuten, als wir die Ochsen auf die Weide führen, und beißen die Zähne zusammen. Inzwischen gibt es zwölf neue Pestfälle im Dorf und keinen Priester weit und breit. Niemand erwähnt ein Baby.

Jetzt, da die Seuche hier ist, verhalten sich die Leute anders als sonst. Sie bleiben für sich. Wenn sie jemandem aus einem Haus begegnen, in dem die Krankheit ist, treten sie zur Seite und schauen weg. Am Sonntag nach dem Verschwinden von Sir John ist die Kirche voll – voller als sonst –, aber alle stehen so weit wie möglich voneinander entfernt. Die Menge hält fast sechs Fuß Abstand von dem Kloster-bruder, der die Messe liest. Am Brunnen murmeln die Leute nur »Gott schütze dich« und senken den Blick. Als Joanie Fisher gestor-ben ist, kam kaum jemand zu ihrer Trauerfeier. Aus Angst vor dem Pesthauch hatten die Mönche verboten, sie in der Kirche aufzubah-ren, aber es gab einen Zug durchs Dorf, und an ihrem Grab wurde eine Messe abgehalten. Joan war dort und hat erzählt, die einzigen Leute, die dem Sarg folgten, seien Sarah, deren Schwester und der Mönch gewesen, der den Gottesdienst hielt, außerdem ein Bettler, den sie vorher noch nie zu Gesicht bekommen hatte. Fürs Läuten einer Handglocke wollte er zwei Sixpence-Münzen.

»Gebe Gott, dass bald ein neuer Pfarrer kommt«, grummelt Alice, die mit Edward in der Tür steht. Der brüllt beinahe das Stroh vom Dach. »Isabel und Ned, wir brauen heute Dünnbier, das wisst ihr genau. Aber wie soll das gehen, wenn kein Wasser da ist? Und komm gleich vom Brunnen zurück, Isabel, steh nicht erst lange da und tratsche mit Amabel Dyer. Du sollst uns die Seuche nicht ins Haus schleppen, hörst du?«

Fürs Brauen ist viel Wasser nötig – zwei Eimer für jeden und einen Stock über die Schultern, um sie heimzutragen. Ned schlurft mit den

Schuhen über die Erde. Ihn plagt irgendwas, das sieht man gleich.

»Isabel«, fragt er. »Wenn man die Pest kriegt – kann man wieder gesund werden?«

»Nein«, sage ich. »Man stirbt immer.«

Ned zieht die Schultern hoch. Ich frage mich, um wen er sich wohl sorgt – um Philipp vom Bach, mit dem er manchmal auf dem Dorfanger spielt, oder um den alten John Adamson oder um uns, falls es uns trifft.

»Ned?«, frage ich, aber aus ihm ist nichts herauszubringen.

»Mir egal«, sagt er. »Du und Alice und die blöde Pest, mir alles egal.« Und er rennt mit schwingenden Eimern los zum Brunnen.

Die Frauen dort tauschen schlechte Neuigkeiten aus. Dumme alte Weiber. Als wir näher kommen, beenden sie ihr Getuschel und betrachten uns über die Schulter weg. Betreffen die schlechten Neuigkeiten uns? Kälte breitet sich in meinem Bauch aus. Die Pest kommt zu jemandem, den ich lieb habe. Robin. Richard. Geoffrey. Amabel Dyer. So viele Möglichkeiten.

»Isabel, hast du schon gehört?«, ruft eine von ihnen. »Der neue Pfarrer ist da. Gestern Nacht ist er angekommen. Beatrice Reeve sagt, er ist noch ein Junge.«

»Das ist gut«, sage ich und spüre, wie sich das Wirrwarr von Angst in meinem Bauch lockert. Die Frau guckt, als wollte sie noch etwas sagen, und ich packe Ned am Arm, bevor sie es über die Lippen bringt.

»Komm endlich, Ned. Alice wartet.«

Ich zerre ihn zum Brunnen. Die Frauen beobachten uns. Ich kann beim Warten in der Schlange nicht ruhig stehen bleiben, strecke immer wieder die Arme durch. Die Frauen reden weiter, ihre Hauben wippen, und ihre Schultern wackeln aufgeregt. Keine sagt was zu uns. Erst als unsere Eimer voll sind, ruft eine Frau nach mir.

»Isabel, warte mal.«

Emma Baker.

»Weiß es dein Vater schon?«

Ned antwortet, bevor ich ihn daran hindern kann. »Was denn? Das vom Pfarrer?«

»Margaret ist krank«, sagt Emma.

Margaret. Robins Mutter. In meinem Bauch kippt etwas, als ob ich am Rand eines Abgrunds stehe und kurz davor bin, über die Kante ins Nichts zu stürzen. Robin. Mein Robin. Mit den schwarzen Haaren, die ihm immer in die Augen fallen, und dem weit geöffneten lachenden Mund. Die Seuche in Robins Haus.

»Bruder Simon aus der Abtei war heute Morgen da. Es ist ganz klar die Pest. Bleib weg, wenn du weißt, was gut für dich ist, hörst du?«

»Wir müssen los«, sage ich. »Alice wartet!« Und dann renne ich, so schnell, wie ich kann mit zwei gefüllten Eimern auf den Schultern, und Ned rennt hinter mir her.

»Was machst du da? Wieso rennen wir? Isabel – warte!«

»Wie kann sie's wagen?«, sage ich. »Wie kommt sie dazu, mir vorzuschreiben, was ich tun soll?«

»Willst du zu Margaret gehen?«, fragt Ned. »Isabel?«

»Ich tu bestimmt nicht, was die alten Hexen mir sagen«, verkünde ich und stürme nach Hause, bevor er mir noch mehr Fragen stellen kann, auf die ich keine Antwort weiß.

Als wir nach Hause kommen, sitzt Alice am Tisch und zerdrückt Malz. Ned platzt sofort mit der Neuigkeit heraus.

»Margaret vom Bach hat die Pest!«

Alice lässt den Stößel sinken und starrt ihn an. Ihr Gesicht ist rot, eine Haarsträhne hat sich unter ihrer Haube gelöst und klebt ihr an der Wange.

»Ach, Ned«, sagt sie.

»Kann Robin zu uns kommen?«, frage ich. »Solange seine Mutter krank ist?«

Maggie, die die Spindel von Alice auf dem Boden hin und her rollt, schaut zu mir hoch.

»Ja!«, ruft sie. »Kann er das? Er soll in unserm Bett schlafen.«
»Tut mir leid, Isabel«, sagt Alice. Sie wirkt müde. Mit ihrem breiten Handrücken streicht sie sich die Strähne aus dem Gesicht. »Ich muss an Edward und euch alle denken. Was ist, wenn er uns die Krankheit in Haus bringt?«
»Will Thatcher sagt, wir sollen mit den Kranken nicht mal reden«, wirft Ned ein. »Wir sollen zu Hause bleiben, alle Türen zusperren und –«
Ich muss an die Menschen denken, die von York her auf der Straße entlanggezogen sind – die Prediger, die Fuhrleute, die Bettler und Aussätzigen und Mönche und Flüchtlinge. Keiner konnte etwas für sie tun. Ich denke auch an das Baby – was ist mit ihm passiert? Ich denke an Robin, meinen freundlichen, zugewandten Robin. Im Pesthauch eingesperrt und keiner da, der zu ihm kommt.
»Mir doch egal, was Will Thatcher sagt!«, brülle ich, und Maggie zuckt zusammen. »Und was die andern sagen, auch! Ich lass mich nicht aufhalten!«
Blindlings schubse ich Ned aus dem Weg und renne nach draußen. Alice ruft mir hinterher: »Isabel! Komm sofort zurück!«, doch ich achte nicht auf sie.

Robin wohnt auf der andern Seite des Dorfangers, im mittleren von drei Häusern. Zwischen dem von John Baker mit dem Dorfbackofen und der Schmiede. Die zwei kleinen Töchter des Schmieds spielen im Garten. Als sie mich kommen sehen, halten sie inne und starren mich über den Zaun hinweg an. Ich achte nicht auf sie. Ich versuche, die Stimme in meinem Kopf zu überhören – die Stimme von Alice –, die mich drängt, von hier zu verschwinden und die Krankheit nicht in meine Familie zu schleppen. Die mir sagt, diese Menschen seien jetzt in Gottes Hand, ich könnte nichts mehr für sie tun.
»Robin«, rufe ich und klopfe gegen die verschlossene Tür. Als niemand antwortet, rufe ich noch mal. »Robin!«

Keiner kommt. Zu meinen Füßen picken die Hühner weiter auf dem Boden herum.

Da sind Geräusche im Haus, ein Schlurfen, dann geht die Tür auf, und Robin steht da. Er wirkt kleiner und auch blasser. Zum Schutz gegen den Pestgestank drückt er sich ein Säckchen unter die Nase, das mit Kräutern gefüllt sein muss.

»Isabel«, sagt er erschrocken. »Was machst du hier?« Als ich näher trete, weicht er ins Haus zurück. »Nein, bleib weg! Komm bloß nicht näher!«

»Ich wollte dich sehen«, sage ich. »Geh nicht fort. Sonst komme ich ins Haus und küsse dich. Du kannst sowieso nichts dagegen tun, also versuch's besser erst gar nicht. Wie soll das überhaupt gehen – dass ich *nicht* herkomme und nach dir schaue?«

»Das hättest du nicht tun sollen«, sagt Robin, aber jetzt lächelt er ein bisschen, und ich weiß, dass er sich freut. Robin hat hier im Dorf keine Verwandten außer uns, seiner Mutter und einer blinden alten Großmutter, die verwirrt ist und niemandem eine Hilfe.

»Hör mal, Robin«, sage ich. »Du brauchst Essen. Und Wasser. Du wirst nicht selbst zum Brunnen gehen wollen, oder?«

»Oh …« Offenbar hat Robin darüber noch nicht nachgedacht. Aber ich habe gesehen, wie die Frauen aus dem Dorf ihre Röcke vor Sarah Fisher gerafft haben und nicht mit ihr sprechen wollten, als sie Wasser holen kam. Ich könnte es nicht ertragen, wenn sie das auch Robin antäten.

»Vielleicht …«, sagt er.

»Ich kann dir alles holen, was du brauchst. Wenn euch irgendwas fehlt, sag's einfach.« In mir wallt etwas auf, und ich füge hinzu: »Robin, pass auf dich auf, ja? Bitte …«

Was ich sagen will, ist: *Stirb nicht.* Aber wie soll er das machen, wenn er mitten im Pesthauch lebt?

»Schau ihr nicht in die Augen«, füge ich stattdessen hinzu, und da stößt er ein kleines Lachen aus, das wie Schluckauf klingt.

74

»Ich schaff das schon, Isabel«, versichert er mir. »Mach dir um mich keine Sorgen. Bitte.« Da muss ich beinahe weinen. Wie bringt Robin es fertig, sich Gedanken um *mich* zu machen, wo er selbst in ein Pesthaus eingesperrt ist mit seiner todkranken Mutter, die bestimmt sterben wird? »Ich steck den Kopf in Schweinedung«, sagt er. »Ich wasch mich nicht mehr!«

Ich versuche zu lächeln. »Man sollte dich auf die Krankenstation im Kloster bringen. Dann kriegen alle das Robin-Fieber statt der Pest!«

Auch Robin lächelt, aber nur halb.

»Ist es –«, beginne ich. *Ist es sehr schrecklich?*, will ich fragen. *Hat deine Mutter den Verstand verloren? Pinkelt sie sich ein? Stinkt sie? Fault ihr das Fleisch an den Knochen? Wie geht es dir, wenn du das Blut, die Kotze und noch Schlimmeres wegmachen musst?* Aber wie soll ich ihn so was fragen? Und was würde Robin mir antworten, wenn ich es täte?

Er lässt mich nicht ausreden.

»Hör mal«, sagt er. »Du darfst nicht mehr herkommen. Versprich's mir. Bis zum Zaun ist in Ordnung, aber nicht bis hierher, nicht so nah, dass du den Pesthauch riechen kannst. Wenn dir was zustoßen würde – wenn du wegen mir krank werden würdest – das könnte ich nicht ertragen. Im Ernst, Isabel.«

Ich nicke und merke, wie mir die Tränen kommen.

»Pass auf dich auf«, sage ich. »Bitte, bitte, Robin, pass gut auf dich auf.«

»Du auch«, sagt Robin und schließt die Tür derart plötzlich, dass ich mich nicht mal mehr verabschieden kann.

14 DER PRIESTERJUNGE

Als ich mich auf den Heimweg mache, beginnt es zu regnen – ein graues Nieseln, das meinen Umhang durchweicht und mich an letztes Jahr erinnert, als es ohne Ende geregnet hat und die Ernte verdorben war. Bedrückt frage ich mich, ob wirklich das Ende der Welt nahe ist. Manchmal scheint es so.

Ich fühle mich wie in einen Käfig gesperrt, der immer enger wird, bis ich nirgends mehr hin kann, und dann kommt die Schwärze, der Pesthauch, das Miasma. In meinen Träumen ist die Pest eine schwarze Wolke, sie kriecht unter der Tür durch, windet sich um die Feuerstelle und dringt bis hoch zu unserm Schlafboden – der Pesthauch kommt und findet mich, ich kann mich nirgends verstecken.

In meinem Kopf tobt … was? Faulende Körper, dieser Gestank in Radulfs Haus, der Geschmack von Blut und die Gedanken an Robin, der allein ist mit … dem allen … mit dem Eiter und dem Blut und dem Erbrochenen. Was kann ich tun? Ich will schreien, irgendwas kurz und klein schlagen, will so weit von hier weg, wie es geht.

Ich mag es, Dinge in Ordnung zu bringen. Dinge zu flicken, wieder ganz zu machen. Das meiste im Leben wird besser, wenn man daran arbeitet und sich einsetzt. Das hier nicht. Wie kann ich Robin helfen, wenn ich ihn nicht mal besuchen darf?

Ich bin schon aus dem Tor hinaus, da fällt mir der neue Priester wieder ein, der angeblich gerade hergekommen ist. Priester besuchen Kranke, sogar solche, die die Pest haben – der Priester kann Margaret und Robin besuchen, wenn ich es nicht kann. Der Gedanke macht mich so froh, dass ich auf der Stelle umkehre und zum Haus von Sir

John laufe. Kein Priester würde Robin mit der Sorge um seine Mutter alleine lassen, oder? Jedenfalls keiner außer Sir John.

Ich klopfe an die Tür, aber es kommt niemand. Ich hämmere mit beiden Fäusten dagegen. Was soll ich tun, wenn er nicht aufmacht?

Dann gehe ich zur Abtei und suche einen Mönch – genau das werde ich tun. Ist mir egal, ob er gerade betet oder in der Kirche ist oder im Skriptorium sitzt und schreibt, ich sorge dafür, dass er Margaret besucht. Oder ich gehe zum Haus von einem der Kapläne und sage ihm, dass er den neuen Priester für mich finden muss.

»Ja? Kann ich dir helfen?«

Der Mann auf der Türschwelle ist jünger als Richard. Einen kurzen, schwindligen Moment lang bilde ich mir ein, es wäre mein Bruder Geoffrey. Als er aus dem Schatten tritt, erkenne ich, dass er älter ist als Geoffrey, achtzehn oder neunzehn. Er ist groß und schlaksig und windet angespannt seine langen weißen Finger umeinander. Es liegt an seinen Haaren, dass ich an Geoffrey denken musste – ein wuscheliger blonder Schopf –, und dazu kommt der leichte französische Unterton, den man inzwischen auch bei Geoffrey hört, nachdem er mit den Mönchen der Abtei ein paar Jahre lang nur Französisch geredet hat. Aber die Haare dieses Jungen sind etwas dunkler, und er ist auch dünner. Er sieht aus wie eine lange, blasse Bohne.

»Ja?«, wiederholt er. Seine Stimme ist hoch und wirkt etwas nervös.

»Bitte«, flehe ich. »Die Mutter meines Freundes – Margaret – ich glaube, sie stirbt. Sie ist jedenfalls krank. Könntet Ihr also kommen und – und –«

»Oh!« Der Priester zuckt zusammen. »Warte hier.«

Er verschwindet in seinem Haus. Ich bleibe auf dem Weg stehen und warte. Drinnen scheppert es, dann fällt etwas auf den Boden.

»Alles in Ordnung?«, rufe ich und spähe durch die Türöffnung.

Sir Johns Haus ist klein, unordentlich und dunkel. Es ist größer als unseres, hat aber keinen Zwischenboden. Außer dem kleinen Herdfeuer brennt nur eine einzige Kerze. Sie flackert im Luftzug der Tür. Ein paar geöffnete Taschen stehen auf der Erde. Kleidung und Bücher und andere interessante Gegenstände quellen heraus. Der Priesterjunge ist hingefallen und unter Sir Johns Dünnbierfass geraten. Bier rinnt ihm über die Hose.

»*Benedicte!*«, ruft er, dann sieht er mich in der Tür stehen. »Ich meine …«

»Keine Sorge«, sage ich. »Fluchen macht mir nichts.« Dann gehe ich hin und helfe ihm, das Fass hochzuwuchten und sich zu befreien. Er ist beinahe erwachsen und ein Mann, aber ich bin stärker als er.

»Tut mir leid«, sagt er. »Ich bin erst gestern Nacht angekommen, und es ist so viel zu tun. So viele Leute, die meinen Besuch erwarten. Und ich kenne mich hier im Dorf nicht aus. Ich bin eigentlich noch nicht fertig mit der Ausbildung, aber es sterben so viele Priester. Ich meine …« Er guckt verwirrt und bricht ab.

»Schon gut«, beruhige ich ihn. »Ich weiß, es gibt nicht mehr viele Priester. Und ich an deiner Stelle würde keine Kerzen und kein Öl mitnehmen, sondern sie für die aufheben, die wirklich im Sterben liegen.« Er sieht mich so dankbar an, dass ich mich etwas mehr aufrichte. »Ich bin Isabel«, erkläre ich ihm. »Und mach dir keine Sorgen. Ich kümmer mich um dich.«

»Danke«, sagt er in ernsthaftem Ton, auch wenn ich sehe, wie sich seine Lippen zu einem kleinen Lächeln kräuseln. »Ich bin Simon de Marcham. Und ich wäre dir sehr zu Dank verpflichtet, wenn du mir den Weg zur Mutter deines Freundes zeigen könntest.«

Verschlossen wie eine Schatztruhe sitzt Robins kleines Haus zwischen Backhaus und Schmiede. Im Hof der Schmiede führt Robert Smith ein Pferd im Kreis, um es zu beruhigen. Das Pferd schnaubt und wirft den Kopf zurück, vielleicht weil es die Unruhe ringsherum spürt.

Der junge Priester – Simon – fummelt am Torriegel herum. Ich beuge mich vor und schiebe den Riegel für ihn zurück.

»Du kannst jetzt nach Hause gehen«, sagt er. »Bleib nicht.«

»Gut«, sage ich, warte aber am Tor, bis er beim Haus ist. Die Tür geht einen Spaltbreit auf, aber von hier aus kann ich nichts erkennen, ich sehe nur Dunkelheit. Simon, der Priester, betritt das Haus, und die Tür schließt sich hinter ihm.

15 KÜSSE GEGEN DIE NACHT

Gestern sind wieder vier Leute krank geworden und heute acht. Einer der Ochsen von John Dyer ist auf dem Anger tot umgefallen, aber keiner will in seine Nähe und ihn begraben. Nachts wurde Agnes ein Huhn gestohlen, der Dieb war ein Flüchtling aus York oder aus einem Dorf weiter im Süden. Am Morgen läutete zweimal die Totenglocke, am Abend noch mal. Wem das letzte Läuten galt, weiß ich nicht.

Im Kloster ist es noch schlimmer. Amabel Dyer hat gehört, dass zehn Mönche gestorben sind. Emma Baker behauptet, schon achtzehn Mönche seien tot, außerdem dreizehn Flüchtlinge. Agnes meint, wenn Gott das Kloster derart straft, müssen die Mönche etwas furchtbar Böses getan haben.

»Sie sollen ihr Bett mit Teufeln geteilt haben«, flüstert sie am Brunnen, und ich balle die Fäuste, um mich von einer Antwort abzuhalten. Vater sagt, sie rede Blödsinn.

»Ist doch kein Wunder, dass im Kloster reihenweise Leute sterben, mit all den Kranken dort.«

Ich habe Angst, auch Geoffrey könne unter den Toten sein. Ich will zum Kloster, nach ihm schauen, aber das darf ich nicht.

»Nicht jetzt, wo dort die Krankheit wütet«, sagt Vater. »Das ist mir ernst, Isabel! Es reicht, wenn wir uns um Geoffrey sorgen, sobald alles vorbei ist.«

Ich begreife nicht, wie er es aushält, ohne Nachricht von Geoffrey zu sein, aber er meint, was er sagt, das ist klar.

Von Robin hören wir nichts mehr. Jeden Tag gehe ich zum Haus und stelle ihm und seiner Mutter Essen und Wasser auf die Schwelle.

Am zweiten Abend erwischt mich Alice mit einem Stück Brot unterm Arm.

»Also schleppst *du* die Sachen weg! Ned konnte es kaum sein. Wo willst du hin?«

»Zu Robin.« Ich mache mich auf ihren Zorn gefasst. Gleich wird sie mir erklären, wie dumm das von mir ist. Doch Alice steht nur da und beißt sich auf die Lippe.

Dann sagt sie: »Sie werden auch Dünnbier brauchen.« Sie holt ihren grünen Lieblingskrug und füllt ihn. »Hier!« Als sie meinen überraschten Blick sieht, fügt sie hinzu: »Du bist ein gutes Mädchen, Isabel. Aber sag deinem Vater nichts.«

Auch wenn ich weder Margaret noch Robin jemals zu Gesicht bekomme, verschwindet das mitgebrachte Essen immer von der Schwelle, und den grünen Krug finde ich nach dem zweiten Abend jedes Mal leer hinter dem Zauntor, also muss da drinnen jemand am Leben sein. Ich klopfe nicht mehr an die Tür, obwohl ich es gern täte. Über den Zaun hinweg halte ich Ausschau, ob ich nicht doch einen Blick auf Robin erhaschen kann. Vielleicht holt er gerade Feuerholz, mistet den Schweinestall aus oder so. Aber ich sehe ihn nie. Ich weiß nicht mal, ob er inzwischen nicht selbst krank ist. Das glaube ich allerdings nicht, schließlich holt irgendwer jeden Tag das Essen ins Haus.

Heute sind drei Leute beerdigt worden, gestern zwei. Auch von der Kirche in Great Riding hört man die Totenglocken läuten – auch dort wütet die Krankheit, dem Läuten nach noch schlimmer als hier, kommt mir vor.

Simon hält heute seinen ersten Gottesdienst. In der Kirche sind weniger Leute als sonst. Ich weiß nicht, wer von den Fehlenden gestorben ist, wer kranke Angehörige pflegt, wer das Dorf verlassen hat und wer aus lauter Angst wegbleibt. Während der Messe sind alle sehr still, was noch seltsamer ist als alles andere. Simon stolpert immer wieder über die lateinischen Sätze, aber soweit ich es beurteilen kann, macht er nichts falsch.

Zum Schluss verkündet er, dass die Leichen der Verstorbenen nicht mehr in der Kirche aufgebahrt werden könnten. Und statt einer Messe gibt es für die Toten nur noch ein Placebo Domino, am offenen Grab gebetet.

Die Leute murren. Wie soll Gott wissen, dass er unsere Seelen in den Himmel schicken muss, wenn keiner für sie betet? Aber niemand sagt etwas dagegen. Zum Protestieren sind alle zu müde und ängstlich. Nur Gilbert und Emma Baker bleiben nach dem Gottesdienst noch da und reden mit Simon. Wir andern haben es eilig, nach Hause zu kommen.

Wieder einmal gibt es im Dorf eine Prozession. Alice geht hin, aber Baby Edward lässt sie zu Hause, und Vater erlaubt uns Kindern nicht, sie zu begleiten. Wir hören den Gesang und das Klingeln der Handglocken, als die Prozession bei uns vorbeizieht, doch wir schauen nicht nach draußen.

Seit die Krankheit ausgebrochen ist, fühle ich mich eingesperrt, von Tag zu Tag mehr. Ich würde gern ein Loch in die Hauswand treten, mich mit irgendwem prügeln oder einfach bloß rennen, immer weiter und weiter, und nie mehr zurückkommen.

»Ich versteh nicht, wieso ich im Haus bleiben muss«, sage ich zu Alice, als sie von der Prozession zurückkommt. »Wenn der Pesthauch hier ist, dann ist er eben hier, oder? Auch in diesem Haus – in der Luft – überall. Nur wer wegläuft, kann ihm entkommen. Aber nicht mal das tun wir!«

»Der Pesthauch klebt an den Kranken«, erklärt Alice. »Und an denen, die bald krank sein werden.« Sie sitzt am Webstuhl, arbeitet an einem neuen Stück Stoff.

»Wozu machst du dir überhaupt die Mühe und webst?«, frage ich. »Wir sterben doch sowieso alle!«

»Jeder stirbt irgendwann«, erwidert Alice ruhig. »Und wer den Sommer überlebt, braucht im Winter warme Sachen.«

»Bald ist der Tag des Jüngsten Gerichts!«, schreie ich sie an. »Und du sitzt da und webst!«

»Falls dieser Tag wirklich nahe ist«, sagt Vater, »würde ich lieber im Warmen warten. Geh Feuerholz sammeln, statt uns hier drinnen zur Last zu fallen.«

Wirklich wütend ist er nicht, aber in seiner Stimme liegt eine Schärfe, an der ich mich nicht schneiden will. Also nehme ich den Korb und stapfe mit schweren Schritten los. Das sind doch Idioten! Weiterzumachen wie immer, wo jeder sieht, dass vom normalen Leben nichts mehr übrig ist.

Draußen zu sein tut gut. Seit die Krankheit ins Dorf gekommen ist, sind wir die meiste Zeit über dringeblieben. Als ich jetzt ins Freie trete, habe ich das Gefühl, meine Seele kann nach der langen Zeit in dem dunklen, stickigen, verräucherten kleinen Haus endlich wieder atmen. Die Luft ist kühl und frisch und der Himmel über mir so hell, dass es fast schmerzt. Ich lasse den Korb an meinem Arm schlenkern und trage meine üble Laune den schlammigen Pfad hinunter zum Wald, wo ihr niemand in die Quere kommen kann.

Gleich hinter der Kirche stehen die ersten Bäume. Tolly Hogg treibt die Schweine hierher und lässt sie nach Trüffeln graben, und in der warmen Jahreszeit sammeln Ned und ich hier Bärlauch, Hagebutten und Pilze. Die Dunkelheit zwischen den Baumstämmen fühlt sich gut und sicher an, und die Luft duftet nach Kiefernnadeln und verrottetem Holz.

Ich bin nicht alleine im Wald. Eine gute Handvoll Jungen und Mädchen in meinem Alter hocken auf einem umgestürzten Baumstamm. Amabel Dyer und Will Thatcher und Roger Duresme und Alison Spinner und ein paar andere. Sie haben einen Krug Dünnbier dabei und reichen ihn in die Runde. Als Amabel mich sieht, winkt sie mir.

»Isabel! Komm zu uns!«

Das tue ich gern. »Was macht ihr?«

»Wir trinken auf die Fröhlichkeit!« Roger hebt den Bierkrug. »Auf dass stumpfsinnige Priester und elende alte Weiber ihr nicht den Garaus machen. Ich begreif nicht, wieso die sich solche Sorgen machen, die sterben doch sowieso alle bald. Was zu trinken?«

»Danke.« Ich nehme ihm den Krug aus der Hand. Sein Dünnbier ist stärker als das von Alice, aber nicht so süß.

»Jammern und klagen bei dir zu Hause auch alle?«, fragt Amabel.

»Bei mir ist es grässlich. ›Die Welt geht unter! Bald sterben wir alle!‹ Wozu sitze ich dauernd am Spinnrad, wenn das stimmt? In der Zeit, die uns bleibt, können wir genauso gut vergnügt sein, statt uns Sorgen zu machen.«

»Bei mir jammert keiner.« Ich reiche den Krug weiter an Will. »Die sind bloß … beunruhigt. Und tun trotzdem so, als wär nichts weiter.«

»Holzköpfe«, sagt Will. Er schenkt mir ein schüchternes Lächeln, das ich erwidere. Dabei bildet sich in seinem rechten Mundwinkel ein Grübchen, das mir bis jetzt noch nie aufgefallen ist.

»Würdest du nicht auch manchmal am liebsten weglaufen?«, fragt Amabel. »Meine Schwester ist Dienstmagd bei einer Lady in York. Sie wohnt in einem großen Haus und isst dreimal in der Woche Fleisch. So will ich auch leben, wenn das hier vorbei ist.«

»Das geht nur, wenn du frei bist«, sage ich bitter, doch Amabel zuckt mit den Achseln.

»Wart ab. Wenn die Pest vorbei ist, wird das Leben anders sein.«

Während der Himmel immer dunkler wird, lassen wir den Krug weiter kreisen. Keiner von uns will nach Hause. Nach einer Weile zieht Alison Spinner eine Flöte heraus und versucht, ein paar von den Liedern nachzuspielen, die die Gaukler an Ostern aufgeführt haben. Als sie bei den hohen Tönen patzt, gibt ihr einer der Jungen einen freundschaftlichen Klaps auf den Kopf, woraufhin sie kreischt und ihr Gesicht in den Röcken vergräbt. Roger und Will tanzen betrunken miteinander, dann verpasst Will Roger einen Kopfstoß, doch der wehrt sich und stürzt sich auf Will, als wäre er ernsthaft in Rage, und auf einmal ringen die beiden miteinander und kugeln im Gras herum, angefeuert von Amabel, Alison und mir. Es ist wie bei den Ringkämpfen auf dem Friedhof, nur dass sie einander nicht ernsthaft wehtun wollen. Sie raufen eine Weile, bis Will es schafft, sich auf Roger zu setzen und ihm die Arme auf den Boden zu drücken. Wir Mädchen auf dem Baumstamm jubeln.

»Auf Will!«, ruft Amabel und reicht ihm den Krug. »Wann sonst soll man trinken, wenn nicht jetzt, wo die Welt untergeht!«

»Können wir jetzt alles haben, was wir wollen?«, fragt Will mit einem zaghaften Lachen.

»Wieso?« Ich trete Moos vom Baumstamm und lasse es in seine Richtung spritzen. »Was willst du denn?«

Will stellt sich breitbeinig vor mich hin und schaut mich an. Er ist schöner als Robin und mir fast genauso vertraut – ich kenne ihn, solange ich denken kann, obwohl er während meiner Kindheit fast nur mit den älteren Jungen zusammen war und eine Weile in Frankreich gelebt hat. Seine Augen sind heller als die von Robin, doch dafür ist Robins schiefes Grinsen breiter als seins. Eigentlich ist Will sehr schüchtern – er muss ein bisschen betrunken sein, sonst würde er nicht so dreist daherreden.

»Einen Kuss«, sagt er.

Die Mädchen jauchzen. Ich zwinge mich, Wills Blick standzuhalten. Er steht immer noch da und betrachtet mich mit ernstem Gesicht. Er meint, was er sagt. Ich denke an mein Wunschboot und spüre, wie ich rot werde. Ich hätte nie gedacht, dass ein Schiffchen die Macht hat, Wünsche zu erfüllen, aber wenn das doch der Fall ist, hätte ich mir besser gewünscht, dass die, die ich liebe, am Leben bleiben.

Vielleicht ist dieser Kuss Gottes Strafe für meinen Eigennutz. Er gibt mir, was ich mir gewünscht habe, und nimmt mir Robin.

»Du musst ihn nicht küssen, wenn du nicht willst!«, ruft Amabel.

»Wieso soll sie dich denn küssen?«

»Weil die Welt untergeht«, sagt Will.

Er hat recht. Und selbst wenn die Welt nicht untergeht, kann ich morgen schon tot sein und er auch. Und seine Augen sind so hell, und sein Haar ist so wellig und dicht, außerdem habe ich ihn schon immer gemocht, ein bisschen jedenfalls. Und falls Gott mir alles nehmen will, kann Er mir immerhin zugestehen, dass ich einen jungen Mann auf den Mund küsse, bevor ich sterbe.

»Gut«, sage ich.

Ich gleite vom Baumstamm und stelle mich vor ihn. Die andern klatschen.

»Mach schon, Will!«

»Los, tu es!«

»Danach ist Alison dran!«

Will lächelt mich unsicher an. Seine Augen gefallen mir. Auch die Sommersprossen an seiner Unterlippe gefallen mir. Und die Narbe, die er sich in Frankreich geholt hat, keine Ahnung, wie, die gefällt mir auch. Ich beuge mich vor und küsse ihn, trockene Lippen auf trockenen Lippen, Zunge an Zunge.

»Hoho!«

»Isabel mag W-i-ill!«

Ich komme wieder zu mir, knallrot, zufrieden und verlegen, stolz und beschämt. Wills Gesicht ist genauso rot wie meins, und er guckt genauso verwirrt.

»Na dann«, sagt er und nimmt Robert den Bierkrug weg. Ich klettere wieder auf den Baumstamm und versuche, mein Lächeln zu verstecken.

Als ich nach Hause komme, ist das Feuer auf der Herdstelle schon fast erloschen. Vater will mich ausschimpfen, doch Alice presst die Lippen zusammen, da lässt er es bleiben.

»Was hast du die ganze Zeit gemacht?«, will er wissen.

»Gelebt«, antworte ich. »Mehr, als ihr von euch sagen könnt.«

Wütend blitze ich die beiden an, aber Alice streckt mir die Hand hin, und meine Wut zerschellt an ihrer Freundlichkeit. Verwirrt halte ich inne. In ihrem Schoß türmt sich Wolle, die Spindel liegt zu ihren Füßen.

»Isabel«, sagt sie nur. Der Klang ihrer Stimme hält mich davon ab, meinem Zorn mit Worten Luft zu machen.

»Was?«

»Robin war hier, während du weg warst. Seine Mutter ist am Nachmittag gestorben.«

16 EIN SCHLIMMER TOD

Ich weiß, wie ein guter Tod aussieht. Meine Mutter hatte einen guten Tod. Bei einem guten Tod kommt ein Priester in der Soutane ins Haus, hinter ihm die Dorfgemeinschaft mit Kerzen, Glöckchen und Gebeten. Bei einem guten Tod gibt es Weihwasser in den Zimmerecken, die Beichte, die Absolution und die Letzte Ölung, die Hostie und den Messwein, um die Dämonen zu vertreiben, die um den Kopf des Sterbenden schweben und ihn in die Hölle ziehen wollen.

Margaret hat keine Sterbesakramente empfangen. Robin und mein Vater waren bei Simon, dem Priester, aber niemand machte auf, als sie an die Tür klopften. Vater ist dann zur Abtei gegangen, aber da war es schon zu spät. Ich weiß nicht, ob Robin ihre Beichte angehört hat. Nach dem, was der Kaplan gesagt hat, hätte er es tun dürfen. Aber ich habe mich nicht zu fragen getraut. Vater habe ich dann später gefragt, aber der meinte nur: »Zum Beichten ging's ihr sowieso längst zu schlecht.«

Mutters Leiche wurde auf einem Totenkarren durchs Dorf gezogen, dahinter kamen Trauernde, die Kerzen und Kreuze trugen und zum Geläut der Kirchenglocken beteten. Sie lag einen Tag und eine Nacht lang aufgebahrt in der Kirche, mit Kerzen zu Händen und Füßen. Am Abend las Sir John ein Seelenamt für sie, und am nächsten Morgen gab es ein Requiem zu ihren Ehren. Fast alle aus dem Dorf kamen zu dieser Messe, und hinterher gab es einen Leichenschmaus mit Dünnbier, Geselchtem und Brathuhn. Den Bettlern, die hinter dem Karren herliefen, gaben wir ein paar Münzen, und hinterher wurde Mutters Name noch monatelang in die Fürbittengebete eingeschlossen. Bei der Messe habe ich immer darauf gewartet. Ich kann mich noch gut an den Tag erinnern, als die Gebete für ihre Seele aufhörten und wie sehr mich das gegrämt hat.

Das hier ist kein richtiger Totenkarren. Sondern der Karren von Robins Mutter, gezogen von unserm Ochsen Stumpy. Margaret ist in ein Laken gehüllt und liegt auf Heu. Wir haben Kerzen, aber keine Kreuze, nur die kleine Zinnfigur vom heiligen Beda, die Robin trägt. Und unser Trauerzug ist erbärmlich klein. Nicht mal ein Priester ist dabei – Simon ist bei einer andern Beerdigung. Da sind nur Robin und Vater und Alice und ich, einer von den Kirchenkaplänen, Robins blinde Großmutter und ein paar Bettler, die von woandersher sein müssen, denn ich kenne ihre Gesichter nicht. Sie wollen jeder zwei Pence dafür, dass sie dem Sarg folgen. Ich rechne damit, dass Alice wütend wird, aber sie zahlt ohne ein Wort.

Die Kirchenglocken läuten, aber ich kann nicht sagen, ob für Margaret oder für irgendwen sonst. Gestern Abend haben sie auch geläutet. Bei Mutters Tod klangen die Glocken ehrwürdig und feierlich und voll heiliger Trauer, aber jetzt ruckt Alice mit dem Kopf und sagt: »Herr im Himmel, diese Glocken! Hört das denn nie auf?«

Wir laufen hinter dem Karren her. Robins Gesicht ist blass und unbewegt und wirkt weicher als sonst. Wenn Vater unglücklich ist, spannen sich alle Muskeln an, und er wird ganz steif – man bekommt fast Angst vor ihm. Wenn Robin traurig ist, entspannt sich sein Gesicht und sinkt in sich zusammen. Alle Lebendigkeit, alle Energie verschwindet. Manchmal weint er auch, aber jetzt nicht. Er hält den Zinnheiligen umklammert und guckt auf den Boden.

Ich frage mich, was jetzt mit ihm wird. Keiner hat etwas gesagt. Ich weiß, Alice wollte das Baby nicht nehmen, aus Angst, dass es die Pest in unser Haus bringt. Robin ist mindestens so tief in den Pesthauch eingetaucht wie das Baby. Ich denke an Maggie und Ned und Baby Edward, die Alice heute nicht mit in die Kirche kommen lassen wollte. Ein Teil von mir wünscht sich, sie hätte auch mir verboten, zu der Beerdigung zu gehen. Das Ding auf dem Karren stinkt ganz erbärmlich nach Tod. Ich presse mir den Beutel mit Kräutern fest unter die Nase. So was Kleines zwischen mir und der Seuche.

Aber ich weiß nicht, wie Robin leben soll, wenn wir ihm nicht helfen. Er kann nicht weben wie seine Mutter. Er könnte natürlich Dünnbier brauen, aber ich würde ihm keines abkaufen. Er bekommt regelmäßig ein bisschen Geld für sein Land, aber der Sohn von John Phillips, der den größten Teil gepachtet hat, ist selbst krank, und was passiert, wenn er stirbt?

In mir ist etwas Kleines, Ängstliches, und ich hoffe fast, dass Alice ihn *nicht* zu uns kommen lässt. Ich versuche, dieses Gefühl wegzuschieben, damit Gott es nicht mitbekommt und mich zur Strafe krank macht, aber ich schaffe es nicht. Es gibt nur ein Bett im Haus und unser Strohlager auf dem Boden. Müssten wir neben ihm schlafen, wenn er die Pest bekäme?

Der tote Ochse liegt immer noch auf dem Anger, stinkend und von Schweinen zerfleischt. Widerlich. Auch tote Schafe liegen herum. Mitten im Dorf!

Nach Mutters Tod sind die Leute aus ihren Katen gekommen, als wir vorbeigingen, und haben sich dem Trauerzug angeschlossen. Heute kommt keiner. Rauch steigt über den Strohdächern von ein paar Häusern auf, während wir vorbeiziehen, aber niemand zeigt sich. Das kann ich keinem vorwerfen. Ich würde auch nicht zu deren Beerdigung gehen.

Als wir zum Friedhof kommen, klettern Adam Goodenough, der Küster, und ein anderer Mann, den ich nicht kenne, gerade aus der Totengrube. Am Grab haben sich ein paar Leute versammelt – Simon, der Priester, und Lucy Hogg mit ihrem Sohn Nicholas, der ein, zwei Jahre jünger ist als Mag. Sie hat noch einen Ehemann und einen älteren Sohn, Jankin, so alt wie Ned.

Die Totengräber kommen zu uns.

»Noch eine?«, sagt der, den ich nicht kenne. »Die kann da auch noch mit rein, wenn ihr kurz wartet. Spart euch Zeit.«

Neben mir regt sich Robin, doch ich weiß schon, er wird nichts sagen. Ich spüre, wie unglücklich ihn der Vorschlag macht, aber ich fürchte, uns bleibt nichts anderes übrig. Der Friedhof ist schon ganz bucklig vor lauter frischen Gräbern, wie eine Weide, nachdem eine Maulwurfsfamilie das weiche Gras zerwühlt und lauter hässliche Erdhügel aufgetürmt hat.

»Wer wird da begraben?«, fragt Alice. Sie versteht sich gut mit Lucy. Alice versteht sich mit allen gut.

»Jankin«, sagt Adam. Er senkt die Stimme. »Und kommt Lucy lieber nicht zu nahe – ihr Mann ist anscheinend auch krank.«

Alice seufzt, aber mir wird mit einem dumpfen Schrecken klar, wie wenig mich das kümmert. Noch ein Toter. Ich bin bloß froh, dass es niemand ist, den ich gut kenne.

Ich fasse Robin am Arm. Er zittert.

»Sie kriegt nicht mal ihr eigenes Grab! Die werfen sie einfach auf ihn drauf!«

»Ich weiß«, sage ich. »Das tut mir so leid.« Ich weiß nicht, was wir sonst tun können, höchstens ein eigenes Loch ausheben.

Robin dreht sich weg.

»Eines Tages ...«, sagt er mit bebender Stimme. Ich frage ihn nicht, was eines Tages sein wird.

Während Lucys Familie weggeht und Adam Goodenough Erde ins Grab schaufelt, kommt Simon zu uns. Er trägt Sir Johns Soutane, die ihm viel zu groß ist und an den Schultern immer herunterrutscht. Seine Wangen sind voller Pickel, wie bei einem halbwüchsigen Jungen, und die eine ist dreckverschmiert, vielleicht mit Asche.

»Gott schütze dich, Isabel«, sagt er zu mir, und dann lächelt er Robin an.

»Und Gott schütze dich, Robin.«

Robin ruckt mit dem Kopf.

»Was für eine erbärmliche Gemeinde für einen Jungen wie dich«, sagt Vater zu Simon. Der blinzelt und nickt, dann senkt er den Blick.

»Ich – nun ja, ich lerne noch, Sir, aber ich gebe mein Bestes«, sagt er. »Das tue ich wirklich.«

»Nichts anderes erwarte ich«, antwortet Vater ernst.

Das Placebo Domino kommt Simon besser über die Lippen als die Messe. Wahrscheinlich hat er es in den letzten paar Tagen viel üben können. Vater und Adam Goodenough lassen Margaret hinunter ins Grab, gut eingewickelt in das Leichentuch. Simon sprenkelt Weihwasser über den Kopf und die Füße und segnet sie.

»Gott sei ihren Seelen gnädig«, sagt er und wendet sich ab. Adam schaufelt Ätzkalk ins offene Grab.

Danach stehen wir vor der Kirche herum, reiben uns die Arme und schauen aufs Gras und in den Himmel. Es ist ein milder Tag, ein Windhauch trägt Blumenduft aus Sir Johns Garten über die Friedhofsmauer. Falls wirklich das Ende der Welt kommt, wissen Wind und Himmel nichts davon.

Robin schiebt die Füße hin und her.

»Ich geh dann mal heim«, sagt er.

»Nein, tust du nicht«, sagt Alice. »Du kommst mit zu uns.«

Und das ist alles.

17 LIEBEVOLLE FREUNDLICHKEIT

Vater geht mit Robin zu dessen Haus, um seine Sachen zu holen und die Hühner und Margarets Kuh hierherzubringen. In Margarets Haus gibt es alle möglichen nützlichen Dinge – Säcke mit Getreide, Töpfe und Pfannen, eine schöne Webdecke aus Frankreich. Aber Alice erlaubt nicht, dass Robin mehr als das Allernötigste mitbringt, weil sie Angst hat, der Pesthauch könnte daran haften.

Als er mit Vater nach Hause kommt, hat Robin die Arme eng um ein Bündel von Dingen geschlungen, die in einer Decke eingeschlagen sind. All seine Besitztümer. Er wirkt klein, obwohl er doch größer ist als ich. Er begrüßt uns nicht und ignoriert auch Maggie, die ihn mit runden Augen und schief gelegtem Kopf anstarrt. Er steht einfach so da neben Vater, die Augen dunkel und groß in seinem weißen Gesicht. Ich möchte zu ihm gehen, ihm etwas sagen, aber ich fürchte mich und bin seltsam schüchtern. Alice weiß bestimmt, was zu tun ist – sie kann besser liebevoll sein als irgendwer sonst. Aber ich bin nicht Alice. Ich bin bloß die linkische Isabel und weiß gar nichts.

Alice' Schwester Agnes ist da mit ihrer Spindel. Sie sitzt an der Herdstelle neben Alice, die mit einer Hand in der Suppe rührt und mit der andern Edwards Krippe schaukelt. Agnes reißt die Augen auf, als sie Robin sieht, obwohl sie gewusst haben muss, dass Vater ihn herholt.

»Du erlaubst also, dass er den Jungen in dein Haus bringt, Schwester?«, sagt sie mit schriller, missbilligender Stimme.

»Sicher erlaube ich das«, sagt Alice. Auch ihre Stimme klingt angespannt. »Robin ist uns willkommen, solange er es nötig hat.«

»Tja!«, macht Agnes. »Da begehst du einen großen Fehler, liebe

Schwester. Ein pestbefallenes Balg bei dir aufzunehmen! Der wird euch noch alle umbringen, wenn ihr nicht aufpasst.«

Margaret, die dicht beim Feuer sitzt, zieht den Kopf ein. Ihre blauen Augen schauen von Alice zu Robin und dann zu mir. Ich zucke mit den Achseln. Ned sagt: »Robin bleibt bei uns, stimmt's, Vater?«

»Sicher tut er das«, sagt Vater, genau wie Alice. Er legt seine Hand auf Robins Schulter. Robin windet sich und umschlingt sein Bündel noch fester. »Robin war der Patensohn meiner Frau und seine Mutter unsere älteste Freundin. Ich werde Margarets Sohn nicht von meiner Tür wegschicken, solange ich ein Zuhause habe. Und wenn du weiter an unserm Herdfeuer sitzen willst, Schwester, bitte ich dich, das zu respektieren.«

Agnes erhebt sich.

»Na gut!«, sagt sie. »Ich werde nicht länger in einem Haus bleiben, in dem man so mit mir redet. Ich hoffe nur, unser gütiger Herr im Himmel wird euch und diese armen Kinder nicht spüren lassen, wie sehr Ihm das missfällt. Ich jedenfalls komme nicht mehr hierher, bevor ich nicht sicher sein kann, dass Er euch verschont.«

Das Gesicht meines Vaters wird starr.

Trotzdem sagt er nur: »Wenn du uns wieder besuchen willst, bist du uns willkommen, Schwester.«

Agnes sucht ihre Sachen zusammen und streift sich die Kapuze über. Dann küsst sie Mag auf den Kopf und sagt: »Ich hoffe, du überlebst das hier, kleine Nichte.« Mag blinzelt sie nur an. Sie begreift nicht recht, was hier vor sich geht, das sieht man. Agnes rappelt sich auf und will gehen. Aber es gibt ein Hindernis. Um zur Tür hinauszukommen, muss sie an meinem Vater und an Robin vorbei. Wütend starrt sie Vater an, der ohne ein Wort zurückstarrt. Schließlich setzt sie sich in Bewegung und marschiert mit der Kapuze vor der Nase an ihnen vorbei, mit so viel Abstand zu Robin wie möglich. Wir alle stehen nervös im Kerzenlicht herum, bis sie die Tür mit einem Knall hinter sich zuwirft.

Als sie weg ist, prusten wir alle los. Sogar Alice lacht schallend und sagt: »Na gut.« Dann geht sie zu Robin und nimmt seine Hände. »Du bist uns willkommen, solange du ein Zuhause brauchst.« Und dann führt sie Robin zum Feuer und setzt ihn zwischen sich und mich, und ich reibe mit der Hand an seinem Bein, um ihm zu zeigen, dass ich ihn auch hierhaben will.

»Hör nicht auf die alte Kröte«, wispere ich, und er lacht ein angespanntes kleines Lachen und schüttelt ein bisschen den Kopf.

Von allen Leuten, die ich kenne, kommt Alice einer Heiligen am nächsten, trotz ihrer großen Füße und ihrer roten Hände und obwohl sie das Baby bei Radulf gelassen hat. Sie hat fünf Stiefkinder versorgt, die nicht ihr gehören, und ihr eigenes Baby, und jetzt nimmt sie auch noch Robin auf, ohne mit der Wimper zu zucken.

»Wieso will Tante Agnes nicht, dass Robin bei uns ist?«, fragt Margaret.

»Ach!« Alice fährt mit der Hand durch Margarets Haare. »Weil sie ein garstiger alter Besen ist und nie auch nur eine Hand rühren würde, um einem Nachbarn zu helfen. Hör nicht auf sie, Schätzchen.«

»Robin bleibt jetzt immer bei uns, stimmt's?«, fragt Mags.

»Genau, Schätzchen. Und er schläft oben auf dem Boden mit euch, oder?«

Mags nickt. »Weil seine Mama und sein Papa tot sind.«

»Hör mal, Mags«, sagt Vater hastig. »Geht doch Wasser holen, du und Ned und Isabel. Der arme Robin braucht ein Bad, bevor irgendwas weitergeht.«

Ned stöhnt, und ich verpasse ihm eine Kopfnuss.

»Komm schon, Maggie.« Ich ziehe sie hinten am Kittel. Sie kreischt und schlägt nach mir, aber als Ned und ich zur Tür gehen, läuft sie hinter uns her, ihre Lederschuhe klatschen auf die Erde.

Es ist ein klarer Abend, und über den Bäumen hängt eine schmale, kleine Mondsichel im farblosen Himmel. An einem Abend wie diesem breiten sich Geräusche schnell aus: Hundegebell, das Knarren vom Wasserrad an der Mühle, jemand, der Nägel klopft, ein grunzendes Schwein in einem Garten, Männerstimmen an der Schmiede.

»Findest du es dumm von Vater, Robin bei uns wohnen zu lassen?«, will Ned wissen.

»Kann sein. Aber wir können ihn ja schlecht allein lassen, oder?«

»N-nein«, sagt Ned, guckt aber unsicher. »Aber glaubst du, wir kriegen jetzt alle die Pest?«

»Ach, Ned, wie soll ich das wissen?« Ich renne ein Stück vor, um seinen Fragen zu entkommen. »Ich würde lieber sterben, als Robin wegzuschicken!«, rufe ich über die Schulter zurück, aber ich weiß nicht, ob das die Wahrheit ist.

Zu Hause hat Alice Robin auf einen Schemel beim Feuer gesetzt und ihm eine Schale Bohneneintopf und ein Stück Brot gegeben. Er redet immer noch nichts. Sein Gesicht leuchtet hell aus der Düsternis.

»Kommt rein und esst was!«, ruft Alice. Sie steht auf und nimmt mir die Wassereimer ab. Als sie den ersten Eimer in den Kessel gießt, schwingt der auf einmal wild hin und her und wirft lange Schatten über Edward in seiner Krippe, der gleich losweint. Alice lässt den Eimer auf den Boden fallen.

»Herrje, kannst du nicht mal still sein, Kind? Hier – nimm du ihn, Isabel. Sind bloß Blähungen«, sagt sie und drückt ihn mir in die Arme, worauf er noch viel lauter schreit. Vielleicht macht es ihr doch etwas aus, dass Robin jetzt bei uns wohnt – mehr, als sie zugeben will.

Wir überlassen Robin den warmen Platz in der Mitte unseres Bettes, direkt neben Mag. Mag will mit ihm flüstern und ihm alle ihre Sachen zeigen. »Schau, Robin, da ist mein Püppchen, und da drüben hat Vater die Gerste verstaut, damit die Ratten nicht drangehen. Und das –«

»Ruhig jetzt, Mag.« Ich greife über Robin hinweg und stupse sie an. »Vaters Gerste kümmert Robin nicht.«

Mag macht ein enttäuschtes Gesicht.

»Sei nicht so gemein, Isabel. Ich sag's Alice.«

»Still jetzt, Mag.« Ned hat sich schon zum Schlafen zurechtgekuschelt und mehr Decke an sich gerafft, als gerecht ist. »Ist doch Schlafenszeit.« Wenn man Ned ließe, würde er den ganzen Tag schlafen.

Er und Mag schlummern fast auf der Stelle ein – ich merke es am langsamen Ein- und Ausströmen ihres Atems. Ich bin nicht gewöhnt, neben Robin zu schlafen, also weiß ich nicht, ob er wach ist oder nicht. Ich bin ihm schon manchmal so nah gewesen wie jetzt, aber noch nie habe ich seine warme, dunkle Gestalt, die jetzt neben mir auf der Seite liegt, so bewusst wahrgenommen. Ich komme mir größer und schwerfälliger vor als sonst, und jedes Mal, wenn ich mich umdrehe oder an den Decken ziehe, fällt es mir auf. Ich liege stundenlang wach, scheint mir. Auch Vater und Alice sind noch wach – durch den Holzboden höre ich sie leise miteinander reden. Das vertraute Stimmengemurmel hat etwas Tröstliches. Es erinnert mich an die Zeiten, als ich noch klein war und gelauscht habe, wie Mutter im Haus herumklappert, die Abdeckung übers Feuer tut, Töpfe spült, Sachen aufräumt oder an ihrem Webstuhl arbeitet. Ich habe oben auf dem Holzboden zwischen Geoffrey und Ned gelegen, zu wach, um zu schlafen, und habe im warmen Kerzenschein, der durch den Spalt zwischen dem Deckenvorhang fiel, alles im Blick gehabt.

Am Ende hören Vater und Alice doch auf zu reden. Das Haus ist still. Außer schnüffelndem Schlafatem der andern und ab und zu einen Seufzer der Ochsen höre ich nichts. Ich liege auf der Seite, mit offenen Augen und voller Angst – der gleichen Angst, die Vater und Alice unten in ihrem Bett wach gehalten hat und die Agnes dazu gebracht hat zu sagen, wir müssten einen Vierzehnjährigen in einem leeren Haus allein lassen. Was, wenn die Krankheit auch zu uns kommt? Auf diese Frage weiß ich keine Antwort.

Ich drehe mich auf den Bauch und sehe Robins Augen. Groß und weiß starren sie in die Dunkelheit.

»Du bist wach.«

»Mhm.«

»Robin ...«

»Was?«

Ich strecke die Hand aus und berühre ihn am Arm, sage aber
nichts.

»Was denn, Isabel?«

»Ich hab gedacht, du stirbst.«

»Ich auch.«

Ich liege im Dunkeln auf dem Bauch neben ihm, ganz still, und
nach unendlich langer Zeit höre ich an seinem stoßweisen Atmen,
dass er weint. Ich rutsche noch ein bisschen näher zu ihm, meine
Stirn stößt gegen seine, aber er reagiert nicht. Er kommt mir kaum
noch wie mein Robin vor, und ich weiß nicht, was ich tun soll.

»Schh«, mache ich, als wäre er klein wie Edward. »Schh. Ich bin ja
da.«

Robin antwortet nicht, doch er reibt seinen Kopf an meinem, um
mir zu zeigen, dass er mich lieb hat. Ich umarme ihn, und er liegt
ganz nah bei mir, den Kopf auf meiner Schulter und die Arme um
meinen Hals. Wir halten uns fest, wie Noah und seine Frau auf dem
Dach der Arche, als das Wasser immer höhersteigt. Im Mysterienspiel verspricht Gott, dass er der Menschheit nie wieder eine Flut
schicken wird. Über die Pest hat er nichts gesagt. Ich halte Robin
fest, so wie früher, als wir noch klein waren, kleiner als Mag jetzt,
und Hochzeit gespielt haben. Geoffrey war immer der Priester und
hat sich als Soutane eine Decke umgewickelt. Mir fällt ein, wie oft
sich Robin um mich gekümmert hat, mir gut zugeredet hat, wenn
ich Sorgen hatte, und wie oft er meine Schimpftiraden über Richard
oder Alice oder die Kleinen ertragen hat. Nun bin ich dran mit Kümmern und weiß nicht, wie.

Ich bin fast eingeschlafen, als Robin den Kopf hebt.

»Isabel«, wispert er. »Lass uns weglaufen.«

»Was?«

»Nur du und ich. Und Geoffrey, wenn er will. Wir könnten uns im Wald verstecken und wie die Einsiedler leben. Wir könnten Hühner und Bienen halten und einen Garten anlegen und so lange bleiben, bis ich alt genug bin, um mein Erbe anzutreten. Dann kämen wir als freie Leute zurück und die Pest wäre vorbei, und keiner könnte uns mehr vorschreiben, was wir tun sollen.«

Das klingt wunderbar ... wie aus einem Spielmannslied. Einen Moment lang bin ich ganz benommen, weil es mir wirklich möglich erscheint.

»Aber würde Geoffrey denn mitkommen?«, flüstere ich. »Was würde er machen dort im Wald?«

»Na ja ...« Darüber hat Robin offenbar noch nicht nachgedacht. »Wenn die Pest vorbei ist, könnte er immer noch Priester werden. Oder einfach bei uns leben. Denk doch mal, Isabel. Nichts könnte uns was anhaben.«

Im Dunkeln klingt seine Stimme ganz aufgeregt. Neben mir dreht sich Maggie im Schlaf und murmelt vor sich hin. Ich kann nicht von hier weg, das ist klar. Wie könnte ich diese Menschen zurücklassen? Vater und Alice, meine Brüder und meine Schwester? Und mein Land? Wie soll ich das fertigbringen?

Robin muss in der Stille meine Antwort gehört haben, denn er seufzt und dreht sich auf den Rücken. Ich strecke die Hand aus und schiebe meine Finger zwischen seine, und so schlafen wir ein, unsere Hände fest miteinander verschlungen.

Später, viel später, weckt mich Edwards Geschrei. Robin bewegt sich neben mir, wacht aber nicht auf. Unten höre ich, wie Alice sich abmüht, eine Kerze anzumachen, und wie sie Edward leise zu beruhigen versucht, damit Vater nicht aufwacht.

Ich stütze mich auf die Ellbogen und hebe den Deckenvorhang ein Stück hoch, damit ich nach unten sehen kann. Alice kommt aus ihrer Kammer. In der einen Hand hält sie eine Kerze, in die andere Armbeuge hat sie Edward geklemmt. Ihr Haar unter der Nachthaube ist zerzaust und ihr Wollunterkleid an der Brust offen. Sie hockt sich auf einen Schemel, legt sich Edward an die Brust und lässt ihn trinken. Ich schaue von oben aus zu und warte, dass Alice wieder zu Vater ins Bett geht, sobald Edward fertig ist. Aber sie bleibt im Halbdunkel sitzen und flüstert mit Edward oder vielleicht auch mit sich selbst. In dem gelben Kerzenlicht sehen die beiden richtig schön aus – ein bisschen wie auf dem Gemälde mit der Jungfrau Maria in der Kirche, nur fester und erdiger.

Aus der Sicherheit meines Verstecks beobachte ich die beiden verstohlen. Nachdem Edward fertig getrunken hat, schläft er bald wieder ein. Alice bleibt noch lange wach, sitzt auf dem Schemel neben dem Webstuhl, den Kopf mit den struppigen Haaren über ihren schlafenden Sohn gebeugt. Ich frage mich, wie sie es wirklich findet, dass Robin bei uns wohnt. Und was Vater wohl davon hält, dass er dicht neben mir und Ned und Mags schläft. Beim Anblick von Alice, die ihr Kind hält, frage ich mich, ob sie tief drinnen bereut, Robin hierhergeholt zu haben. Und ich weiß, das werde ich nie, niemals erfahren.

18 EMMA BAKER

Dass Robin jetzt bei uns im Haus lebt, ist wirklich seltsam. Am Anfang bin ich unsicher und ein bisschen verlegen. Ich weiß nicht, wie ich mit jemandem umgehen soll, der erlebt hat, wie die eigene Mutter an der Pest stirbt. Aber dann schaue ich mir einfach ab, wie sich Alice verhält, die forsche, liebevolle, praktische Alice. Sie schimpft mit den Kleinen, wenn sie Robin plagen, besänftigt Vater, wenn der zu viel von ihm verlangt, und schickt ihn nach draußen – »Hol mir ein bisschen Holz, Robin, ja?« –, wenn sie merkt, dass ihm die Enge in unserm kleinen Haus zu viel wird.

Robin ist still und in sich gekehrt in diesen ersten Tagen. Meine Versuche, ihn zu trösten, wischt er beiseite – »doch nicht jetzt, Isabel!« – und geht lieber alleine zu den Schießständen, zum Brunnen oder in den Wald. Mag folgt ihm wie ein anhänglicher kleiner Hund überallhin und scheint verwundert über die seltsam gedämpfte Art ihres alten Freundes. Immer wieder zeigt sie ihm etwas, das ihn interessieren könnte: »Schau, Robin, hier ist der Käse, den Alice und ich gemacht haben. Guck mal, das sind unsere Hühner. Die Hacke hier hat Vater gemacht, siehst du?« Robin nimmt das hin, er hat viel mehr Geduld als Alice oder ich.

»Schick sie zu mir, wenn sie dich stört«, sagt Alice, aber Robin schüttelt den Kopf.

»Das macht mir nichts. Mag ist doch lieb.«

Vater gelingt es, Margarets Kuh an Edward Miller zu verkaufen. Dessen eigene Kuh und alle seine Schafe sind an der Pest gestorben. Die Hühner behalten wir, nur Margarets Hahn wandert in den Kochtopf. Schließlich will keiner jeden Tag einen Hahnenkampf auf dem Hof.

Tagsüber ist Robin meistens mit Vater und Ned auf den Feldern. Wenn er zurückkommt, reden wir nicht viel. Wir sitzen zusammen beim Feuer, ich webe, spinne oder flicke, und er sieht mir zu, oder er schaut ins Feuer, den Kopf auf mein Knie oder meine Schulter gelegt, und schweigt.

»War es furchtbar?«, frage ich ihn eines Abends, als er schon fast eine Woche bei uns wohnt, und ein Schaudern überläuft ihn.

»Erzähl's mir«, sage ich, aber das tut er nicht.

Er sagt nur: »Die werden verrückt, Isabel. Nach einer Weile. Sie wissen nicht mehr, wer sie sind und wer du bist. Es kümmert sie nicht mal, dass sie im eigenen Blut und der eigenen Scheiße liegen. Ist wohl auch besser so ...«

Fünfhundertfünfzig Menschen leben in unserm Dorf, wenn man die Soldaten von Sir Edmund mitzählt, und noch mehr kommen durch, bleiben ein paar Tage und ziehen weiter – die fahrenden Händler und die Fuhrleute und der Mann, der die Schafe mit Brandzeichen versieht.

Als wir heute hinten in der Kirche stehen, hält Vater den Blick gesenkt, aber Alice dreht den Kopf hin und her und zählt die Fehlenden und die Toten. Dreiunddreißig sind diese Woche gestorben. Fehlen tun noch mehr. Edward Miller steht mit geschlossenen Augen und verschränkten Armen gegen eine Säule gelehnt. In der letzten Woche hat er seine Mutter und seine zwei Töchter verloren. Die Ältere saß mit ihrer Spindel am Feuer. Es wusste überhaupt niemand, dass sie krank ist. Ihre Mutter ging nach draußen, um die Hühner einzufangen, und als sie zurückkam, war das Kind tot. Amabels Großmutter ist auf die gleiche Art gestorben. Dieser Tod ist der schlimmste von allen. Jeden Morgen beim Aufwachen frage ich mich: *Wer ist heute Nacht gestorben?* Ich berühre Robin und Mag mit dem Handrücken, um zu sehen, ob noch Wärme in ihrem Körper ist. Wenn Vater und Robin später als sonst von den Feldern zurückkommen, denke ich: *Vielleicht sind sie tot umgefallen.* Die ganze Zeit über – jeden Tag, jeden Moment – habe ich das Gefühl, unter einer Axt zu sitzen und darauf zu warten, dass sie mich erwischt. Bei jedem Geräusch und jedem Weinen schrecke ich zusammen. Ich habe Angst, jede Minute, jeden Tag.

Genau wie Alice sehe ich mich in der Kirche um, in Erwartung schlechter Nachrichten. Emma Baker fehlt auch. Sie ist nicht krank, aber ihren Mann hat die Pest erwischt. Seitdem ist der Dorfbackofen nicht mehr in Betrieb. Einer der Lehrjungen ist bei Ausbruch der Seuche weggelaufen, der andere hat eine kranke Mutter und wird zu Hause in Great Riding gebraucht. Ich mag mir nicht vorstellen, was passiert, wenn John Baker stirbt. Ein Dorf ohne Ofen ist doch kein Dorf. Was sollen wir ohne Brot tun?

Die beiden jüngsten Kinder des Schmieds sind in der Kirche, doch ihre Eltern fehlen. Der Vater ist tot und die Mutter zu Hause bei dem kranken großen Sohn. Als Alice die beiden sieht, dreht sie den Kopf und stupst mich an.

»Geh rüber und sag Alice Smith, dass sie nach der Kirche zu uns kommen und mit uns essen sollen. Die armen kleinen Würmer. Ihre Mutter hat genug zu tun, auch ohne dass sie noch kocht.«

Ich schiebe mich zwischen den Leuten durch. Alice Smith ist so alt wie Ned und hat glatte, strähnige schwarze Haare. Ihre kleine Schwester ist jünger als Mag.

»Alice sagt, ihr sollt nach der Kirche mit uns kommen und bei uns essen«, verkünde ich. Sie starrt mich an.

»Können wir nicht. Wir müssen heim, nach unserm Bruder schauen.«

Ich rücke Edward auf meiner Hüfte zurecht und mache ein böses Gesicht.

»Alice sagt, ihr seid arme kleine Würmer. Sie sagt, eure Mutter hat genug zu tun, sie kann nicht auch noch kochen.«

Alice Smiths kleine Schwester steckt sich die Hand in den Mund

und guckt von mir zu ihrer Schwester. Alice Smiths weißes Gesicht verfärbt sich.

»Unsere Mutter kann viel besser kochen als eure Alice!«, ruft sie. Die Leute vor uns drehen sich um und legen den Finger auf den Mund. »Wir brauchen kein Essen von euch!«

Die Haare ihrer Schwester sind wirr und ungekämmt, und die Gesichter der beiden sehen schmuddelig aus, aber ich beiße mir auf die Zunge und gehe zurück zu Alice und Vater.

»Sie sagt, ihre Mutter könnte besser kochen als du«, erkläre ich Alice, und sie seufzt.

»Also wirklich, Isabel! Was hast du bloß gesagt? Was ist nur los mit dir in letzter Zeit?«

Was mit mir los ist? Ganz einfach – das Ende der Welt ist los! Der viele leere Platz in der Kirche, die frisch aufgebuddelte Erde überall auf dem Friedhof. Alice ist verrückt. Wenn das Jüngste Gericht käme und um uns herum die Toten aus ihren Gräbern steigen würden, würde Alice sicher sagen: »Isabel, kämm dir die Haare, wasch dein Gesicht und bohr dir nicht in der Nase. Was sollen Jesus und der heilige Michael sagen, wenn sie dich so sehen?«

Am Dienstagmorgen stirbt John Baker. Man munkelt, es sei jemand nach Great Riding geschickt worden, um einen andern Bäcker zu holen – aber welcher Bäcker kommt schon in ein Pestdorf? –, oder vielleicht käme John Bakers Bruder, der in Felton wohnt und angeblich noch weiß, wie man den Ofen anfeuert. Aber schon am Dienstagabend steigt Rauch vom Ofen hoch. Alice dreht den Kopf.

»Wer hat das denn hingekriegt?«

»Einer von den Lehrjungen vielleicht?«, sagt Vater.

Aber es ist anders. Als Mag und ich am Abend unser Mehl hinbringen, ist Emma Baker dabei, Holz in den Ofen zu schichten, zusammen mit dem Lehrjungen, dessen Mutter krank war.

»Was machst du da? Bist du jetzt Bäcker?«, fragt Mag mit großen runden Augen.

»Jemand muss es machen«, erklärt Emma. Dafür, dass ihr Mann gerade gestorben ist, sieht sie erstaunlich vergnügt aus. Ihr rundes Gesicht ist rot, und sie hat die Ärmel hochgekrempelt. »Steh nicht da und glotz mich an, Watt! Wenn das Feuer ausgeht, setzt es eine Tracht Prügel, dass du eine Woche lang nicht stehen kannst!«

»Wirst du Bäcker bleiben, wenn die Pest vorbei ist?«, frage ich Emma.

»Na ja, ich wüsste nicht, wer's sonst machen soll«, sagt sie. »Watt! Hast du nicht gehört?«

»Emma mochte John nie besonders«, sagt Alice, als ich ihr davon erzähle. »Es sei der Wunsch ihres Vaters, dass die beiden heiraten – er dachte, das wäre ein schönes Leben für seine Tochter, obwohl ich so einen großen Ofen wirklich nicht auf meinem Hof haben wollte. Und wer kümmert sich ums Haus, wenn Emma den Bäcker spielt?«

»Maude ist groß genug«, sagt Vater. Alice schnieft.

»Tja!«, sagt sie. Dann guckt sie mich an. »Und komm du nicht auf dumme Gedanken, mein Fräulein. Bild dir ja nicht ein, du kannst den Hof übernehmen, wenn deinem Vater was zustößt!«

»Ich könnte es jedenfalls besser als Robin«, gebe ich zurück.

19 ERNTE

Zeit verstreicht. Die Tage werden heller und länger. Bald ist Erntezeit, und ich weiß nicht, wie wir es schaffen sollen, all die Gerste von den Feldern zu holen. Fürs Ernten braucht man viele Hände – Männer fürs Schneiden, Frauen und Kinder fürs Binden der Garben, alte Leute und Winzlinge wie Mag für die Nachlese: Sie stolpern hinter den Garbenbindern her und klauben die heruntergefallenen Ähren auf.

Im Sommer ist unsere Scheune immer voller Erntearbeiter. Sie schlafen im Heu und rösten Brot und Käse auf der alten eisernen Feuerstelle. Die Erntezeit ist hart, aber auch schön. Die Erntearbeiter bringen Flöten und Pfeifen und Trommeln mit. Sie zünden Lagerfeuer auf dem Dorfanger an und spielen und erzählen bis tief in die Nacht Geschichten. Alice hat mich bis jetzt immer früh ins Bett geschickt, wenn die Tänzer am Feuer noch beim Wirbeln und Springen waren. Dieses Jahr, hatte ich gehofft, wäre ich alt genug, um mit Robin oder Will in den endlosen Abend hinein tanzen zu dürfen.

Aber dieses Jahr ist alles anders. Wer sucht Arbeit in einem Pestdorf? Ein paar Leute sind gekommen – Bettler und arme Männer und Frauen, die schon alles verloren haben, was es zu verlieren gibt. Doch jetzt gibt es lohnendere Verdienstmöglichkeiten als das Ernten. Die Fremden im Dorf sind unsere Totengräber und Sargträger, sie pflegen die Kranken, laufen im Trauerzug mit und läuten die Totenglocken.

Ich weiß nicht genau, wie viele Leute gestorben sind, aber inzwischen müssen es über sechzig sein. Glaube ich. Vielleicht auch mehr. Die Kirchenglocken läuten jetzt jeden Tag, manchmal zwei oder drei oder vier Mal. Ich sehe Simon oft an unserm Haus vorbeirennen, mit seinem kleinen Beutel mit Öl und den Kerzen am Arm. Er hat uns versprochen, dass die Seelenmessen nachgeholt werden, wenn dieses unglückselige Sterben vorbei ist. Im Moment muss er nur zusehen, dass er alle unter die Erde bekommt.

Im Dorf stehen immer mehr Häuser leer. Zweimal habe ich Kranke halb nackt und irrsinnig durchs Dorf laufen gesehen. Manchmal fällt es erst auf, dass jemand gestorben ist, wenn die Nachbarn den Verwesungsgestank riechen. Muriel vom Bach war schon eine Woche tot, bevor sie gefunden wurde. Ihre kleine Tochter war noch bei ihr im Bett, halb verhungert und stinkend, voll Kot und voll Blut. Ihre Tante hat sie zu sich genommen, aber nicht alle Kinder finden ein neues Zuhause. Ein paar dreckige, zerlumpte Jungen aus York haben Edward Miller zwei Hühner gestohlen. Eine Familie aus dem Süden, die vor der Pest geflohen ist und nirgends mehr hinkann, hat Sarah Fisher den Lauch aus dem Gartenbeet gezogen. Diese Leute sind nicht zur Ernte da. Sie wollen nicht in einem Pestdorf bleiben, aber sie müssen essen, wie wir alle.

Vater scheint das Läuten der Totenglocken nicht zu hören und auch nicht zu merken, wie leer es in der Kirche ist. Die Sorge um seine Felder zermürbt ihn. Wenn man ihn ansieht, könnte man auf die Idee kommen, dass ihm mehr an seiner Gerste liegt als an Robins Mutter und Radulf und Muriel und der kleinen Joanie Fisher und Geoffrey in der Abtei, von dem wir immer noch nichts gehört haben.

Auf den Feldern steht viel mehr Gerste, als wir alleine ernten können. Vater hat versucht, Leute zu finden, die bereit sind, auf unserm Land zu arbeiten. Er hat Stephen Dyer viel Geld dafür geboten, damit er uns beim Ernten hilft statt seinem Vater. Stephen war in Versuchung – er hat sich auf die Lippe gebissen und verstohlen hin und her geguckt. Aber seine Schwester Matilda hat es mitbekommen und sofort mit Vater herumgezetert, es sei grausam und herzlos, die Not anderer auszunutzen.

»Du bist genauso schlimm wie die Totengräber!«, hat sie gesagt und in den Staub gespuckt.

Die neuen Totengräber lassen sich ihre Dienste immer teurer bezahlen. Seit Adam, der Küster, gestorben ist, verlangen sie für das Begräbnis eines Toten allen Ernstes ein ganzes Schwein – so viel, wie Sir John fürs Lesen der Messe haben wollte! Sogar die Bettler, die dem Totenkarren hinterherlaufen, verlangen immer mehr. Und nach dem Begräbnis stolzieren die Totengräber im Dorf herum, schlagen sich den Bauch mit Schinkenspeck voll und verschwenden ihr Geld mit Dünnbier und Weißbrot. Und ein widerliches Gerücht macht die Runde – dass sie in die Gräber steigen und den Toten die Ringe von den Fingern nehmen, ihnen die Perlen von den Hälsen rauben. Ob das wahr ist, weiß ich nicht.

»Ich versteh nicht, wieso du dir solche Sorgen machst«, sagt Alice grummelnd zu Vater. »Ist doch keiner in Gefahr zu verhungern dieses Jahr.« Da hat sie recht. Dieses Jahr gibt es mehr als genug, selbst wenn wir die Hälfte der Gerste auf den Feldern verkommen lassen.

»Warum deine Kraft verschwenden und Korn einbringen, das keiner essen wird?«, sagt Alice und lässt Edward auf ihrem Schoß auf und ab hüpfen. »Das sind Dummköpfe, die Großen, was, mein Süßer?«

Alice versteht das nicht. Robin auch nicht.

»Immer mehr Arbeit«, stöhnt er und reckt seine langen Arme. »Wir werden die reichsten Toten in ganz England!«

Robin ist es nicht gewöhnt, so hart zu arbeiten, wie Vater das von ihm verlangt. Margarets Land war verpachtet, und obwohl Robin ihren Gemüsegarten versorgt, seine Frondienste für Sir Edward geleistet und beim Heumachen und der Ernte geholfen hat, kam Margarets Geld größtenteils vom Weben und Bierbrauen. Vater nimmt Robin jeden Morgen mit auf die Felder, wo sie mit Richard die Vögel verscheuchen und Unkraut jäten und die Arbeit der Helfer tun, die wir für keinen Lohn der Welt bekommen. Abends sinkt er am Feuer nieder, zieht sich die Kapuze übers Gesicht und streckt die langen

Arme und Beine aus. Vater meint, die harte Arbeit tut Robin gut, und vielleicht hat er recht. Jedenfalls sieht Robin inzwischen viel gesünder aus als bei seiner Ankunft hier. Er hat Muskeln, wo vorher nur Knochen waren. Robins Beschwerden nimmt Vater nie ernst.

»Kommst du holzhacken mit mir?«, fragt er, und Robin stöhnt. »Du weißt schon, dass du noch viel härter arbeiten musst, wenn du erst deinen eigenen Hof hast.«

»Was für eine Freude!«, sagt Robin. »Wie aufregend!«

Vater bemüht sich, streng zu schauen, doch seine Mundwinkel zucken.

»Lass doch den armen Jungen«, sagt Alice, und genau das haben Vater und Robin erwartet. »Trink einen Krug Dünnbier, Junge, und hör nicht auf ihn.«

Mit Robin in einem Haus zu leben und das Bett mit ihm zu teilen – ist noch immer seltsam. Vorher hat es mich kein bisschen verlegen gemacht, mich zum Schlafen auszuziehen und morgens wieder in die Kleider zu steigen, aber auf einmal finde ich es unbehaglich, dass er mich in meinem Unterkleid sieht, und noch viel unbehaglicher, ihn in seinen dünnen Kniehosen zu sehen. Ich weiß nicht, ob es Robin genauso geht, er spricht nicht darüber. Aber mir ist aufgefallen, dass er die Decke fast bis zum Kinn zieht, wenn er sich schlafen legt, obwohl die Nächte immer kürzer und heißer und drückender werden.

Auch sonst bin ich in seiner Gegenwart auf eine Art schüchtern, wie ich es sonst nie war. Ich weiß immer genau, wo er ist, wenn wir beide im gleichen Raum sind, und ich horche auf, wenn er etwas sagt. Ich erwische mich dabei, wie ich ihn beobachte, wenn ich denke, dass er es nicht merkt. Mir fallen Dinge an ihm auf – wann er erschöpft oder wütend ist oder traurig. Er hat sich noch immer nicht daran gewöhnt, mit Ned und Maggie zu leben, die dauernd an einem herumzerren wie zwei kleine Welpen. Maggie will Aufmerksamkeit: »Guck, was ich da habe, Isabel!« – »Guck, was ich kann, Robin!« Ned piesackt einen so lange, bis man ihn irgendwann anbrüllt oder ihm eine Ohrfeige verpasst, dann ist er beleidigt und verkriecht sich. Robin versteht nicht, wie das ist mit kleinen Brüdern und Schwestern. Er nimmt alles viel zu ernst und grämt sich, wenn etwas schiefläuft.

Vater und Alice mag er gern, glaube ich. Alice ganz bestimmt. Und Vater ist immerhin freundlich zu ihm, auch wenn in seinem Herzen außer der Sorge um seine Felder und die Seuche kaum etwas Platz hat. Alice macht sich ganz allgemein Sorgen, um uns alle.

Richard und ich sind die Einzigen, die Vater verstehen.

»So viel Gerste, die auf den Feldern zugrunde geht«, sagt Richard, und ich nicke.

»Was für ein Schlamassel«, sagt Richard und schüttelt den Kopf. »Was für ein heilloses Schlamassel.«

20 TOTE UND TEUFEL

Mitte Juli haben wir zwei Wochen lang richtiges Sommerwetter – heiße, trockene Tage mit Schweiß und Fliegen und Durst. Überall im Dorf hört man die Leute das Gleiche denken: Bei Hitze kommt die Seuche. Auch eine von Gott gesandte Plage ist nicht unabhängig von den Jahreszeiten, oder? Die kommenden Tage sind so entsetzlich, dass ich glaube, es muss ein schlimmer Traum sein. Aber vielleicht ist es andersrum, vielleicht sind eher die schönen Erinnerungen – die Mittsommernacht, der Kuss von Will, das Gauklerfest an Ostern letztes Jahr und Weihnachten oder der Tag, an dem Edward geboren wurde und bei uns blieb – der Traum, und nur, was ich jetzt erlebe, ist echt. Ich kann das alles nicht entwirren. Ich fühle mich genauso benommen wie damals, als Richard mir aus Versehen einen Sack Hafer auf den Kopf hat fallen lassen. Da war alles ganz verschwommen, und ich konnte keinen klaren Gedanken mehr fassen.

Die ersten schlimmen Nachrichten – der Tod von Joanie Fisher oder Margaret – waren schrecklich. So schrecklich und so unerwartet, dass wir kaum glauben wollten, was wir hörten. Aber jetzt ist alles dumpf. Jeden Tag sterben mehr Menschen, jeden Tag bin ich resignierter. In der Kirche oder am Brunnen wende ich das Gesicht ab, damit ich die schlechten Nachrichten nicht hören muss. Ich fühle mich, als hätte ich mich in eine von Maggies Lehmfiguren verwandelt, und die wahre Isabel sitzt auf dem Brett über dem Webstuhl und wartet, bis die Pest vorbei ist.

An einem Montag beginnt die Ernte. Es ist die Zeit des großen Schuftens: Fünf Tage in der Woche arbeiten wir auf Sir Edmunds Feldern und an den Abenden auf unserm eigenen Land. Wenn in der

Familie jemand krank ist, darf einer zu Hause bleiben und sich kümmern, aber alle andern müssen ihre Frondienste leisten. Manche kommen nicht. Sie verstecken sich, wenn Schultheiß Gilbert sie aufsucht, und tun, als wären sie fortgegangen oder könnten einfach in Vergessenheit geraten.

»Lieber ein Tag am Schandstock als ein Bett unter der Erde«, hat Amabels Onkel zu Vater gesagt.

»Schau ihnen nicht in die Augen!«, flüstere ich Robin zu, aber er lächelt nicht. Jeden Tag sterben mehr Leute. Am Samstag nach Erntebeginn sind es neun an einem Tag. In der Sonntagsmesse laufen Simon Tränen übers Gesicht, als er sich an die Gemeinde wendet. Und er ist nicht alleine.

»Heute ist ein schwerer Tag«, sagt er. »Uns ist Ärgeres auferlegt, als wir uns je hätten vorstellen können. Aber es ist noch nicht vorbei.«

Um mich herum weinen die Menschen. Ich weiß, was sie wollen. Sie wollen verstehen. Sir John hat uns gesagt, die Pest ist eine Strafe für die Gottlosen – für die Franzosen und die Heiden und die Verderbten in London. Aber was für einen Grund soll Gott haben, die kleine Joanie Fisher zu strafen oder Edward Millers Jungen, der noch ein Baby war? Warum lässt Er seinen Zorn auf die Mönche niederfahren und verschont die habgierigen Totengräber, die in die Häuser der Verstorbenen eindringen und sich nehmen, was ihnen gefällt? Ich kann mir nur einen Grund denken: Er will alles auslöschen und von vorne anfangen. Das Ende der Welt kommt, wenn nicht heute, dann bald, nächsten Monat vielleicht. Anders ist es nicht zu begreifen.

Neun Tote an einem Tag, das ist furchtbar. Doch zwei Tage später sterben zehn Menschen. Und drei Tage darauf einundzwanzig.

Ohne die Mönche aus der Abtei würden wir niemals zurechtkommen. Wie sollte Simon allein den Sterbenden die Sakramente spenden? Manchmal sehe ich ihn auf seinen Wegen durchs Dorf, wie er, schwankend vor Müdigkeit, auf seiner braunen Stute sitzt. Zwei der Kapläne sind schon tot, und auch der Mönch aus der Abtei, der für eine Weile ins Dorf umgezogen ist, hat die Krankheit. Jetzt beschweren sich die Leute nicht mehr, dass Simon zu jung ist oder bei der Messe an schwierigen Stellen manchmal ins Stolpern gerät. Auch wenn er sich mit dem Ablauf des Gottesdienstes nicht so gut auskennt, er ist ein echter Priester. Er geht in jedes Haus, zu dem er gerufen wird, sogar mitten in der Nacht, sogar zu Familien, die weit weg am andern Ende vom Dorf wohnen. Er sitzt bei den Sterbenden, fordert sie zur Beichte auf und spricht sie von ihren Sünden frei, auch wenn es ihnen schon so schlecht geht, dass sie nichts mehr sagen können.

Öl und Kerzen werden knapp. Ich weiß, die Abtei hat schon in Felton um Nachschub angefragt, aber es ist nirgends etwas zu bekommen. Simon trägt eine Phiole mit Öl an einer Kette um den Hals. Er salbt die Kranken mit einem winzigen Tropfen auf die Stirn und flüstert ihnen die Sakramente zu, während sie im Sterben liegen.

Auch einem verrückten Bettler, der halb nackt durchs Dorf gelaufen ist, hat er die Sakramente gespendet. Jeder ist zurückgewichen vor dem Mann, keiner wollte mit ihm sprechen, aber Simon setzte ihn auf sein Pferd und brachte ihn in die Krankenstube der Abtei, saß an seinem Lager und gab ihm die Letzte Ölung. Ich habe Simon gesehen, als er heimkam, die Soutane voll Blut und die Haare starr von Schweiß.

Die Glocken im Kirchturm läuten jetzt nicht mehr nur ein paar Mal am Tag, sondern fast ununterbrochen; ein langes, klägliches Trauergeläut für die Toten. Es wird zum Hintergrundklang unseres Lebens – noch einer tot. Die Leute sterben so schnell, dass man den Überblick verliert.

»Ich habe mal abends im Wald einen Krug Dünnbier mit Will Thatcher und Amabel Dyer getrunken«, erzähle ich Robin eines Tages. »Das scheint jetzt so lange her.«

»Ich weiß«, sagt Robin. »Die arme Amabel. Tut mir so leid, Isabel.«

»Amabel ist tot?«

Sie ist vor zwei Tagen gestorben. Begraben wurde sie in einer Grube auf dem Hof ihrer Familie, zusammen mit ihrem Vater und ihrer Schwester. Ich wusste es nicht mal. Und als ich es von Robin erfahre, fühle ich gar nichts. Noch ein Tod mehr hat keine Bedeutung. Letztes Jahr um diese Zeit hätte das ganze Dorf um Amabel Dyer getrauert. Jetzt nimmt es außer ihrer Familie niemand mehr auch nur wahr.

Nachdem an einem Tag einundzwanzig Leute gestorben sind, hört das Glockenläuten auf. Die Leere danach ist unfassbar. In meinen Ohren dröhnt die Stille. Sie ist fast noch schlimmer als die Glocken. In Ingleforn ist es nie ruhig gewesen, aber jetzt merkt man auf einmal, dass alle andern Geräusche fehlen. Die Kinder, die nicht mehr draußen spielen dürfen, weil sie irgendwo hinlaufen könnten, wo die Luft sie krank macht. Das Stimmengeplapper am Brunnen und beim Fluss – verschwunden. Viele haben keine Zeit mehr zum Waschen, weil sie die Kranken pflegen und die Feldarbeit all der Verstorbenen mitübernehmen müssen. Wir waschen noch, wegen Edward, und weil auch Maggie noch so klein ist, dass sie sich mindestens zweimal am Tag Dünnbier überschüttet oder ihre Kleider verdreckt. Aber inzwischen ist das Waschen eine gehetzte und verstohlene Angelegenheit. Alice geht erst abends nach dem Essen zum Waschen, weil dann niemand sonst am Flussufer ist.

Und sie nimmt Edward nicht mehr mit.

Auch andere Geräusche fehlen. Die Schmiede liegt still, seit Robert Smith gestorben ist. Auch der Schandstock ist leer. Und bei den Schießständen hinter der Kirche verbleichen an den langen sonnendurchfluteten Abenden die Zielscheiben. Das ist nicht rechtens, denn das Gesetz verpflichtet jeden Mann und jeden Jungen, tagtäglich das Bogenschießen zu üben, aber niemand wird bestraft. Wozu sich die Mühe machen, eine Geldstrafe über jemanden zu verhängen oder ihn an den Schandstock zu stellen, wenn er morgen vielleicht sowieso tot ist?

»Gibt gehörig viel aufzuräumen, wenn alles vorbei ist«, sagt Vater. Er steht auf der Türschwelle und schaut übers Dorf, wo die Gärten vom Unkraut überwuchert sind.

»Falls überhaupt noch was übrig ist«, sagt Alice. Und mir wird klar, wie sie das meint. Es geht ihr nicht um das Ende der Welt, sondern um Ingleforn: *falls das Dorf noch da ist*, meint sie. Was ist, wenn so viele Leute sterben, dass nicht mehr genug übrig sind, um das Dorf am Leben zu halten?

»Ich werde da sein«, sagt Richard verbissen.

»Und ich auch«, sage ich. Und das werde ich. Hoffentlich.

Es gibt aber auch Orte im Dorf, die lauter sind als je zuvor, nämlich die Schänken. In Ingleforn gibt es kein Wirtshaus. Die Frauen, die Bier brauen, machen einfach ein Zeichen an die Tür, wenn ein frisches Fass Dünnbier bereitsteht, und alle kommen. Früher sind die meisten Leute zu Robins Mutter gegangen, aber seit ihrem Tod haben die andern Bierbrauerinnen viel Zulauf. Abend für Abend ist es dort voll, obwohl jeder, der hingeht, riskiert, sich mit der Krankheit anzustecken. Nachdem die Glocken nicht mehr läuten, hört man von Margery Goodenoughs Haus her das Singen und Grölen bis tief in die Nacht. Alice rümpft die Nase.

»Möchte wissen, was die zu feiern haben!«

Ich weiß es. Sie feiern, dass sie am Leben sind und weil sie's morgen vielleicht nicht mehr sein werden. Sie feiern, weil es einen verrückt macht, nicht zu feiern.

»Aha?«, meint Alice. »Dann sind dein Vater und ich also verrückt?«

»Das ist nichts Neues, Alice«, gebe ich zurück. »Du bist schon immer verrückt gewesen.«

Alice betet weiterhin jeden Abend zu Gott, dass Er uns retten soll, aber ich weiß nicht, ob sie noch glaubt, was sie sagt. Ich bete auch jeden Tag, aber nur weil ich Angst davor habe, was passiert, wenn ich aufhöre. Ich kann nicht mehr glauben, dass Gott die Sünder bestraft.

Findet Er etwa Leute wie die Mönche oder Robins Mutter oder die kleine Joanie Fisher böse? Ich weigere mich, das zu glauben, auch wenn Er mich dafür in die Hölle schickt. Was glaubt Er denn, was Er da tut?

Mehr als die Hälfte der Mönche sind tot, sagt Simon. Und noch viel mehr sind krank.

»Der Herr bestraft die Mönche, Schwester«, verkündet Hasenscharten-Agnes mit einem Seitenblick auf Vater. Sie weiß genau über Geoffrey Bescheid. »Im Dorf erzählt man sich, sie hätten ihr Bett mit Teufeln geteilt und die Worte Satans in ihre großen Bücher geschrieben.«

»Wer das denkt, muss keinen Mönch holen, wenn ein Angehöriger krank ist«, sagt Alice, »und auch die Toten nicht von ihnen beerdigen lassen, oder? Ich an deiner Stelle würde meine Nase da lassen, wo sie hingehört – im eigenen Haus und nicht in fremden Angelegenheiten.«

Agnes setzt die gleiche zickige Miene auf wie immer, wenn jemand nicht ihrer Meinung ist, was fast bei jeder Begegnung mit Alice der Fall ist.

»Gott wird keinen von diesen Teufelsanbetern verschonen«, zischt sie. »Wart's nur ab! Wart's nur ab!«

21 MEIN BRUDER GEOFFREY

Mein Bruder Geoffrey lebt in dieser Abtei. Sie liegt nur drei Meilen Fußweg entfernt, aber es hat ihn schon lange keiner mehr von uns besucht. Als die Pest kam, wollte ich hin, aber Vater hat es verboten.

»Warte, bis es vorbei ist, Isabel. In der Abtei gibt's zu viele Kranke.«

Als es anfing mit der Pest, waren mehr Mönche im Dorf unterwegs, und ich habe immer wieder einen angehalten und nach Geoffrey gefragt – ob er noch in der Abtei ist und ob mit ihm alles in Ordnung ist. Ich habe ihm auch jedes Mal Grüße geschickt und ihm ausrichten lassen, dass wir an ihn denken. Aber jetzt habe ich schon seit zwei Wochen mit niemandem mehr aus der Abtei gesprochen. Je fester die Pest unser Dorf im Griff hat, desto weniger Klosterbrüder sieht man. Viele sind gestorben, das weiß ich. Sicher liegt es daran.

Es spricht keiner mehr über Geoffrey. Maggie kann sich kaum mehr an ihn erinnern, auch Ned vergisst ihn nach und nach, und für Alice ist er nicht der eigene Sohn, warum sollte sie sich da um ihn kümmern?

Vater hat noch am wenigsten eine Entschuldigung. Er wollte nicht, dass Geoffrey weggeht. Als Sir John kam und fragte, ob Geoffrey in die Abtei eintreten dürfe, hat Vater ganz schnell Nein gesagt. Er meinte, er brauche Geoffrey auf den Feldern, und außerdem sei er nun wirklich keiner von den Vätern, die ihre Söhne einfach so in die Fremde schicken!

Die Adelsfamilien schicken ihre Kinder andauernd weg, sogar noch kleinere Kinder als Ned. Vater sagte, das sei ein barbarischer Akt und Geoffrey habe seinen Platz hier, bei seiner Familie.

Aber Geoffrey wollte unbedingt weg. Er ist schon immer anders gewesen, mein Bruder. Er war der beste Sänger im Kirchenchor und hat die Lieder doppelt so schnell gelernt wie die andern kleinen Jungen. Und in der Messe wusste er alle lateinischen Sprüche, besser als Simon sie weiß. Geoffrey liebt Wörter. Immer wieder ist er hinter Sir John hergerannt und hat ihn gefragt, was dieses oder jenes Wort bedeutet, bis sich die beiden auf Latein unterhalten konnten, als wäre das eine richtige Sprache.

Inzwischen kann Geoffrey natürlich noch viel besser Latein und dazu Französisch, er kennt Buchstaben und Zahlen und weiß die Namen von Kräutern und Planeten und auch sonst alles, was sie ihm in der Abtei beibringen.

Deshalb wollte Sir John ihn in die Abtei schicken. Er meinte, Geoffrey solle zum Priester ausgebildet werden, er sei zu klug, um für den Rest seines Lebens auf den Feldern von Sir Edmund zu arbeiten. Ned und ich haben gekichert, als wir das hörten. Geoffrey war damals elf, ein dürrer Junge mit strohblonden Haaren und strahlend blauen Augen, dessen Hände dauernd in Bewegung waren und aus dem die Einfälle nur so heraussprudelten. Geoffrey als Priester, das konnten wir uns nicht vorstellen.

Aber er wollte gehen.

»Denk dir nur!«, sagte er zu mir in der Zeit, als Vater mit eisigem Gesicht herumstapfte, Sir John eigens für Geoffrey zu Gott betete und Alice nebenbei ihre Bemerkungen fallen ließ. »Bist du sicher, dass du ein Priester sein willst, Geoffrey? Möchtest du nicht irgendwann eine Familie haben?« Als wäre Geoffrey jemals irgendwas an Babys gelegen!

»Stell dir das vor!«, sagte Geoffrey. »Die haben dort eine ganze Bibliothek voller Bücher. Denk an all die Wörter in Sir Johns Bibel und dann überleg mal, wie viele es erst in einer Bibliothek gibt!«

Ich habe nur gegrunzt. Aus einem Buch hat noch keiner was Nützliches gelernt, außer vielleicht den Astrologen, die auf diese

Weise alles über Astrologie lernen, oder meinetwegen auch den Krankenbrüdern, die viel über Kräuter wissen müssen. Aber Geoffrey wollte weder Krankenbruder noch Astrologe werden, er war nur gierig auf Wissen, saugte es auf, wie ein kleines Schweinchen Milch saugt. Latein bringt doch niemandem was, finde ich. Jedenfalls nichts Brauchbares wie das Melken einer Kuh oder das Pflügen eines Feldes oder das Segeln eines Schiffs bis nach Aragon. Wozu all die Buchstaben und Sprachen lernen, nur damit du den Namen einer Pflanze lesen kannst, wenn es viel einfacher ist, jemanden danach zu fragen?

Aber Geoffrey war ganz versessen auf Latein. Er hat es zu Hause dauernd vor sich hin gemurmelt, wahrscheinlich um Vater zu ärgern. Sechs Wochen lang hat er für alles, wovon er den Namen kannte, lateinische Wörter gebraucht, hat Vater *Pater* genannt und Alice *Mater* und um *panem* gebeten statt um Brot und damit alle geärgert. Vater hat ihm eins übergezogen, und Alice hat sich gegrämt und war ganz unruhig, aber er hat nicht aufgehört. Er ist störrisch, mein Bruder.

Am Ende erklärte Sir John, er würde selbst das Geld an Sir Edmund zahlen, damit Geoffrey freikäme, und da hat Vater getobt und geschrien und gesagt, er könne das sehr wohl selbst leisten, egal was die Leute über ihn sagten, und ganz am Schluss durfte Geoffrey wirklich in die Abtei.

Ich hasse es, wenn Leute weggehen. Dauernd geht irgendwer von mir weg – Richard heiratet Joan, Geoffrey wird Priester. Am schlimmsten war das halbe Jahr nach dem Tod meiner Mutter. Als Geoffrey weg war, wurde Vater immer trauriger und wütender, und die Dinge verloren ihre Bedeutung für ihn. Manchmal habe ich mich selbst dabei erwischt, wie ich beim Herausziehen der Lauchstängel oder beim Melken der Kuh irgendwas auf Latein vor mich hin gebrummt habe, einfach nur zur Erinnerung an Geoffrey. Ich bin andauernd weggelaufen und habe ihn in der Abtei besucht. Anfangs sind wir jedes Jahr an Mariä Geburt zusammen dorthin gegangen, genau wie die Familien der andern Klosterbrüder, und haben die Vigilmesse mitgefeiert. Vater und ich waren letztes Jahr dort, aber Richard sagte, er habe zu viel zu tun, und Alice hatte einen dicken Bauch wegen Edward und konnte nicht weg.

Jetzt bin ich schon Monate nicht mehr da gewesen.

In diesen langen, warmen Sommertagen mache ich mir unentwegt Sorgen um ihn. Letzte Nacht konnte ich stundenlang nicht schlafen und habe nur an ihn gedacht. Ich habe mich gefragt, wie es sein muss, zwischen lauter Toten und Sterbenden festzusitzen. Und ob sich Geoffrey wohl wünscht, er wäre bei uns geblieben. Ich habe mich gefragt, ob er zurück nach Hause will.

Heute ist es so heiß, dass ich nicht einmal dann schlafen könnte, wenn nichts verkehrt wäre auf der Welt. Robin ist auch wach, er dreht und windet sich neben mir. Ned und Mag schlafen weiter, wenn er nachts herumzappelt, aber ich wache jedes Mal auf. Ich glaube, ein-, zweimal habe ich ihn weinen gehört. Tagsüber weint Robin nie. Ich wüsste gern, ob er wohl von seiner Mutter träumt und was in ihm vorgeht, wenn er wach wird und merkt, dass sie nicht mehr da ist.

Als ich mich dieses Mal umdrehe, tastet sich schon das Morgenlicht durch die Ritzen in der Wand. Robin liegt auf der Seite und betrachtet mich.

»Isabel«, flüstert er.

Ich strecke die Hand aus, und er drückt sie ganz sanft.

»Meinst du, Geoffrey ist noch am Leben?«, sage ich.

»Machst du dir immer noch Sorgen?«, fragt Robin leise zurück. »Lass doch. Sie hätten's uns gesagt, wenn nicht.«

»Vielleicht wussten sie nichts von uns … der Abt ist auch gestorben, weißt du das? Die haben dort so viel zu tun.«

Robin drückt wieder meine Finger. »Sollen wir zusammen hingehen?«

Ich spüre, wie etwas in mir ganz weich und nachgiebig wird. Nichts auf der Welt wünsche ich mir mehr, als Geoffrey zu sehen, ihn im Arm zu halten, seinen Geruch nach Tinte und Kräutern einzuatmen. Und zu wissen, dass er noch unter den Lebenden weilt, dass die Pest ihn mir bis jetzt nicht weggenommen hat.

»Das machen wir«, flüstere ich zurück.

22 EIN FESTTAG, EIN FEIERTAG

Mit den Kleidern unterm Arm klettern wir die Leiter hinunter und ziehen uns im Dunkeln um. Wir ermahnen uns gegenseitig, leise zu sein, und müssen uns anstrengen, unser Kichern zu unterdrücken. Keiner rührt sich. Sobald wir aus dem Haus sind – angezogen, aber ungewaschen, weil wir kein Feuer anmachen können, ohne die andern zu wecken –, breitet sich ein festliches Gefühl in uns aus.

»Keine Arbeit!«, sagt Robin. Er legt den Kopf in den Nacken und atmet mit tiefen Zügen genussvoll ein. Seit er zu uns gezogen ist, hat er nicht mehr so ausgesehen – so wie er selbst. »Dein Vater verdrischt mich bestimmt, aber das ist mir egal. Ich muss heute nicht auf eure Felder!«

»Findest du das wirklich so furchtbar?«

Robin fängt sich und überlegt.

»Das immer Gleiche finde ich furchtbar«, sagt er bedächtig. »Dass du jeden Morgen genau weißt, was du an diesem Tag tun wirst, und dann tust du's und kommst so müde nach Hause zurück, dass du kaum noch stehen kannst, aber du weißt, am nächsten Tag musst du aufstehen und noch mal haargenau das Gleiche tun. Und dann noch mal. Und noch mal. Für den Rest deines Lebens.«

»Aber es ist doch nie das Gleiche!« Ich bin entrüstet. »Du weißt das noch nicht – du wirst schon sehen. Mal wird gepflanzt, mal wird Unkraut gejätet, dann wieder Heu gemacht – und geerntet und Mist gestreut – und …«

»Und egal, was du machst, du stehst mit hochgerecktem Arsch auf dem Acker«, sagt Robin. »Für dich ist das anders, Isabel. Was mit den Samen und Wurzeln passiert, ist dir wichtig. Mir nicht, und das wird wohl immer so bleiben. Aber lass uns nicht streiten. Schau! Wir beide sind die einzigen Seelen auf der Welt.«

Ich weiß, was Robin meint. Wir sind auf dem Pfad zwischen dem Feld bei den drei Eichen und dem Feld am Hügel – immer noch in Ingleforn, aber weit weg von den zusammengedrängten Häusern. Es ist sehr still. Am Himmel über uns steht noch das bleiche Grau, das der Morgendämmerung vorausgeht. Wir könnten tatsächlich die beiden letzten lebenden Menschen sein.

»Komm«, sagt Robin. Er nimmt mich an der Hand, und wir rennen über den trockenen Grund, Ähren schlagen uns gegen die Beine, bis wir endlich stehen bleiben, zusammengekrümmt vor Atemlosigkeit und Lachen.

»Was wärst du gern?«, japse ich. »Wenn du kein Bauer sein müsstest?« Ich denke an die vielen Berufe, die es gibt: Müller, Bäcker, Fuhrmann, Dachdecker, Gerber, Grobschmied, Schweinehirte, Schultheiß. Für die meisten muss man eine Lehre machen, und wo das nicht der Fall ist, braucht man entweder eine Bewilligung von Sir Edmund, oder sie bringen so wenig ein, dass es nur für ein paar Hände voll Roggen reicht. Deshalb hat Robins Mutter auch so viele verschiedene Dinge getan – Dünnbier gebraut und gewebt, Reisenden Schlafplätze vermietet und Soldaten aufgenommen, die Sir Edmund bei ihr einquartiert hat, wobei sie da keine große Wahl hatte.

Robins braun gebranntes Gesicht ist vom Rennen erhitzt. Seine Ohren spitzeln aus dem dichten dunklen Haarschopf.

»Ich wäre gern ein Seemann«, sagt er.

»Ein Seemann!«

»Oder ein Händler. Vielleicht auch Soldat. Ich möchte reisen. Nach Frankreich fahren und sehen, wo der Papst wohnt und wo der Wein herkommt, und in Canterbury die Knochen von Thomas Becket anschauen, oder nach Jerusalem pilgern, wie Matilda Tanner. Meine Mutter ist nie weiter als zwanzig Meilen von Ingleforn weggewesen, kannst du dir das vorstellen? Ich will nicht mein Leben lang Bohnen pflanzen, Isabel. Ich kann nicht.«

»Und was ist mit mir?« Unter dem, was er genannt hat, ist nichts, was ich sein könnte. Jedenfalls nicht, ohne mein Land aufzugeben. Und ich will das alles auch gar nicht sein. Aber Robin und ich, wir gehören zusammen. Wir sind seit jeher füreinander bestimmt – wir werden Robins Äcker und ein kleines Haus haben, und mein Vater wird für uns da sein, wenn wir ihn brauchen. Was soll ich machen, wenn Robin im Krieg ist oder auf See, wenn er zu dem Ort reist, an dem Noah seine Arche gebaut hat, oder die Taverne besucht, in der Jesus das Wasser in Wein verwandelt hat?

»Ich weiß«, sagt Robin. »Aber das will ich nun mal. Ich würde immer zu dir zurückkommen.« Doch ich weiß nicht, ob das reicht.

Die Abtei liegt geschützt in einer Senke zwischen zwei Hügeln. Man ist schon fast am Ende der Straße und bekommt sie trotzdem nicht zu Gesicht, aber dann geht man um eine Ecke, und sie steht da. Geduckt und robust und anheimelnd wie immer schmiegt sie sich in die wärmste Kuhle des Tals, und die Buntglasfenster der kleinen Kapelle funkeln im Licht des frühen Morgens. Wie kein anderer Ort gibt mir die Abtei ein Gefühl von Sicherheit. Ich weiß nicht, woran das liegt, an den Mönchen oder an Geoffrey oder daran, dass hier nie jemand Hunger leidet oder verzweifelt ist – oder ob es nur das Wissen ist, dass sich die Abtei mit ihren zweiundvierzig Mönchen nun schon seit fast dreihundert Jahren an diesem schönen Ort befindet und immer alles gut gewesen ist. Ich glaube, mir würde es gefallen, auf dem Hof einer Abtei zu arbeiten. Zumindest solange mich niemand zwingt, Französisch zu sprechen.

Den Mönch an der Pforte kenne ich ein bisschen. Er runzelt erst die Stirn, dann fragt er mit starkem normannischem Akzent: »Ja?«, und fügt hinzu: »Isabel? Ist alles in Ordnung?«

»Uns geht's gut«, sage ich. Ich strecke die Hand nach der von Robin aus, und er drückt sie mit seinen langen Fingern. »Ist Geoffrey da?«

»Ich denke, er wird schlafen«, sagt der Mönch, und ein Teil der in mir aufgestauten Anspannung schmilzt. Ich weiß nicht, ob ich lachen oder weinen soll. Ich umklammere Robins Hand, und er wirft mir ein seltsames, fernes Lächeln zu. Mein Bruder lebt. Mein Körper taumelt verwirrt zwischen Glück und dem Klammergriff der Angst, die mich nicht loslässt. Mein Bruder lebt, aber wie kann ich auch nur einen Moment lang aufhören, mir Sorgen zu machen? Meine Brüder, meine Schwester, meine Eltern, ich. Wie kann ich auch nur einen Moment lang entspannt sein?

»Er hat die ganze Nacht in der Krankenstube gearbeitet«, sagt der Mönch. Alle Mönche hier können ein bisschen Englisch, aber die meisten kommen aus normannischen Familien, in denen wie beim König und der Königin Französisch gesprochen wird.

»Ich gehe ihn suchen«, sagt der Mönch.

Wir warten. Die Sonne scheint uns warm auf den Rücken. Der Tag wird heiß werden.

Und dann ist Geoffrey da – er steht auf der Türschwelle und reibt sich mit dem Fuß die Wade. Er ist größer geworden, seit ich ihn zuletzt gesehen habe, trotzdem ist er noch genauso dünn und guckt genauso ernsthaft, und auch seine Haare sind wie immer, dicht und strohblond, mit der kahl rasierten Stelle oben auf dem Kopf, durch die Gott Eingang finden soll.

»Isabel.«

Und auf einmal liege ich ihm in den Armen und weine, und er hält mich und sagt kein Wort, sondern hält mich bloß fest. Eine Geborgenheit steigt in mir auf, die ich nur bei Geoffrey empfinde, ein Gefühl von Familie, das ganz anders ist als das warme, lärmende Gewimmel bei uns zu Hause. Zu Hause geht es bei Familie darum, Dinge zu *tun*. Mit Geoffrey geht es bei Familie um ihn und mich.

»Lass uns irgendwo hingehen«, sagt Geoffrey, und ich frage: »Musst du nicht arbeiten – oder beten?«

Und Geoffrey sagt: »Müsst ihr nicht auch arbeiten?«

Und Robin sagt: »Schnell weg, bevor sie wieder an die Ernte denkt.«

Und er und Geoffrey nehmen mich an den Händen und ziehen mich mit. Wir rennen los, immer an der Straße zur Abtei entlang, und sind weg.

Die Freiheit ist berauschend – und bei Geoffrey zu sein auch. Robin tanzt regelrecht.

»Das ist ein Feiertag – ein Festtag – ein Heiligenfest.«

»Ein Fest!«, lache ich. »Wir haben nicht mal was zu essen!«

»Mir egal«, sagt Robin. »Wo wollen wir hin?«

»Lass uns zum Fluss gehen«, sagt Geoffrey.

Am Fluss ist es kühl und still. Alle aus dem Dorf sind bei der Ernte oder zu Hause bei den Kranken. Wir gehen nicht zum Waschplatz bei der Brücke, sondern ein Stück weiter, gerade noch diesseits der Dorfgrenze. Es wird jetzt schon heiß. Der Himmel über uns ist blau und wolkenlos und die Luft schwer vor Hitze. Der Boden ist staubig und hat Risse, sogar hier am Fluss, und das Gras färbt sich gelb. Als Robin das Wasser sieht, stößt er einen Jubelschrei aus.

»Lasst uns schwimmen gehen!«, ruft er. »Komm schon, Isabel!« Und er zerrt an seinem Schuh. »Du auch, Geoffrey, oder dürfen Priester keinen Spaß haben?«

Erst ist das Wasser kalt, so kalt, dass ich keuche, aber wenn man erst schwimmt, ist es ganz in Ordnung. Nackt sehen Robin und Geoffrey kleiner aus, die Haare kleben ihnen an der Stirn, Wasser rinnt über ihre Gesichter. Ich behalte mein Unterkleid an, trotzdem spüre ich, wie Robin mich anschaut. Wir bespritzen uns gegenseitig, und die Jungen schwimmen unter Wasser, schnappen nach meinen Beinen und tauchen mich unter, bis mein Mund voll Wasser ist und ich kreische. Am Ende krabbeln Geoffrey und ich wieder ans Ufer und setzen uns nass und schmuddelig ins welke Gras. Staub und kleine Steinchen kleben an unsern Füßen und am Saum meines Unterkleids.

Ich erzähle Geoffrey die Neuigkeiten – was in diesen Tagen hauptsächlich heißt, die Toten aufzulisten. John Baker. Margaret. Die kleine Joanie Fisher. Er hört zu, aber ich bin nicht sicher, an wen er sich erinnert und an wen nicht. An Margaret erinnnert er sich noch. Von Joanie Fisher hat er nie gehört. John Baker ...

»War das dieser große Mann mit dem roten Gesicht? Der uns immer verhauen hat, wenn wir Brot aus seinem Ofen gestohlen haben?«

»Das mit dem roten Gesicht stimmt«, sage ich. »Aber besonders groß ist er nicht gewesen.«

Geoffrey grinst.

»Für mich schon.«

Ich frage ihn nach den Leuten aus York und nach der Arbeit in der Krankenstube. Er sagt nichts, klaubt nur Steinchen auf.

»Die Krankenbrüder sind alle gestorben«, sagt er schließlich. »Das weißt du, oder?«

»Nein«, sage ich. »Das tut mir leid.«

Er nickt mit seinem blonden Schopf.

»Darum bin ich jetzt dort ...« Er verstummt und kratzt mit einem Zweig in der staubigen Erde. »Wusstest du, dass es in der Bibliothek der Abtei ein Astrolabium gibt? Damit kann man die Position von allen Sternen und Planeten bestimmen.«

Ich weiß nicht, was ein Astrolabium ist, sage es aber nicht.

»Merkur, Venus, Mars, Jupiter«, sagt Geoffrey. »Die Erde, der Mond, die Sonne. Wenn du ihre genaue Position bestimmen würdest und herausfändest, wie sie einander beeinflussen und was sie sich am Himmel so alles erzählen ...«

»Ja?«, sage ich. »Was wäre dann?«

Geoffrey dreht den Kopf.

»Dann wüsstest du alles«, sagt er. »Alles in der Zukunft … und alles in der Vergangenheit. Du würdest alle Sandkörner in Gottes Stundenglas lesen können. Das ist Astrologie. Die Wissenschaft des Himmels.«

Blau und klar fließt unter uns der Fluss vorbei, er rauscht und gluckst und wirbelt um die Steine. Robin lässt sich auf dem Rücken treiben, das braune Gesicht guckt aus dem Wasser, das Kinn reckt er hoch zu den Wolken. Vögel zwitschern in den Bäumen, und das Sonnenlicht bringt die Wasseroberfläche zum Tanzen.

»Ich hab was gelesen, das mich an dich erinnert hat«, sagt Geoffrey auf einmal.

»Mhm.« Geoffrey erzählt mir immer irgendwelche Sachen aus Büchern. Meistens ergeben sie keinen Sinn oder bedeuten einfach nichts weiter.

»Ja«, sagt er. »Hör zu: *Wem Gott Wissen und Beredsamkeit gegeben hat, der darf das nicht verschweigen und verheimlichen, sondern er muss sich bereitwillig hervortun.*«

Erwartungsvoll sieht er mich an. Ich winde mich.

»*Er*«, sage ich. »Immer ist es ein Mann. Wieso nicht mal *sie*? Was ist, wenn *sie* Wissen hat und …«

»Beredsamkeit«, ergänzt Geoffrey.

»Genau. Ich wette, daran hat er nicht gedacht, oder?«

»Hat er doch. Ich meine, hat sie doch.«

»Sie?«

Geoffrey nickt. »Deshalb musste ich ja an dich denken. Das hat eine Frau geschrieben. Marie de France. Sie war eine Äbtissin. Sie hat gedichtet – über König Artus, über Tristan und Isolde und – ach, Isabel, über so viel Schönes. Begreifst du nicht, was das bedeutet?«

Ich starre ihn einfältig an. Mein Kopf ist leer, ich weiß nur eines: dass eine Frau Bücher geschrieben hat. Eine Nonne, also nicht unbedingt eine Frau wie ich, aber trotzdem. Eine Frau.

»Das bedeutet so viel«, sagt Geoffrey. »Unendlich viel bedeutet das. Wenn du etwas gut kannst oder ein Talent hast, dann ist das ein Geschenk Gottes, und du bist verpflichtet, es einzusetzen. Wenn du das Land liebst und Dinge wachsen lassen willst – und das willst du doch, oder? Du willst selbst für die Felder sorgen und es nicht den armen alten Robin machen lassen, stimmt's? Wenn es das ist, was du willst, und Gott dir diese Fähigkeit gegeben hat, dann *musst* du das tun. Sonst verschwendest du Gottes Geschenk – genau wie der Knecht, der die Talente vergräbt, weißt du noch?«

Undeutlich erinnere ich mich an die Geschichte aus einer von Sir Johns seltenen Predigten. Wenn Gott dir ein Talent gegeben hat, sollst du es in zwanzig verwandeln, statt es in der Erde zu vergraben. Es sei denn, dein Talent ist, Dinge wachsen zu lassen. Dann darfst du es bestimmt in der Erde vergraben. Mir fällt wieder etwas über Geoffrey ein, das ich vergessen hatte: Er kann einem Problem oder einer Sehnsucht, die du in dir trägst, ohne es zu wissen, eine Form geben. Für die Felder sorgen. Dinge wachsen lassen so wie Vater. Bis Geoffrey es mir gesagt hat, wusste ich es nicht, aber genau das will ich im Leben. Mehr als alles andere.

»Sag's mir noch mal«, bitte ich, und Geoffrey sagt die Worte noch einmal für mich auf, und ich wiederhole sie so lange, bis ich sie auswendig kann. »Darüber denke ich nach, wenn Zeit ist«, sage ich vorsichtig, und Geoffrey lächelt.

»Ganz die alte Isabel.«

Dann stürmt Robin mit großen Sprüngen aufs Flussufer zu und spritzt unsere Füße nass. Wir quieken.

»Geschwisterliebe«, sagt er. »Wie niedlich. Ich hab Hunger.«

»Wir haben aber nichts zu essen.«

»Wirklich?« Und er klettert zu seinem Kleiderhäuflein und zieht einen Laib Brot, etwas Käse und ein Stück von Alice' Salzschinken hervor. Geoffrey richtet sich auf, die feierliche Stimmung ist vorbei.

»Du Dieb!«, lacht er. »Ich sollte dir fünf Ave Maria und zwei Pater Noster aufbrummen.«

»Dann isst du besser mal nicht mit«, sagt Robin, und Geoffrey zuckt mit den Achseln.

»Die Sünde ist schon begangen; ich kann nicht zulassen, dass das gute Fleisch verdirbt.«

Das Essen ist warm geworden, aber es schmeckt gut. Wir essen halb angezogen, klebrig vor Schweiß und Staub. Als wir fertig sind, wischt sich Geoffrey die Krümel vom Gewand.

»Kommt«, sagt er. »Wir gehen besser heim. Unser Dieb hat das Dünnbier vergessen.«

Ich habe den ganzen Tag nichts getrunken und bin durstig, so durstig, dass ich am liebsten Flusswasser trinken würde, obwohl es schlammig und von der Krankheit verseucht ist. Langsam traben wir zurück zur Abtei, lehnen uns an die Küchenwand und trinken zusammen eine Kanne von dem guten Klosterbier aus. Den Mönchen scheint es nichts auszumachen, dass Geoffrey beinah einen ganzen Tag lang weg war. Ein seltsames Leben, in dem man so gelassen kommen und gehen kann.

Als wir den letzten Rest ausgetrunken haben, steht Geoffrey auf.

»Tja«, sagt er. Wie müde er aussieht. Mir fällt wieder ein, dass er die Nacht über gearbeitet hat.

Ich werfe Robin einen Blick zu. Keiner von uns will gehen.

»Kannst du nicht mit nach Hause kommen?«, frage ich, aber ich habe die Worte kaum ausgesprochen, da weiß ich schon, dass es nicht geht. Man kann nicht vier Jahre lang Wild und Rindfleisch von jemandem annehmen und dessen Bücher lesen und sich dann aus dem Staub machen, wenn es Schwierigkeiten gibt.

»Ich will bleiben«, sagt Geoffrey, weicht dabei aber meinem Blick aus.

Er umarmt mich und nickt Robin zu. »Passt auf euch auf«, sagt er, und wir nicken.

»Schau ihnen nicht in die Augen«, sagt Robin. Er streckt die Hand aus und nimmt meine Finger in seine. Geoffrey lacht.
»Na dann«, sagt er. »Alles Gute.«

Langsam schlurfen Robin und ich den Pfad entlang und wirbeln Staub auf. Der Himmel über uns ist blassblau und klar, die Schnaken kommen heraus und schwirren um den kleinen Bach am Feldrand. Die Hitze und die Müdigkeit des Nachmittags liegen schwer auf meinen Schultern und den sonnenverbrannten Wangen.
»Mit uns ist doch alles in Ordnung, Isabel, oder?«, fragt Robin.
»Mit dir und mir? Ich weiß, irgendwie ist alles komisch, aber ...«
»Natürlich«, sage ich, aber in Gedanken bin ich weit weg.
»Das war ein guter Festtag, stimmt's? Auch wenn dein Vater uns dafür schlägt?«
»Das war ein guter Festtag«, sage ich. Ich nehme seine Hand und drücke sie, und er schenkt mir ein süßes, dankbares, müdes Lächeln.

Geoffrey sehe ich nie wieder.

23 HEUTE

Heute ist die braune Kuh des Schmieds an der Seuche gestorben. Sie lag tot im Hof, und Robert Smiths Witwe konnte sie ohne Hilfe nicht wegschaffen. Also blieb sie liegen, und ihr Gestank verpestete den Dorfweg, bis Beatrice Smith eine ihrer Gänse opferte, damit zwei fremde Totengräber sie wegschafften und in einer Grube verbuddelten.

Heute ist die Leiche der greisen Alis gefunden worden, die unsagbar alt war, gekrümmt wie eine Sense und verschrumpelt wie ein alter Apfel zuunterst im Fass. Sie hat in einem kleinen Haus drüben beim Fluss gewohnt und ist wohl schon vor einer Woche gestorben, aber niemand hat es gemerkt.

Als unsere Alice das von der alten Alis erfahren hat, fing sie an zu zittern – richtig zu zittern – vor Wut und Entsetzen.

»Keiner hat ihr geholfen, wie kann das sein! In einem Dorf wie unserm hat keiner was gewusst!«

Aber wir haben ihr auch nicht geholfen. Wir haben auch nichts gewusst.

Heute, als wir erschöpft und mit schmerzenden Gliedern von den Feldern kommen, die wehen Hände aufgerissen vom Garbenbinden, und nichts weiter wollen als Essen und Dünnbier und Schlaf bis zum Morgengrauen, steht Alice im Garten und hält Edward. Sie ist früher heimgegangen mit ihm, weil er sich heiß anfühlte und quengelig war, und jetzt weint er immer noch. Der Mund rot und weit aufgerissen zu einem gellenden Schrei, das Gesicht grimmig und nass vor Tränen.

»Was ist?«, fragt Vater, und ich höre die Angst in seinen Worten. Die blauen Augen von Alice wirken trüb und abwesend.

»Ich weiß nicht. Vielleicht sollten wir Rosmarin aufs Feuer legen? Rosmarin und Lavendel. Irgendwas, das gut riecht. Ich kann nicht – wir brauchen –«

So habe ich sie nur ein einziges Mal gesehen. Als sie das erste Mal schwanger war und die Wehen viel zu früh kamen. Das Baby hat nur einen Tag gelebt – eine kleine, schrumpelige Schwester, die nicht getauft war, vor den Friedhofsmauern beerdigt werden musste und nie in den Himmel gekommen ist. Bei der Messe, die für ihre Seele abgehalten wurde, hat Alice geweint. Aber danach hat sie sich anscheinend geschüttelt und alles irgendwo weggesperrt. Ich habe nie mehr erlebt, dass sie Tränen um das kleine Mädchen vergießt.

»Alice –«, sagt Robin, und ihre blauen Augen füllen sich mit Tränen. Robin geht zu ihr und nimmt ihr Edward aus den Armen. Sein Babygesicht ist ganz heiß und rot, die Augen sind fest zusammengekniffen vor lauter Schreien.

»Er hört nicht auf zu weinen«, sagt Alice. Tränen laufen ihr aus den Augen. Hinter uns im Dorf fangen die Glocken wieder einmal an zu läuten.

Alice dreht sich zum Kirchturm und fragt: »Wer?«, und als Robin sagt: »Abendmesse«, will ich auf einmal auch weinen.

Nachts wache ich von Edwards Schreien auf, einem dünnen, aber durchdringenden Heulen, gegen das nichts hilft. Wegen der Hitze ist der Deckenvorhang hochgezogen, damit sich die Luft nicht staut, und ich kann vom Bett aus sehen, wie Alice ihn mit rotem, tränennassem Gesicht hin und her trägt. Vater kommt und will ihr Edward abnehmen, aber sie stößt ihn weg. Ihre Bewegungen sind fahrig und nervös, kantig vor Angst.

Als ich am nächsten Morgen wach werde, schreit Edward immer noch, hoch und schrill, wie ein Schwein beim Schlachten. Vater steht an der Tür und wiegt ihn hin und her. Vater tröstet Edward nie. Er wechselt nie seine Windeln, macht ihn nie sauber, wäscht ihn nie, zieht ihn nie an und tut auch sonst nichts von dem, was Alice tut. Höchstens hält er ihn mal kurz, wenn Alice zu tun hat, oder er stößt im Vorbeigehen zerstreut die Krippe an, das ist alles. Aber jetzt steht er in der Tür, wiegt ihn und flüstert:»Schh … Schh …«, während Edward heult.

»Vater?«, sage ich vom Bett aus. Er blickt auf und sagt:»Isabel, kannst du bitte runterkommen und das Baby nehmen?«

Edwards Gesicht ist ein einziges Brüllen mit riesigem, weit aufgerissenem Mund. Seine Backen sind rot wie Mohnblumen zur Erntezeit, die Tränen perlen von der Haut ab. Ich schlinge die Arme um seinen pummeligen Leib.

»Er ist heiß«, sage ich, aber Vater ist verschwunden.»Robin? Fühl mal, er hat Fieber.«

Mag – barfuß, im Unterkleid und mit grüner Haube – stößt mich am Arm und sagt:»Ich will ihn nehmen. Er ist *mein* Bruder. Ich will's auch fühlen!« Edward brüllt immer weiter. Ned liegt mit den Händen über den Ohren im Bett.

»Isabel! Mach, dass er aufhört!«

Babys kriegen Fieber, sage ich mir, *Babys kriegen andauernd Fieber, oder?* Mag zerrt am Ärmel meines Unterkleids. Ich ziehe den Arm weg, und sie kreischt. Ich brauche Platz, Stille, Leere, damit ich durchatmen und herausfinden kann, wie ich mich jetzt fühle.

»Er ist nass«, sage ich.»Darum schreit er. Lass mich, Mag. Ich muss ihn umziehen.«

Ich mache mich daran, Edwards Windeln zu lösen. Er brüllt immer weiter. Vater hat sich in die Kammer verzogen, wo er und Alice schlafen. Hinter der Flechtwand schnaubt unruhig die Kuh. Sie muss gemolken werden. Alle müssen zu essen bekommen. Jemand muss Wasser holen und Feuer machen und den Tag in Gang bringen. Die Welt bleibt nicht stehen, nur weil Edward krank ist.

Edwards Arme und sein rosiger kleiner Babybauch sind mit dunklen Flecken bedeckt, die wie ein Bluterguss unter der Haut sitzen, aber die Farbe ist anders, eher ein dunkles, fast violettes Rot, die Farbe von Blut. Er schreit immer noch gellend, und jetzt sehe ich, warum. In seiner Leiste ist eine ekelhaft geschwollene Beule. Sie ist etwa so groß wie ein Taubenei und fängt an, sich schwarz zu verfärben.

»Robin …«, sage ich. »Robin …« Und dann: »Vater!«

Das Ende der Welt.

24 MEIN BRUDER EDWARD

Das sind die Dinge, die ich über die Pest weiß.
Sie schwirrt wie eine Wolke Fliegen um diejenigen herum, die
sie kriegen. Wenn du in die Wolke gerätst – oder einem Kranken in die Augen schaust – oder Gott erzürnst – oder wenn du geliebt wirst von jemandem, der Gott erzürnt hat – oder an einen Ort
gehst, wo der Wind aus der falschen Richtung weht – dann stirbst
du auch.

Du kannst die Stadt weit hinter dir lassen, in der deine Familie gestorben ist, und dich in Sicherheit wiegen, nur um beim Ankommen
an deinem Zufluchtsort tot umzufallen und die Seuche über alle in
deiner Nähe zu bringen.

Es gibt keine Heilung.

Wenn du krank bist, dann stirbst du.

Das sind die Dinge, die ich über Edward weiß.

Er ist klein und dick und ernst.

Er kann beinahe krabbeln.

Wenn man ihn aus den Windelbändern wickelt, hört er nicht mehr
auf zu zappeln. Er fuchtelt dann mit den Armen und wackelt mit dem
Kopf, biegt den Rücken und gurrt ein glückliches Babygurren.

Alice wollte und wollte und wollte ihn, und fast sein ganzes Leben
lang hat diese furchtbare Drohung über ihm gehangen, dieser Schrecken, den der Wind von Süden her zu uns getrieben hat.

Und jetzt stirbt er.

Wie grausam, ein geliebtes Kind sterben zu sehen. Edward schreit und schreit, und Alice weint und weint und hält ihn und wiegt ihn, als wäre ihr die Pest ganz egal. Sie kauft bei einem fahrenden Magier ein Zauberpulver, das aus Myrrhe, lemnischer Erde, Tragant, Narde und rotem Sandelholz bestehen soll. Edward schreit und schreit.

Die Pestbeule wird größer und größer, bis sie hart und schwarz ist. Zu hart, um sich zu öffnen. Wenn man sie berührt, brüllt Edward, aber wie kann man das vermeiden? Unter seiner Haut bilden sich immer mehr rote Flecken, färben sich violett und wachsen zusammen, bis große Teile seiner Haut schwarz sind.

Vater schickt uns auf die Felder, die Ernte einholen. Dort ist kaum noch jemand. Die andern im Dorf gehen uns aus dem Weg.

Als ich am dritten Tag vom Ernten heimkomme, sitzt Alice an der Herdstelle und sieht Edward beim Weinen zu. Ich gehe zur Krippe und nehme ihn hoch. Er krümmt sich in seinen Windelbändern, wölbt den Rücken und brüllt. Ich wiege ihn und rede leise auf ihn ein, versuche ihn zu beruhigen.

»Kannst du ihn nicht nehmen?«, frage ich Alice, aber sie sagt nichts, schüttelt bloß den Kopf.

»Bist du in Ordnung?«, frage ich sie. Sie nickt.

Ich wiege meinen Bruder, bis er nicht mehr weint, dann sitzen wir zusammen um die Herdstelle und sehen ihm beim Schlafen zu. Jetzt ist fast seine ganze Haut schwarzrot verfärbt, doch seine Hände sind ruhig.

Er stirbt in dieser Nacht.

25 BEI KERZENLICHT

Dann wird Alice krank. Meine Alice.

Vater schickt uns zur Arbeit auf die Felder.

»Kann ich nicht bleiben?«, frage ich ängstlich. »Kann ich nicht bleiben und dir helfen mit Alice?«

»Nein!«, sagt Vater zu schnell und fügt hinzu: »Bitte, Isabel. Geh einfach. Lass mich überlegen, was wir tun sollen.«

Still gehen wir den Pfad zum Acker bei den drei Eichen entlang. Ich schaue nach den andern, die mit uns zur Arbeit gehen. So viele Leute, die fehlen! Das entsetzt mich jedes Mal. Es können doch nicht alle tot sein, oder? Bestimmt verstecken sich manche und andere sind weggelaufen oder zu Hause geblieben, um für die Kranken zu sorgen? Bitte, Gott, ganz sicher sind das doch die Gründe, warum wir heute so wenige sind auf den Feldern?

Bei der Arbeit mustern uns die Leute und tuscheln miteinander, aber keiner kommt und fragt nach Vater und Alice. Wieder zu Hause, finden wir das Laken und die Decken von unserm Bett in der Scheune. Daneben sind Töpfe und Tassen aufgestapelt, auch die geräucherte Schweinekeule aus dem Haus und zwei runde Käse liegen da. Ein Säckchen mit Mehl. Ein Eimer. Das Dünnbierfass. Eine Axt. Auch der alte eiserne Feuerrost, den die Erntearbeiter benutzen, wenn sie bei uns sind, ist in die Mitte der Scheune gezogen worden, und hinter der Tür ist frisches Holz gestapelt.

»Was soll das bedeuten?«, frage ich Vater.

»Hier werdet ihr schlafen«, sagt er. »Nur solange Alice krank ist.«

»Was ist mit dir?«, frage ich bang.

»Wird schon gut gehen«, antwortet er, ohne mir in die Augen zu sehen.

»Ich will nicht hier schlafen«, sagt Ned. Er klingt viel jünger als sonst, gar nicht wie der kleine rothaarige Ned, der sich immer so anstrengt, allen zu zeigen, dass er viel größer als Maggie ist. Er schiebt die Unterlippe vor und starrt Vater wütend an. »Ich will Alice sehen! Warum können wir nicht zu Alice?«

»Ihr habt Alice heute Morgen gesehen«, sagt Vater. »Aber jetzt ist sie krank und braucht Ruhe.« Er reibt sich die Stirn. Er wirkt müde und irgendwie haltlos.

»Bist du auch krank, Vater?«, platze ich heraus.

Maggie schreit: »Vater!«

Vater holt tief Luft und macht einen Schritt zurück.

»Bitte!«, sagt er. »Bitte! Macht – macht einfach, was ich euch sage, ja? Nur für ein paar Nächte.«

»Nein!« Ned tritt so fest in den Boden, dass Stroh und Staub aufwirbeln. Vater seufzt, und ich gebe Ned eins auf den Hinterkopf, dass er kreischt.

»Isabel«, sagt Vater. »Benimm dich, Ned! Isabel, bitte.« Er nimmt meine Hände und sieht mich an, als wollte er etwas ausdrücken, das zu groß ist für Worte, aber ich bin benebelt vor Furcht und kann den Sinn nicht erkennen – oder vielleicht schaue ich auch nicht genau genug hin aus lauter Angst vor dem, was ich sehen könnte. »Isabel, du sagst jetzt, was gemacht werden muss, in Ordnung? Zusammen mit Robin. Die Tiere kommen auch für ein paar Tage zu euch. Das schaffst du doch, oder?«

Stumm schüttle ich den Kopf. Ich kann doch nichts. Ich kann mich um niemanden kümmern. Vater soll bleiben und auf uns alle aufpassen. Robin soll bestimmen, er ist schließlich älter als ich. Richard soll kommen und sagen, was wir tun sollen.

»Können wir nicht zu Richard?«

»Nein.« Vater lässt meine Hände los. Seit der Beerdigung von

Edward haben wir Richard nicht mehr gesehen. Er und Vater standen ein Stück vom Grab weg beisammen und haben miteinander geredet, mit gedämpften Stimmen, aber in eindringlichem Ton. Ich weiß nicht, über was. Ich habe jedenfalls nichts gesagt. Ich war zu wütend. Richard hat Edward nie gemocht. Er dachte immer, Alice würde ihm unser ganzes Land vermachen. Er wollte Edward nie haben. Er hatte kein Recht, nach Edwards Tod zur Beerdigung zu kommen und seine falsche Trauer neben unsern echten Kummer zu stellen.

»Bürde Richard das nicht auf«, sagt Vater. »Er hat genug Sorgen mit dem Baby, das kommt. Mach … hör zu, Isabel, ihr müsst einfach ein paar Tage lang alleine zurechtkommen. Das kannst du doch bestimmt?«

»Wir kriegen das hin«, sagt Robin. Er stellt sich hinter mich und legt mir eine Hand auf die Schulter. Ich spüre mein Zittern an seinem Körper. »Isabel. Lass. Wir schaffen das, Sir.«

Vater nickt ein paarmal. Dann drückt er mich fest an sich. Ich sauge seinen schweren Geruch nach Leder und Erde ein, will das, was ihn ausmacht, sicher in mir verwahren. »Du bist ein gutes Mädchen«, sagt er. »Wenn du doch nur in einer besseren Welt leben könntest.«

Ich bebe innerlich. Zugleich bin ich stocksteif vor Angst und vor Wut – nein, vor Panik, ich bin in Panik – und stehe unter Schock, unter Schock! Ich weiß nicht, was ich tun soll.

Vater hebt Maggie hoch. Sie schlingt die Arme fest um seinen Hals. »Du hörst auf Isabel, ja?« Maggie nickt. Sie versteht nicht recht, was los ist, aber sie spürt Vaters Trauer und dass gerade etwas Ernstes passiert, das sieht man ihr an.

»Ich will Alice«, sagt sie, aber als Vater sie wieder auf die Füße stellt, protestiert sie nicht weiter.

Ned zuckt zurück, als Vater ihn berühren will.

»Nein!«, schreit er. »Ich will Alice!« Dann rennt er raus in den Hof.

Wieder seufzt Vater und zieht die Finger durchs Haar.

»Das geht schon in Ordnung, Sir«, sagt Robin. Sein Arm liegt immer noch um meine Schultern. »Alles in Ordnung mit ihm.«

»Ist es nicht«, sagt Vater und seufzt noch mal. »Na dann«, meint er. Er nickt noch ein paarmal, dann geht er zurück zum Haus und schließt die Tür hinter sich.

Weil nur die Hälfte der Ernte eingebracht ist und keine Helfer hier schlafen, ist in der Scheune genug Platz für alle Tiere. Vater hat die Flechtwand aus dem Haus hergebracht und die Tiere schon dorthin getrieben, aber wir brauchen eine Weile, bis die Wand sicher befestigt ist, außerdem müssen wir alle Getreidegarben in einer Ecke aufhäufen, damit wir genug Platz zum Schlafen haben. Die Ochsen stampfen und schnaufen unruhig, und die Hühner laufen immer wieder zurück zum Haus, weil sie wissen, dass dort ihr Platz ist.

»Tut mir leid«, sage ich zu ihnen. »Ich will auch nicht hier sein.«

In der Scheune ist es kalt, trotz der Wärme der Kuh und der Ochsen und des Schweins. Mit heißem Wachs kleben wir Kerzen an den Holzbalken fest und schieben Stroh beiseite, damit wir ein Feuer machen können. An der Wand ist viel Holz aufgestapelt, aber weil es feucht ist, müssen wir lange fächeln und blasen, bevor es wirklich brennt. Ned will zum Haus gehen und anderes Holz holen, aber ich lasse ihn nicht, und es gibt ein großes Gezeter.

»Kümmer dich besser um unser Bett«, herrsche ich ihn an.

Stroh ist mehr als genug da, und Decken haben wir auch, aber Maggie ist zu klein, um ein ordentliches Bett hinzubekommen, und Ned will nicht. Er schubst das Stroh nur mit ein paar Tritten zu einem Haufen zusammen, dann verzieht er sich.

»Ich mach's schon!«, ruft Mags. »Ich kann das!«

Sie klopft und schiebt und werkelt an dem Stroh herum, aber eine vernünftige Matratze bekommt sie nicht hin – ihr Bett würde nicht mal dem Gewicht einer Katze standhalten, geschweige denn dem von uns.

»Ned!«, brülle ich. »Ned!«

Er kommt nicht.

Ich stelle mich in die Scheunentür. Weggelaufen ist er nicht. Er stapft im Hof herum und wirft Steine ans Haus. Ich gehe hin und packe ihn am Arm.

»Was machst du denn da?«

»Nichts.« Er zieht den Arm weg. »Lass mich zufrieden.«

»Du wolltest Alice holen, oder?«, sage ich. Und als er nichts darauf sagt, füge ich hinzu: »Das geht nicht. Wir haben's versprochen. Weißt du nicht mehr?«

Ned gibt keine Antwort. Er setzt eine trotzige Miene auf und tritt in den Dreck.

»Du musst auf mich hören«, erkläre ich ihm. »Auf mich und Robin.«

»Muss ich nicht!«, sagt Ned. »Du kannst mich nicht zwingen!«

Am liebsten würde ich ihm einen Tritt verpassen.

»Gut.«

Ich marschiere zurück zur Scheune und werfe die Tür hinter mir zu. Drinnen ist es dunkel wie in einer Höhle, bis auf den schwachen Feuerschein und die paar langen Sonnenstrahlen, die durch die kleinen Fenster hoch oben in den Raum fallen.

»Wo ist Ned?«, fragt Robin.

»Draußen im Hof.« Große Rauchwolken steigen auf, aber immerhin brennt das Feuer jetzt richtig. Robin hat einen Käse klein geschnitten und das Brot von gestern in Stücke gebrochen.

»Ich hab gedacht, wir können den Käse über dem Feuer rösten«, sagt er, und ich lächle ihn dankbar an. So durcheinander, wie ich bin, schaffe ich es im Moment einfach nicht, etwas Richtiges zu kochen.

Als wir beim Essen sitzen, kommt Ned herein, mit verschlossenem, schmollendem Gesicht. Er sieht uns nicht an, aber ich reiche ihm ein Stück Brot, und er nimmt es ohne ein Wort und hält es im

Schoß. Nach einer Weile greift er nach einem Stöckchen und einem Stück Käse.

Wir reden nicht viel, nur Maggie kann nicht aufhören zu quasseln.

»Wir bleiben die ganze Nacht hier, stimmt's?«

»Ja, Mags«, sagt Ned mit gespieltem Überdruss. »Wir bleiben die ganze Nacht hier. Und dann noch eine Nacht. Und ohne Ende immer weiter, bis Isabel sagt, dass wir wieder ins Haus können.«

»Bis es wieder sicher ist.«

»Bis alle tot sind.«

Maggie schreckt auf. »Sterben Vater und Alice?«

»Nein, natürlich nicht«, sage ich. Alice vielleicht, aber Vater nicht, bitte, bitte, Vater nicht. Ich spüre Neds Blick. »Ich weiß nicht. Vielleicht nicht.«

Widerstrebend beruhigt sich Maggie. Ich reiche den Krug mit Dünnbier herum, und wir trinken. Werden wir wirklich alle sterben? Wird uns diese schreckliche Seuche alle umbringen und danach auch alle Hunde und Katzen und Ochsen und Schafe? Wird sie zufrieden sein, wenn alles Menschliche ausgelöscht ist? Oder greift sie dann über auf alles, was draußen herumhuscht, auf Ratten und Füchse und die kleinen stachligen Igel, die Maggie so gern hat? Können Fliegen die Krankheit bekommen? Oder Flöhe? Wird irgendwas übrig sein, wenn das hier vorbei ist?

Vielleicht gibt es irgendwo auf der Welt rechtschaffene Menschen, so wie Noah und seine Frau, die an einem klaren, leeren Morgen in die Welt hinausschauen und feststellen, dass nichts Lebendiges mehr da ist. Wird es ihnen leidtun? Oder werden sie lächelnd aus ihrem Unterschlupf treten, hinaus auf die leeren Felder laufen und die Welt neu aufbauen? Wie wird diese neue Welt sein? Wird alles besser, wenn unser Zanken und Streiten und unsere Boshaftigkeit verschwunden sind?

Draußen vor der Scheune wird es dunkel. Ned wirft Holz aufs
Feuer, es zischt und dampft. Ich schaue zu Robin hinüber. Zusammengesunken sitzt er am Feuer, die Arme um die Beine geschlungen, den Kopf auf die Knie gelegt. Ob er an seine Mutter denkt?

Wenn Robin und ich überleben, sind wir einander versprochen.
Ich wüsste gern, was er darüber denkt. Will er mich heiraten? Will
ich ihn heiraten? In letzter Zeit, seit er bei uns wohnt, habe ich
oft gedacht, dass ich es will. Heute Abend ist mein Herz zu voll
und zu erschöpft, ich kann nicht sagen, was ich denke und fühle,
egal worum es geht. Aber ich weiß, wie froh ich bin, dass er da
ist.

Ned stochert mit einem Stöckchen im Feuer. Im Licht der Flammen wirkt sein Gesichtsausdruck mürrisch.

»Wieso sollen wir machen, was Isabel sagt? Sie ist nicht unsere
Mutter.«

»Ich werd's aber sein, falls Alice stirbt.«

»Dann ist Robin unser Papa!«, erklärt Maggie. Sie schnappt sich
Robins Bein und drückt es. Robin versucht halbherzig zu lächeln.

»He, wie gehst du denn mit deinem Vater um?«, sage ich. Maggie
kichert. Ned guckt böse.

»Robin ist nicht mein Vater. Ihr zwei seid ja nicht mal verheiratet.«

»Das stimmt«, sagt Robin. Er hebt den Kopf und sieht mich
über die Flammen hinweg an, mit einem seltsamen Gesichtsausdruck.
»Isabel, willst du mich heiraten?«, fragt er.

Ich erwidere seinen Blick. Er hat Stroh im Haar und schmutzige
Finger. Auf seinem Kittel ist ein Fleck vom Dünnbier. Im Kerzenlicht
ist sein Gesicht voller Schatten und Geheimnisse.

Ich kenne ihn besser als irgendwen sonst auf der Welt.

»In Ordnung«, sage ich.

»Gut.« Robin wendet sich an Mag. »So«, sagt er. »Jetzt sind wir
verheiratet.«

»Seid ihr nicht!« Mag zerrt an seinem Kittel. »Zum Heiraten braucht man einen Priester.«

»Nein, braucht man nicht«, widerspricht Ned. »John Felton und Amabel Farmer haben einfach so geheiratet, sie haben sich gesagt, dass sie's wollen, und das war's. Und dann hat Amabel es sich anders überlegt und stattdessen John Tanner geheiratet und ein Baby von ihm erwartet, und John Felton hat sie vors Gericht gebracht und gesagt, dass sie schon mit ihm verheiratet ist, und der Lord hat gesagt, das würde stimmen und ihr Baby sei ein Bastard. Aber am Ende hat John Felton gesagt, sie könne den andern John heiraten, weil er nicht das Baby von einem andern Mann aufziehen wolle, und die zwei haben sich geprügelt und ...«

»Was sind das für Leute?« Robin will genau das wissen, was ich mich auch schon gefragt habe, und Ned antwortet: »Die wohnen im Dorf von Will Thatchers Onkel. Will hat mir das erzählt.«

»Ned hat jedenfalls recht«, werfe ich schnell ein. »Wir sind jetzt verheiratet. So geht das Gesetz.«

»Komm, wir machen eine Hochzeit!« Mags richtet sich auf. »Ned kann der Pfarrer sein, und ich bin Isabels Mutter und weine, weil ich meine Tochter we-we-we-weggeben muss.« Sie tut, als würde sie in ihren Rock schluchzen, so wie Joans Mutter bei der Hochzeit von Richard und Joan. Ich werfe Robin einen Blick zu, und er zuckt mit den Achseln.

»In Ordnung«, sage ich.

Mags übernimmt.

»Du stellst dich hierhin«, sagt sie zu Robin und zieht ihn auf die Beine. »Und du da, Isabel. Und Ned, du gehst da drüben hin und hältst die Kerze ...«

»Ich halte die Kerze«, sagt Robin. Er nimmt sie Ned ab und umschlingt sie mit seinen langen Fingern, sodass ihm das gelbe Licht von unten ins Gesicht leuchtet. Ich strecke die Hand aus und berühre seine Wange. Seine Augen werden groß, er lächelt. Doch als er den Kopf wieder hebt, ist sein Blick dunkel, und alles Lachen ist aus seinem Gesicht verschwunden. Mir läuft ein Schauer über den Rücken, ich fürchte mich fast.

»Zuerst du«, sagt Maggie und zieht mich am Ärmel. »Isabel. Sag die Worte.«

Ich bin schon auf vielen Hochzeiten gewesen – bei Richard und Joan und bei Vater und Alice, außerdem war da noch die von Matilda im Wald letztes Jahr und andere, die ich vergessen habe. Ich schaue Robin an und spreche die Worte.

»Ich nehme dich, Robin, zu meinem angetrauten Mann, will dir angehören und dich halten von diesem Tag an, in guten und in schlechten Zeiten, in Reichtum und Not, in Krankheit und Gesundheit, in Bett und bei Tisch, bis dass der Tod uns scheidet, wenn die heilige Kirche es will. Dies lege ich dir zum Gelöbnis ab.«

Zuerst sage ich die Worte nur im Spiel, aber als ich mittendrin bin, werden sie auf einmal wahr. Robin hält die Hände um die Kerze gewölbt, als wäre sie eine Blume. Als er zu sprechen beginnt, sehe ich es in seinen Augen und höre es in seiner Stimme: Auch er meint es ernst.

»Ich nehme dich, Isabel, zu meiner angetrauten Frau, will dir angehören und dich halten von diesem Tag an, in guten und in schlechten Zeiten, in Reichtum und Not, in Krankheit und Gesundheit, in Bett und bei Tisch, bis dass der Tod uns scheidet, wenn die heilige Kirche es will. Dies lege ich dir zum Gelöbnis ab.«

Wir stehen in der Scheune und blicken einander an. Keiner sagt etwas. Ich möchte ihn küssen, aber ich weiß nicht, ob ich mich das traue, unter den Augen von Ned und Maggie. Ned wird bestimmt quieken und lachen, und was ist, wenn Robin mich nicht lässt? Aber das würde er sicher. Wir sind jetzt Mann und Frau. Oder etwa nicht? Kann man mit vierzehn verheiratet sein, richtig verheiratet? Könige und Königinnen und auch Adlige werden sogar oft schon als kleine Kinder verheiratet. Die alte Königin, Queen Isabella – die Mutter von König Edward –, ist mit sieben verheiratet worden, hat Geoffrey mir erzählt. Ich senke den Kopf und betrachte Robin durch den Haarschleier hindurch. Jetzt, da er mein Ehemann ist, bin ich ihm gegenüber schüchterner, als ich es je zuvor gewesen bin.

Den ganzen Abend sitze ich bei Robin, meine Hand in seiner, geborgen in seinem Schoß. Auch als wir uns ins Bett legen, will ich nicht von ihm getrennt sein, nicht mal für einen Moment. Ich fühle mich wie ein Kind auf dem Jahrmarkt, das die Mutter um keinen Preis verlassen will, nicht zum Spielen mit den andern Kindern und nicht für den Ringelreigen. Als Robin die Kerze ausbläst, schmiege ich mich an ihn und lege meinen Kopf auf seine Brust. Er schlingt die Arme um mich, und ich fühle mich wie ein Vogel im Nest, ein kleiner Vogel, der nie mehr hier wegwill, der für immer hierbleibt.

Ohne die Kerzen ist der rote Schein der Glut das einzige Licht. Nach und nach wird er schwächer werden, die Kohlen werden verglimmen, bis nur noch warme Asche übrig ist, dann kalte Asche und dann nichts. Auf der andern Seite der Feuerstelle schnüffeln und stöhnen die Tiere.

»In der Scheune gibt's Ratten«, flüstert Maggie.

»Du hast doch keine Angst, oder?«, frage ich, und sie schüttelt den Kopf.

»Nur wenn sie beißen«, sagt sie, und nickt selbstvergessen.

Fast auf der Stelle schläft sie ein. Ned braucht länger, aber bald spüre ich, wie sich sein Körper neben mir entspannt und seine Atemzüge langsamer werden. Ich hebe den Kopf, um Robin anzuschauen, und blicke in seine weit geöffneten Augen, schwarz und glänzend in der Dunkelheit.

»Du bist jetzt meine Familie«, sage ich.

»Ja«, sagt er. Er seufzt und schließt die Augen, doch seine Hand liegt weiter auf meiner Brust. Gleich wird er einschlafen. Ich reibe den Kopf an seinem Schulterknochen.

»Meinst du, Geoffrey lebt noch?«

»Ja«, murmelt er, aber woher soll er das wissen?

»Was wird bloß aus uns, Robin?«, flüstere ich. Er antwortet nicht, fasst mich aber noch fester um die Schultern, ein Schutz gegen die Dunkelheit. Und so schlafen wir in der ersten Nacht unseres Ehelebens ein, eng aneinandergekuschelt im Stroh, die Scheunentür fest verriegelt gegen die Nacht.

26 ISABEL ALLEIN

Am nächsten Morgen wache ich früh auf. Die Sonne steigt durch den Spalt an der Scheunentür, und die Kuh stöhnt ungeduldig im Halbdunkel, will gemolken werden. Ich bin einen Moment lang glücklich. Ich weiß, es ist entsetzlich, so was zu sagen, aber es stimmt. Ich rolle mich auf die Seite und sehe Ned auf den Decken sitzen, die roten Haare voll Stroh. Sonst ist er nie so früh wach.

»Was?«, frage ich ihn, selbst noch benommen vom Schlaf.

»Heute müssen wir nicht arbeiten, oder?«, fragt Ned. »Wenn wir nicht wollen.«

»Natürlich müssen wir.« Ich hasse das Nichtstun. »Die Kuh muss gemolken werden, oder? Und die Hühner brauchen ihr Futter. Und –«

»Wir sollen aber nicht arbeiten«, sagt Ned mit seiner hohen, kleinen Stimme. »Ohne Vater will ich nicht zur Ernte!«

»Wer sagt denn, dass wir ernten gehen?«, fragt Robin und richtet sich auf. Dabei fallen ihm die dicken Haare wie ein zusammenstürzender Heuhaufen über die Ohren. »Isabel? Hör nicht auf Isabel – ich bin hier der Vater.«

»Und was machen wir dann?«, sage ich. Schon wahr, auch mir fehlt jede Kraft für die Ernte, wo Alice krank ist und Edward ... Ich bin ganz durcheinander und weiß nicht ein noch aus. Aber ich kann den Gedanken nicht ertragen, den ganzen Tag hier herumzusitzen und nichts zu tun.

»Lass uns angeln gehen«, sagt Robin. »Wir fangen Walt und Alice einen Fisch zum Abendbrot.«

Angeln ist eine gute Idee, wie sich zeigt. Die beste Stelle liegt flussaufwärts von Ingleforn, und natürlich ist außer uns keiner da – alle sind tot oder auf den Feldern. Maggie und Ned spritzen erst wild im seichten Wasser herum, dann werden sie ruhiger und versuchen, einen Damm quer über den Fluss zu bauen – was nicht klappt, der Fluss ist viel zu breit. Für einen Damm braucht man eher einen kleinen Bach wie den bei der Abtei.

Robin ist ein guter Angler. Er hat Geduld, und es macht ihm nichts, stundenlang im Wasser zu stehen. Ich schaue ihm zu. In seinem aufgeweckten Gesicht tanzt das Licht, das in bewegten Flecken durch die Blätter dringt. Sollten wir Geoffrey nicht sagen, dass Alice krank ist? Bestimmt wüsste er es gerne. Oder denke ich das nur, weil ich feige bin und gerne hätte, dass er bei uns ist?

Als wir nach Hause kommen, ist die Haustür immer noch zu, aber durchs Strohdach steigt Rauch auf, also muss Vater da sein. Ich lasse Ned und Robin die Fische ausnehmen und krame in einem Berg von Sachen nach Mehl. Maggie hockt im Stroh, fingert an ihrem Rocksaum herum und schaut mir zu.

»Können wir nicht zu Alice?«

»Alice ist krank«, wiederhole ich zum hundertsten Mal.

»Ich will zu Alice!«

»Kannst du aber nicht!«, sage ich. Ich sollte einfühlsamer sein, schließlich bin ich nicht erst seit gestern die große Schwester. Maggie fängt an zu weinen. Nicht ihr übliches Geschluchze, sondern unterdrückte, leise schniefende, beinahe tonlose Tränen.

»Ich will Alice«, jammert sie. Ich setze sie auf mein Knie und lege die Arme um sie. Der Saum ihres Kleids ist vom Spielen im Fluss voll Schlamm und ihre langen strohblonden Haare wirken zottelig. Ich bin jetzt ganz die gute Schwester, ich halte sie und flüstere: »Schh, Mag. Alles in Ordnung, ich bin ja bei dir«, aber sie rammt mir den Ellbogen in den Magen und schreit: »Ich will nicht dich! Ich will Alice!«

»Alles gut«, sagt Robin und kommt zu meiner Rettung. »Alles gut, Mag. Lass Isabel, sie muss zum Bäcker, Brot für uns backen. Wollen wir zwei das Hexenspiel machen? Na?« Mag guckt ihn böse an, aber er packt sie unter den Achseln und trägt sie zum Bett. Und ich finde endlich das Mehl und bringe es zu Emma Baker.

Was soll ich tun, wenn Vater und Alice sterben? Wie kann ich alleine für die Kinder sorgen?

Die Häuser im Dorf liegen still da. Beim Schandstock ist niemand. An den Schießständen feuert ein Mann Pfeile ab – Will Thatcher! Aber er sieht mich nicht, und ich rufe nicht. Auf dem Anger spielen ein paar Kinder. Als ich vorbeigehe, hören sie auf und starren mich an. Ob ich Mag wohl ab und zu bei ihnen lassen könnte? Oder hätten ihre Eltern zu viel Angst?

Emma Baker arbeitet am Ofen, zusammen mit ihrem letzten Lehrling, einem rotgesichtigen Jungen namens Philip. Mit aufgerollten Ärmeln und schweißnassem Gesicht steht er am Blasebalg und pumpt. Sie schaut auf, als ich ankomme, und sagt: »Isabel! Wie geht's Alice?«

»Sie ist krank«, sage ich und mache mich darauf gefasst, weggeschickt zu werden. Ich könnte ihr das nicht einmal verübeln – sie muss an ihre drei eigenen Kinder denken.

Aber sie saugt Luft durch die Zähne und sagt: »Das ist schlimm, Isabel. Sag deinem Vater, es tut mir leid.« Dann nimmt sie das Mehl. »Komm mit«, sagt sie und nickt dem rotgesichtigen Philip zu, der sich keuchend den Schweiß von der Stirn wischt. Ich folge ihr ins Haus, wo sie einen Teller vom Tisch nimmt und mir drei Forellen gibt. Sie sind noch warm vom Räuchern.

»Für euch«, sagt sie.

Auf einmal würde ich am liebsten weinen. Ich komme zurecht, wenn Leute gemein zu mir sind, aber Freundlichkeit zermürbt mich. Ich blinzle sie an und nuschle irgendwas, sie klopft mir auf die Schulter. Dann brüllt sie ihre Tochter Maude an, weil der Kessel übergekocht ist.

Ich sehe Vater nicht, lasse Brot und Fisch aber auf der Türschwelle stehen und rufe:»Vater! Da ist Essen!«

Dann scheuche ich die andern nach hinten in den Hof. Wir setzen uns alle nebeneinander auf den Rand vom Wassertrog und essen unser Brot und die Fische. Als ich wieder nach vorne zum Hauseingang gehe, ist das Essen verschwunden.

Am zweiten Tag bin ich gerade beim Melken der Kuh, als Gilbert Reeve an unser Tor stolziert kommt. Der dicke Bauch hängt ihm aus dem Kittel. Er will wissen, wieso wir nicht schon längst beim Acker am Hügel sind, was denn gestern mit uns los war und ob mir nicht klar ist, dass sie unsern Ochsen für den Heuwagen brauchen? Ich erkläre ihm, dass Alice krank ist und Vater sich um sie kümmert, und er sagt, das sei alles gut und recht, aber wir seien schließlich gesund, oder? Und wie soll Robert Thatchers Gespann mit nur drei Ochsen den Wagen ziehen?

Ich merke, dass wir in diesem Streit nur den Kürzeren ziehen können, also holen Robin und ich die Kleinen, und wir verbringen den Tag auf dem Feld, Robin und ich als Garbenbinder und Ned und Mags als Ährenleser. Die Leute halten Abstand, sind aber höflich. Auch Richard ist da und nickt uns zu, doch Vater muss ihm gesagt haben, er soll nicht in unsere Nähe kommen, denn er spricht nicht mit mir. Auch ein paar Frauen weichen uns aus, was Maggie nicht begreift. Mir ist es egal. Wenn die nicht mit mir reden wollen, will ich auch nicht mit ihnen reden. Was für ein schäbiges Verhalten, nachdem Alice zu vielen im Dorf so gut gewesen ist! Sie hat Robin aufgenommen und mir erlaubt, Margaret zu besuchen, und Robert Smiths Töchter hat sie zum Essen eingeladen. Agnes mit der Hasenscharte schnieft bloß und dreht sich weg, als wir mit Gilbert aufs Feld kommen, aber die Witwe von Robert Smith, Beatrice, setzt sich beim Essen zu uns und fragt nach Alice, und dann gibt sie Maggie ein Stück Brot mit Rosinen und Honig.

»Alice ist ein guter Mensch«, sagt sie. »Sag deinem Vater, wenn ihr was braucht, sind wir da.«

Soll ich zu den Mönchen gehen und um Hilfe bitten? Soll ich Geoffrey Bescheid sagen?

Robin findet es furchtbar, hier auf dem Feld zu sein, das sehe ich. Sein Körper ist steif wie ein Brett und sein Kiefer verkrampft. In den letzten Wochen hat er immer mit einem Mann namens Hugh zusammengearbeitet – Robin bindet das Getreide, das Hugh schneidet. Aber heute arbeitet Hugh mit Alison Spinner und weicht unauffällig aus, als Robin Anstalten macht, zu ihm zu gehen. Das ist bloß eine Kleinigkeit, doch Robin läuft gleich rot an und bindet die Garben stattdessen für Beatrice.

Beim Essen berühre ich ihn am Arm.

»Robin ...«

»Wieso sind wir überhaupt hier?«, sagt er. »Die wollen uns doch nicht. Und ich will auch nicht hier sein. Wie würdest du dich fühlen, wenn Alison krank würde – oder Beatrice – oder eine von den Kleinen ...« Er macht eine Kopfbewegung zu Maggie und Ned und den andern Kindern, die sich gegenseitig durch die Stoppeln jagen. »Wenn sie sterben würden?« Seine Stimme ist so hoch wie die von Ned. »Und du wärst schuld? Wie würdest du dich fühlen?«

Wieder berühre ich seinen Arm. Ist Edward wegen Robin krank geworden? Hat Robin den Pesthauch in unser Haus gebracht? Ich dachte immer, der Pesthauch würde stinken, aber Robin riecht gut. Kann er trotzdem schuld sein?

27 DURCH RAUCH ATMEN

Am nächsten Tag, als ich unser Brot holen gehe, wirkt Emma Baker fahrig und abgelenkt, dauernd wischt sie sich die mehligen Finger an den Kleidern ab.

»Isabel«, sagt sie, »ach, Isabel, hast du schon gehört?«

Ihre Stimme klingt, als wäre König Edward gestorben oder die Schotten ins Land eingefallen oder etwas ähnlich Grauenhaftes passiert.

»Unser armes kleines Dorf«, sagt sie. »Wenn alles vorbei ist, wird nichts mehr von uns übrig sein.«

»Was ist los?«, frage ich. Neben mir zupft Maggie mit klebrigen Fingern an meinem Rock. Ich hätte sie lieber nicht mitgebracht, aber sie wollte nicht allein bleiben. Ich habe noch so viel zu tun heute Abend. Wenn ich hier fertig bin, muss ich zum Brunnen, die Kuh muss von der Weide geholt werden und das Schwein vom Schweinehirten, die Hühner wollen für den Abend versorgt werden, und der Garten braucht Wasser, außerdem habe ich noch nicht mal einen Gedanken aufs Abendessen verwendet.

»Ach, der arme Priester!«, sagt sie. »Der arme, arme Junge. Zwei Priester in nicht mal einem Monat!«

Nur dass Sir John nicht gestorben ist und Simon …

»Ist er tot?«, frage ich. Meine Stimme klingt höher als sonst. Ich merke, ich will nicht, dass er tot ist, dieser schlaksige blonde Junge, der mich so sehr an meinen Bruder Geoffrey erinnert. An Geoffrey, der – bitte, Gott, ich hoffe es so sehr – älter werden und eines Tages genau wie Simon ein Priester sein wird.

»Die Krankheit soll ihn erwischt haben«, sagt Emma Baker. »Ges-

tern Abend. Er hat Blut gehustet, sagt Agnes mit der Hasenscharte. Wird nicht lange dauern.«
»Pflegt ihn irgendwer?«, frage ich. »Ist er allein?«
Emma Baker schnieft.
»Wer geht schon in ein Seuchenhaus?« Da werde ich wütend – auf sie, auf die Dorfbewohner, die diesen Jungen alleine sterben lassen. Bis ich mich an das Baby erinnere, über das nie jemand gesprochen hat, und an die alten Eheleute aus Great Riding, von denen Amabel mir erzählt hat – die waren schon sechs Tage tot und halb von den Schweinen gefressen, bis irgendwer sie gefunden hat. Ich denke auch an meinen Bruder Geoffrey, von dem ich nicht mal weiß, ob er lebendig ist oder tot.

Den ganzen Abend über nagt die Wut an mir. Ich schimpfe mit Mags und schreie Ned an, bis er wegläuft und auf dem Anger mit den Tanner-Jungen spielt. Robin zieht die Augenbrauen hoch, und ich würde ihn am liebsten dafür schlagen. Alle sind heute missmutig, und das hasse ich. Ich hasse alles. Ich klatsche Vaters Essen mit zu viel Energie auf die Schwelle. Auch auf ihn und auf Alice bin ich wütend – weil sie krank sind, weil sie mich und Geoffrey verlassen haben, weil sie mich zwingen, Entscheidungen zu treffen, die ich nicht treffen will.
»Weißt du, dass der Priesterjunge krank ist?«, sage ich wütend zu Robin. »Und dass keiner ihm hilft? Keine Menschenseele? Nach allem, was er für dieses Dorf getan hat, liegt er jetzt in seiner eigenen Scheiße, und keiner bringt ihm auch nur einen Krug Dünnbier!«
»Isabel«, sagt Robin, und in seiner Stimme liegt Angst. »Du hast es deinem Vater versprochen. Denk nicht mal dran, in ein Pesthaus zu gehen! Wie würde es dir gehen, wenn du Mag und Ned mit der Seuche ansteckst?«
»Weiß ich doch!«, gebe ich gereizt zurück. »Will ich ja gar nicht! Ich hab nur gedacht ...«

»Lass es!«, sagt Robin scharf. »Denk nicht mal dran! Du darfst nicht sterben, Isabel. Das lasse ich nicht zu!«

»Robin …«, beginne ich. *Es ist nicht deine Schuld*, möchte ich ihm sagen. Aber wer weiß? Vielleicht eben doch.

Als wir ins Bett gehen, kann ich nicht schlafen. Ich denke unentwegt an Geoffrey. Der Geoffrey, an den ich denke, ist allein in der großen Abtei. Er ist krank, und alle Mönche sind gestorben, und keiner kommt ihm helfen. Er ruft nach mir und nach Mutter, aber niemand gibt Antwort. Auf dem Rücken liegend, starre ich in die Dunkelheit und rede mir ein, dass Geoffrey viele Mönche um sich hat, denn wenn alle tot wären, hätten wir das doch sicher gehört?

Aber jetzt wandern meine Gedanken, von dem Baby, das niemand aus diesem Haus geholt hat, zu Vater, der bei Alice bleibt, obwohl er auch hätte weglaufen können, und zu Alice, die Robin bei uns aufgenommen hat. Und ich denke daran, wie jung Simon ist, wie er bestimmt irgendwo eine Mutter und einen Vater und vielleicht auch eine Schwester wie mich hat, wie er zu Margaret gegangen ist, obwohl er wusste, dass sie die Seuche hat, dabei kannte er sie nicht einmal.

Schließlich stehe ich auf, langsam und vorsichtig, damit Robin nicht wach wird. Ich streife Kleid und Schuhe über und knie mich neben die noch schwach glimmende Glut, um die Laterne anzuzünden. Maggie regt sich, als ich in die Asche puste, und ruft etwas, aber ich kann sie beruhigen.

»Ich muss bloß pinkeln, Mags. Schlaf weiter.« Sie brummelt irgendwas und dreht sich wieder auf die Seite, kuschelt sich an Ned und ist schon fast wieder eingeschlafen.

Der Mond ist groß und rund und der Himmel klar. Eine silbrig leuchtende Vollmondnacht mit schimmernden Sternen.

Ich hätte gar keine Laterne gebraucht. Das Dorf liegt völlig still da. Im Fenster der Gerberhütte am Mühlteich steht ein Licht, und ich frage mich, was dort drinnen vor sich gehen mag. Wahrscheinlich stirbt jemand.

In Simons kleinem Haus ist es dunkel, und mein einzelnes flackerndes Licht kann die Schatten nicht vertreiben, die sich um die Wände drängen. Die Fensterläden sind zu und das Feuer schon lange erloschen. Und da ist wieder dieser Geruch, der Pesthauch, der unser Haus erfüllt hat, als Edward krank war – ein fauliger, ekliger Geruch nach verrotteten Äpfeln und Blut.

»Simon?«, sage ich, als ich die Tür aufdrücke, und etwas rührt sich hinten im Haus.

Sir Johns Kiste liegt offen auf dem Tisch, aber das Öl und die Kerzen und das kleine Kruzifix aus Rosenholz fehlen. Jemand muss hereingekommen sein und die Sachen gestohlen haben, während Simon dort hinten lag. Jemand fand es wichtiger, Öl für eine Beerdigung zu haben, als die Zehn Gebote einzuhalten.

»Simon?«, wiederhole ich. Meine Stimme zittert fast nicht. »Ich bin's. Isabel. Isabel vom Dorfanger.«

Simon liegt quer auf seinem Bett. Der Gestank ist hier schlimmer – sogar durch die Kapuze, die ich mir gegen die Nase presse, rieche ich ihn. Das Bettzeug ist schmutzig, voll mit Blut und Erbrochenem und vielleicht mit noch Schlimmerem. Simons schmales Gesicht wirkt im Kerzenschein gelblich weiß, und sein Haar ist verfilzt vor lauter Schweiß. Eingetrocknetes Blut, grässlich schwarz, klebt ihm an Kinn und Hals. Meine Hand zittert so sehr, dass die Kerze flackert. Ich denke an Geoffrey, meinen Bruder Geoffrey, wie er das Kinn vorreckte und mir nicht in die Augen schauen konnte, als er sagte: »Ich will bleiben.« Ich denke an all die Fremden in der Krankenstube der Abtei und an Geoffrey, der das Blut und die Pisse wegwischt und die Leichen hinaus zur Pestgrube trägt. Verglichen mit dem, was Geoffrey tut, denke ich, ist das hier nichts. Wenn ich ein Mönch wäre, müsste ich viel Schlimmeres tun.

Simon macht die Augen auf. Sie sind dunkel, dunkler als die von Geoffrey, und bewegen sich rastlos in den Augenhöhlen, bis Simons Blick mich erfasst. Als er mich sieht, zuckt sein Mund, und er fährt sich mit der Zunge über die aufgesprungenen Lippen.

»Trinken.«

Sir Johns Bierfass steht beim Tisch in der Ecke. Ich weiß nicht, ob das Dünnbier noch frisch ist, aber das ist jetzt wahrscheinlich egal. Ich fülle einen Kelch und bringe Simon so weit zum Sitzen, dass er trinken kann. Er ist nicht viel schwerer als Ned und so dünn, dass ich spüre, wie sich seine Schulterknochen in meinen Arm bohren. Sein Adamsapfel bewegt sich krampfhaft, als er schluckt.

Ich flöße ihm etwa einen halben Kelch Dünnbier ein; dann fängt er an zu husten. Ich ziehe den Arm weg, aber nicht schnell genug. Blut spritzt mir auf den Ärmel und ins Dünnbier. Er bebt am ganzen Leib, und ich halte ihn, so gut ich kann, voller Panik, ich könnte ihn fallen lassen. Wie viele Jahre muss man in der Hölle schmoren, wenn man einen Priester fallen lässt? Das Husten selbst ist fast noch beängstigender als das Blut, denn das war nicht sehr viel. Irgendwann hört es auf. Die Augen fallen ihm zu, und ich lasse ihn zurück aufs Bett sinken.

Ich fülle am Wasserfass einen Eimer und gehe damit zurück zum Bett. Mit einem Tuch säubere ich Simons Gesicht und seine Hände und reibe so lange an dem angetrockneten Blut und dem Erbrochenen, bis es abgeht. Ich sollte auch das Bettzeug wechseln, aber in mir sträubt sich alles gegen diese Vorstellung. Simon liegt wieder auf dem Kissen und sieht mich an, ohne sich zu rühren. Ist er noch irgendwo da drinnen? Weiß er, wer ich bin?

»Simon«, sage ich, und meine Stimme schwankt ein bisschen. »Du musst deine Beichte vor Gott ablegen.« Simon betrachtet mich, sagt aber nichts. Sir John hat mir nur ein einziges Mal die Beichte abgenommen, an Ostern, und ich habe vergessen, was er gesagt hat. »Gibt es etwas, das du beichten möchtest?«

Das Kerzenlicht glänzt in Simons Augen. Er schiebt seine Hand übers Betttuch, und ich nehme sie. Unter den Fingernägeln, dort, wo ich mit dem Tuch nicht hingekommen bin, klebt Blut und Schmutz.

Ich schlinge meine Hand um seine langen weißen Finger und drücke sie. Sie sind sehr kalt. Die Haut ist trocken und fühlt sich an wie Pergament.

»Ich habe Angst«, sagt er.

»Wovor?«

Ich warte, aber sein Blick wird unstet, wandert über das Bettzeug, die rauen Wände. Ich schlucke.

»Ich vergebe dir«, sage ich. »Gott vergibt dir.«

Ich tauche meine Finger in den Kelch mit Dünnbier und male ein Kreuz auf seine Stirn. Seine Augen schließen sich.

Ich lege seine Hand zurück auf die Decke und sitze still am Bettrand. Ich will ihn nicht alleine lassen. Ich fülle den Kelch noch einmal mit Dünnbier und stelle ihn neben sein Bett. Ich mache ein Feuer in der kalten Herdstelle. Ich bin froh um die Kerzenflamme, denn ich zittere zu sehr, um mit Zunder zu hantieren. Die Kerze kann ich nicht brennen lassen, aber wenn ich das Stroh weit genug vom Feuer wegschiebe, ist es wahrscheinlich in Ordnung. Ich streue den Hühnern Futter hin, die am Morgen sicher Hunger haben werden, dann gehe ich wieder zu Simon und schaue ihn an.

Sein Kopf rollt kraftlos auf dem Kissen herum. Der Atem geht schwach und rasselt in seiner Kehle, als ob er durch Rauch atmen würde. Über seinem Körper ist der Geruch am schlimmsten. Er wird bald sterben.

»In nomine Patris et Filii et Spiritus Sancti«, murmle ich über seinem Kopf, so wie Geoffrey es mir beigebracht hat. Ich halte seine Hand und bete still in meinem Innern – für Alice und Vater und Edward und Geoffrey, für das Baby in dem leeren Haus und die Eheleute aus Great Riding, die von Schweinen gefressen wurden, für die

Nonne in Frankreich, die sich ertränkt hat, und für alle guten Männer und Frauen, die gestorben sind, ohne dass jemand bei ihnen war. Dann sitze ich am Bett und schaue ihm beim Atmen zu. Ein und aus, ein und aus. Bis er stirbt.

28 IM HAUS

Ich wache spät auf. Normalerweise bin ich die Erste, die aufsteht, aber heute strömt schon Licht durch die Ritzen um die Tür, und die Kuh auf der andern Scheunenseite schnaubt ungeduldig, sie will gemolken werden.

Auch Magsy und Ned sind schon auf und spielen im Hof Campball.

Ich höre ihre Rufe.

»Zu mir! Zu mir!«

Ich ziehe mich an und gehe nach draußen. Heute wird etwas passieren. Es muss.

Robin sitzt auf dem Rand des Wassertrogs und isst ein Stück Käse. Als er die Hand ausstreckt, gehe ich hin und setze mich neben ihn.

»Das Essen steht noch da«, sagt er. »Von gestern Abend.«

Jeden Abend stelle ich Dünnbier und Essen vor die Haustür. Jeden Morgen ist das Essen weg, und der leere Krug steht da.

Heute ist alles unbenutzt.

Im Haus rührt sich nichts. Es dringt auch kein Rauch durchs Strohdach. Die Läden sind geschlossen.

Ich bin furchtbar müde. Ich lasse den Kopf auf Robins Schulter sinken, und er schlingt die Arme um mich. Maggie und Ned werfen den Ball beim Spielen immer wieder gegen die Hauswand, aber mein Kopf ist zu wirr, um etwas zu tun. Ich schaffe es nicht, ihnen zu sagen, dass sie vom Haus wegbleiben sollen. Ich sollte hineingehen. Das weiß ich genau. Aber ich habe Angst. Nicht vor dem Sterben. Ich habe Angst, wie sie aussehen könnten. Ich habe Angst vor dem

Blut und dem Eiter und dem Gestank, und ich habe Angst, weil diese Dinge nichts zu suchen haben in unserm schönen kleinen Haus, in meinem warmen, aufgeräumten Zuhause.

»Was wirst du tun?«, fragt Robin.

Ich beiße mir auf die Lippe. Vater hat mir das Versprechen abgenommen, nicht ins Haus zu gehen, aber ich frage mich schon die ganze Zeit, ob das richtig von ihm war, ob er das wirklich von mir verlangen darf und ob ich damit leben kann, falls sie – wenn sie – alleine und ohne Sakramente sterben.

Robin sieht mich an, und als könnte er meine Gedanken lesen, sagt er: »Walt hat nie gesagt, dass du nicht zu den Mönchen gehen darfst.«

Das stimmt nicht. Seit die Pest über uns gekommen ist, hat Vater immer wieder gesagt, ich dürfe auf keinen Fall zur Abtei, ich dürfe Geoffrey nicht besuchen, und wenn ich unbedingt wollte, könnte ich zwar weglaufen und Nonne werden, aber ich müsse damit warten, bis die Seuche vorbei ist. Aber seit Alice krank ist, ging es bei all seinen Verboten immer nur um das Haus. Er würde nicht wollen, dass Alice ohne Priester stirbt, da bin ich sicher. Und falls – wenn – Alice stirbt, würde er auch nicht wollen, dass ihr Körper einfach im Haus liegen bleibt und verrottet, oder?

Ich nehme die andern nicht mit, weil ich weiß, wie gefährlich es in der Abtei ist. Ganz alleine gehe ich durchs Dorf, mit nichts als einer Handvoll Lavendel aus dem Garten, die ich mir vor die Nase halte. Es ist ein feuchter, bedeckter Tag, leichter Dunst wabert um die Bäume. Im Dorf ist es gespenstisch still. Ein paar Hühner scharren auf der Straße, und ein Schwein schnüffelt am Zaun von Richards Garten, das ist schon alles. Es wirkt, als wären alle weggegangen oder gestorben und wir wären die einzigen Lebenden hier, auch wenn ich weiß, dass das nicht sein kann.

Jedenfalls muss es noch Mönche geben. Oder?

Bei der Abtei wird der Pestgestank stärker. Ich hole durch den Lavendel tief Luft und hämmere so lange mit der Faust gegen das Tor, bis ich schon glaube, dass keiner mehr kommen wird und alle tot sind. Dann wird das Tor doch noch geöffnet, von einem Bruder, den ich noch nie gesehen habe. Seine Haare sind zerzaust und seine Augen erschöpft.

»Und?«, fragt er. »Was gibt's?« Er spricht echtes Englisch. Er hat es jeden Tag seines Lebens gesprochen und nicht wie die meisten Mönche aus Büchern gelernt, das hört man gleich.

»Bitte«, sage ich. »Meine Eltern ...«

Der Mönch seufzt. »Die eine Hälfte der Klosterbrüder ist krank«, sagt er, »und die andere Hälfte tot. Und jetzt erwartet jeder daher-gelaufene Lump aus dem Dorf ein Wunder. Na gut. Warte hier. Ich hole meine Sachen.« Er fährt sich mit der Hand durch die Haare.

»Tut Ihr denn Wunder?«, frage ich. Die Wörter rieseln aus mir heraus wie Körner aus einem Sack. »Wir haben eine Figur vom hei-ligen Beda und Rosmarin ...«

»Rosmarin und der heilige Beda!« Das Lachen des Mönchs klingt wie ein Bellen. Dann sieht er meinen Gesichtsausdruck und fängt sich. »Tut mir leid«, sagt er. »Ich habe letzte Nacht nicht geschlafen, und heute Nacht schlaf ich sicher auch nicht. Es gibt keine Rettung. Das weißt du doch, oder? Wenn man die Seuche einmal hat ...«

Er seufzt. »Komm«, sagt er. »Ich spende ihnen die Letzte Ölung. Das immerhin kann ich tun.«

Auf dem Ritt zurück reden wir kaum. Der Mönch hat ein dürres braunes Pferd, das genauso schäbig wirkt wie er. Es hat so etwas wie Schimmel um die Augen, und auf dem Rücken und am Kopf sind lauter farblose Stellen, die es bekümmert und irgendwie unfertig aussehen lassen. Der Mönch muss sich beim Reiten sehr konzentrie-ren, anscheinend fehlt ihm die Übung. Vielleicht ist er wie Geoffrey der Sohn eines Leibeigenen.

Ich bin froh, dass er nicht viel sagt. Mir ist nicht nach Reden.

Als wir zum Hof kommen, melkt Robin gerade die Kuh. Er nickt mir zu, kommt aber nicht herüber. Die Kleinen sind nirgends zu sehen.

»Hallo da drinnen! Aufmachen! Macht auf!«

Stürmisch donnert der Mönch mit der Faust gegen die Haustür. Ich bleibe ein paar Schritte hinter ihm. Er ist ganz anders als die Mönche, die ich bis jetzt kennengelernt habe. Sein mageres Gesicht ist unrasiert, die Augen sind rot vor Schlaflosigkeit. Die kahle Stelle auf seinem Kopf wirkt schorfig und rau.

»Ich weiß nicht, ob …«, sage ich. Der Mönch sieht mich an.

»Ob was?«, fragt er.

»Wir haben in der Scheune geschlafen«, flüstere ich. »Ich habe ihnen Essen hingestellt, aber …«

Er mustert mich scharf.

»Herr im Himmel«, sagt er. »Wie viele seid ihr?«

»Drei«, antworte ich. »Vier mit Robin. Sechs mit meinen Brüdern, die nicht zu Hause sind. Eigentlich waren wir sieben, aber …«

Der Mönch fährt sich mit den Fingern durch die Haare, sodass sie hochstehen. Dann sagt er sanft: »Möchtest du mit mir hineingehen?«

Blind schüttle ich den Kopf, und zum ersten Mal an diesem Tag kommen mir die Tränen. Ich muss immer weinen, wenn jemand freundlich zu mir ist.

»Gut«, sagt er und geht ins Haus.

Ich warte draußen. Er ist lange weg, stundenlang, kommt mir vor. Ich höre ein Scharren auf dem Boden, als würde er das Bett hin und her schieben. Vielleicht ist doch alles in Ordnung.

Dann tritt er wieder aus der Tür.

»Hab keine Angst«, sagt er. »Komm und schau.«

Von draußen kommend, ist es dunkel und stickig im Haus. Es riecht nach getrocknetem Lavendel und Rosmarin und Wacholder, nach Stroh und Rauch und Schwein und Kuh, aber da ist auch der süßliche, verrottete Geruch des Todes. Das Feuer ist erloschen, auch die Kerzen sind aus.

In der Kammer mit dem Bett von Vater und Alice ist der Geruch schlimmer. Der Mönch hat die beiden nebeneinander auf den Rücken gelegt, aber der Schmutz lässt sich nicht verbergen – auf den Decken ist Blut, Eiter und Schlimmeres. Ihre Haut ist mit Flecken übersät, dunkel blühen sie unter der Haut, Flecken und Blut.

Sie sind beide ganz tot.

Ich scheine zu fallen. Ich fühle mich wie oben auf der Bergkuppe bei Great Riding. Gleich werde ich in den Abgrund stürzen, ich kann nichts dagegen tun. In meinem Herz ist es dumpf. Ich kann nur an Ned und Maggie und Robin denken und dass ich mich jetzt um sie kümmern muss. Wie soll ich das schaffen, ganz alleine?

»Die Beichte«, flüstere ich. »Ich habe ihnen die Beichte nicht abgenommen. Sie sind ohne die Sakramente gestorben.«

»Schau her«, sagt der Mönch und macht ein Kreuzzeichen über dem Bett.

»Aber keiner hat ihre Beichte angehört. Kommen sie da nicht in die Hölle?«

»Vielleicht haben sie es gegenseitig getan«, sagt der Mönch. Er legt mir den Arm um die Schultern und führt mich sanft vom Bett weg. »Bestimmt. So muss es gewesen sein, da bin ich sicher. Sie wussten doch, was der Bischof gesagt hat, oder?«

Draußen ist das Licht so grell, dass ich blinzeln muss. Robin bringt die Kuh auf die Weide, Mag und Ned sind noch immer nirgends zu sehen. Ich bin benommen, als ob ich nicht richtig aufgewacht wäre. Ich weiß nicht, was jetzt zu tun ist. Soll ich es den andern sagen? Geoffrey suchen? Weglaufen? Ich muss sie begraben, das weiß ich, aber der Gedanke ist zu entsetzlich. Ich will mich in der Scheune verkriechen und nie mehr rauskommen.

»Deine Brüder.« Der Mönch spricht mit mir. »Kleines Mädchen, hör mir zu. Wo sind deine Brüder?«

»Geoffrey ist in der Abtei«, sage ich, »Richard in seinem Haus, nicht weit weg. Seine Frau bekommt bald ein Kind. Kennt Ihr Geoffrey? Ist alles gut mit ihm? Können wir zurückgehen und es ihm sagen?«

Das Bild von der Abtei kommt mir in den Sinn, die Krankenstube, wo Geoffrey gearbeitet hat, dieser kühle, behagliche Ort, der nach Staub und Sonnenlicht duftet, nach grünem Laub und Apfelblüten, nach Büchern und alten Steinmauern. Vielleicht können wir dorthin, vielleicht können sich die Mönche um uns kümmern. Sie würden bestimmt nicht verlangen, dass Mag und Ned in der Krankenstube arbeiten, denke ich mir. Vielleicht gibt es einen sicheren Ort, an dem sie uns verstecken können. Aber schon während der Gedanke in mir hochsteigt, weiß ich, dass ich träume. Es gibt keinen sicheren Ort mehr.

»Geoffrey«, sagt der Mönch, als wollte er ausprobieren, wie der Name klingt. Dann fährt er fort: »Nein, geh nicht zu ihm. Bring deine Familie jetzt besser nicht in die Abtei. Geh zu Richard mit den andern – er wird sich um euch kümmern.«

»Aber das geht nicht!«, rufe ich. »Vater hat gesagt, das sollen wir nicht. Wieso kann ich nicht zu Geoffrey? Was ist mit ihm?«

»Kleines Mädchen«, sagt der Mönch in ruhigem Ton, aber sehr entschieden. »Hör zu, was ich dir sage. Die Abtei kann dir im Augenblick nicht helfen. Du musst zu deinem Bruder gehen.«

Heißt das, Geoffrey ist tot, und er will es mir nicht sagen? Ich beiße mir fest auf die Lippe und wünsche mir, es würde bluten, aber ich frage nicht weiter.

»Gut«, sagt der Mönch. »Du bist ein tapferes Mädchen. Komm.« Er führt mich weg vom Haus Richtung Tor. Dort hievt er sich auf sein Pferd, reibt sich die blutunterlaufenen Augen und gähnt ein gewaltiges Gähnen. Dann beugt er sich vor und berührt mich an der

Stirn. »In nomine Patris et Filii et Spiritus Sancti«, murmelt er, so wie ich es bei Simon gemacht habe. Dann stehe ich am Tor vor unserm Haus und sehe zu, wie er davonreitet. Der Rest meines Lebens liegt vor mir wie eine verlassene Landschaft.

Richard.

Richard wird uns helfen. Ich habe Vater versprochen, nicht zu ihm zu gehen, aber ich kann das nicht alleine. Wie sollen Robin und ich die Gräber ausheben? Oder die Ernte einbringen? Wie soll ich Mags und Ned ernähren? Wie soll ich jemals wieder das Haus betreten – ein Haus, in dem es statt Wärme und Geborgenheit nur noch Gestank und Blut gibt und zwei tote Menschen, die schon anfangen zu verwesen?

Als ich an die Tür klopfe, macht Joan auf. Ihr Bauch ist so dick und rund, dass meine Hoffnung sinkt. Ich hatte vergessen, wie weit sie mit ihrer Schwangerschaft ist. Zugleich tut es so gut, einen Erwachsenen zu sehen, der mit mir verwandt ist und an den ich das Problem mit Ned und Mag und den toten Körpern abgeben kann. Vor Erleichterung packe ich sie gleich am Ärmel.

»Joan! Ach, Joan. Wie gut, dich zu sehen.«

»Isabel! Leise, Isabel.« Joan tritt ungeschickt von der Schwelle und macht die Tür hinter sich zu. »Du weckst Richard.«

Richard wecken? Wieso in aller Welt schläft Richard?

»Kann ich mit ihm reden?« Wieder kommen mir beinahe die Tränen.

Joan zögert. Mit ihr stimmt etwas nicht, ihr Gesicht ist angespannt vor Müdigkeit, und sie weicht meinem Blick aus. Wer von ihren Leuten ist gestorben – ihr Vater? Ihre Schwester? Ich will die Trauer in ihren Augen nicht sehen, egal welche es ist, und gucke weg, zur Kirche, zu den verblichenen Tüchern bei den Schießständen und den drei Bienenkörben, die rund, zufrieden und ahnungslos in einer Reihe nebeneinander in Sir Johns Gemüsegarten stehen.

»Isabel …«, sagt sie, und in ihrer Stimme ist etwas, was mich zwingt, sie wieder anzusehen. »Es ist …«

»Was? Was ist denn? Joan, ich muss mit Richard reden.«

»Es muss die Pest sein«, sagt Joan, und ihre Gesichtszüge sacken in sich zusammen. Sie weint, die erwachsene Frau, von der ich eine Lösung für meine Probleme erhofft habe, steht an der Tür und weint.

Ich hasse Joan. Ich hasse sie und ihre albernen Tränen.

Ich weiche zurück. Joans Schultern beben, aber ich kann ihr nicht helfen. Ich könnte ihr nur noch mehr Leid bereiten. Aber die Vorstellung, ihr mein Unglück aufzuhalsen, es auf die Schultern eines andern Menschen zu laden, ist mir auf einmal unerträglich. Ich bin feige, das weiß ich, und dumm, aber ich kann nicht anders. Sie wird es sowieso bald hören. Während Joan die Tür hinter mir schließt, stolpere ich den Pfad entlang zurück, zurück zu meinen beiden Toten und dem, was von meiner Familie übrig ist.

Vor einer Woche hatte ich vier Brüder, zwei Eltern, eine Schwester und Robin.

Jetzt habe ich einen Bruder, eine Schwester und einen Ehemann.

Und es ist noch nicht vorbei.

29 DER JÜNGSTE TAG

Die Zukunft dehnt sich vor mir, nackt und voller Schrecken. Zuerst muss ich mit den andern reden. Dann muss ich mich um die beiden Kadaver kümmern. Dann muss ich wohl irgendwann das Haus reinigen und in einen Ort verwandeln, an dem wir leben können. Aber das ist zu grausig, in mir sträubt sich alles dagegen. Vielleicht können wir einfach für immer in der Scheune bleiben, wo es sauber und still ist.

Erst wenn wir diese Dinge hinter uns gebracht haben, mache ich mir Sorgen über das, was danach passieren soll.

Als ich heimkomme, füttert Robin die Hühner – so spät am Tag! Er sieht mein Gesicht, kommt und umarmt mich. Ich muss ihm nichts sagen. Ich lasse den Kopf auf seine Schulter sinken und atme seinen warmen Geruch nach Erde und Leder ein.

»Richard kann uns nicht helfen?«, fragt er schließlich, und ich fahre mir übers Gesicht.

»Er ist krank. Und Joan bekommt bald ihr Kind. Wir haben nur noch uns.«

Ich setze Maggie und Ned auf den Wassertrog und sage ihnen, was passiert ist. Sie sind still und sehen genauso verstört aus, wie ich mich fühle. Das mit Edward hat Maggie anscheinend verstanden, aber Vater *und* Alice, das ist mehr, als sie fassen kann.

»Aber wo sind sie?«, fragt sie mich. »Wo ist Alice?«

»Alice ist im Himmel«, sage ich. »Aber ihr Körper ist noch im Haus. Willst du ihn sehen?« Sie schüttelt den Kopf. Sie weiß, wie etwas Totes aussieht, sie hat Edwards kalte kleine Leiche gesehen. Sie braucht nicht noch eine.

»Was passiert mit uns?«, will Ned wissen. »Wer sorgt für uns, wenn Richard nicht kann?«

»Weiß nicht«, sage ich müde. »Robin und ich, denk ich mal.«

»Das könnt ihr nicht!«, sagt Ned. »Ihr seid nicht alt genug!«

»Na gut«, sage ich, »dann such dir eben selbst was zu essen.« Da fletscht er die Zähne. Ich bin erst seit einer Stunde seine Mutter und habe schon versagt.

»Isabel«, sagt Robin ruhig. »Wie wollen wir sie beerdigen?«

Wenn ich das wüsste! Ich denke an die Leute, die ich in einem früheren Leben um Hilfe gebeten hätte – die Mutter von Alice, die vor drei Jahren an Sumpffieber gestorben ist, Robins Mutter, Emma Baker, Edward Miller, den Dorfpfarrer. Nur Emma Baker ist noch am Leben. Kann ich sie bitten, ein Grab für zwei erwachsene Menschen zu schaufeln? Aber einen Küster gibt es nicht mehr, und die Totengräber verabscheue ich. Den Gedanken, ihnen eins unserer Tiere als Lohn geben zu müssen, finde ich unerträglich. Aber haben wir eine Wahl?

Mit leerem Blick wiege ich den Kopf hin und her wie ein verletztes Tier. Ich weiß nicht, wie wir sie beerdigen sollen. Ich weiß nicht, wie ich mich um Mag und Ned kümmern soll. Ich weiß nicht, was wir tun sollen.

Wieder nimmt mich Robin in den Arm. Ich lege den Kopf auf seine Schulter. Es gibt so viel, was getan werden muss. Ich bringe nichts davon fertig.

»Komm«, sagt Robin. »Lass uns zum Friedhof gehen und schauen, wer da ist.«

Auf dem Friedhof ist es still. In den letzten Wochen gab es so viele Tote, dass hier niemand mehr beerdigt werden kann. Stattdessen wurde auf Sir Johns Weide hinter der Kirche eine Grube ausgehoben, neben der sich die Erde türmt. Sie ist bucklig und nicht besonders tief und stinkt nach Ätzkalk. Ungeweihte Erde.

Küster Adam war unter den ersten Toten im Dorf. Jetzt graben der schmutzige Nick, der nicht ganz richtig im Kopf ist, und die fremden Totengräber die Pestgrube auf und werfen die Leichen hinein. Dann schlachten sie das Tier, das sie als Lohn bekommen haben, und machen ein Festgelage. Wenn keiner mehr da ist, der sie bezahlen kann, gehen sie in die Häuser der Toten und nehmen sich, was sie haben wollen.

Das ertrage ich nicht.

Ich gehe in die Kirche und rufe: »Hallo? Hallo?«, aber niemand antwortet.

Auch in den Katen um die Kirche regt sich nichts. Eine Ziege knabbert im Garten des Küsters an den Karotten. Keiner scheucht sie weg. Die Haustür von Nicholas Harolds Sohn steht offen. Drinnen ist es dunkel. Draußen wühlt sein Schwein im Gemüsegarten, ohne dass jemand eingreift. Ich will nicht wissen, was im Haus sein mag.

»Wo sind bloß alle?«, flüstert Robin.

Es gibt noch Menschen im Dorf, die am Leben sind. Bestimmt gibt es die. Vom Ofen steigt Rauch auf und auch von ein, zwei Häusern um die Schmiede herum. Auf dem Anger wandert ein Bettler, mit wirren, wahnsinnigen Bewegungen, die zu erkennen geben, dass er die Krankheit hat. Ich weiß, die meisten Leute sind bei der Ernte. Trotzdem hat Robin recht. Sogar für die Erntezeit ist das Dorf zu leer und zu ruhig. Vielleicht weil die Schmiede seit dem Tod von Robert Smith stillsteht? Vielleicht weil so viele Tiere gestorben sind? Vielleicht, vielleicht.

Ich frage mich, ob sich Noah wohl genauso gefühlt hat – ob er auf einem Berg gestanden und auf die überflutete Welt hinabgeschaut hat, ohne zu wissen, wie er einen neuen Anfang für das Leben finden soll.

»Da drüben ... da ist jemand«, sagt Robin und deutet hin.

Bei der Friedhofsmauer bewegt sich im Dunstschleier ein niedriger Schatten, nicht größer als ein Kind. Ich halte die Luft an. Der

Schatten sieht wie ein Teufel aus, ein schwarzer Teufel, der die Leichen ausbuddelt und in die Hölle hinabzieht. Robin geht auf den Schatten zu, und egal was es mit diesem Ding auf sich haben mag, vor dem Alleinbleiben habe ich noch mehr Angst.

»Hallo«, ruft Robin. »Hallo?« Und dann: »Gott, Isabel!«

Er dreht sich weg, wie Maggie, wenn sie Angst hat, zieht den Kopf ein, wie um sich vor einem Schlag zu schützen. Ich wundere mich und trete näher, da dreht sich der Wind und bläst auf einmal in unsere Richtung. Der Pestgestank in meinen Lungen ist so stark, dass es mich würgt.

»Was ist da – Robin?«

Ein Schwein. Eins von John Adamsons rothaarigen Schweinen wühlt mit der Schnauze in der Erde. Zuerst verstehe ich nicht, warum Robin so entsetzt ist. Dann sehe ich, dass die Schweineschnauze voll Blut ist, und erkenne, an was sie nagt, und es dreht mir den Magen um. Ich wende mich ab und übergebe mich.

»Isabel«, sagt Robin, und ich höre die Tränen in seiner Stimme. »Gott, Isabel.«

Er klingt ganz kindlich und ängstlich und klein, und auf einmal packt mich die Wut. *Meine* Mutter und *mein* Vater sind *tot. Ich* bin es, deren Welt in den Abgrund gestürzt ist. Wieso muss *ich* mich um *ihn* kümmern?

»Weg mit dir!«, schreie ich John Adamsons Schwein an, stampfe mit den Füßen und wedle mit den Armen. »Weg! Hau ab, du widerliches Vieh!« Als ich auf das Tier zurenne, walzt es ein paar Schritte weiter, bleibt aber gleich wieder stehen und mustert mich mit seinen Schweinsäuglein. Auf der andern Seite vom Grab ist noch ein Schwein – die fette Sau von Sarah Stranger. Sie glotzt mich nur kurz an, dann macht sie weiter mit ihrem Abendessen.

Das muss die Pestgrube sein. Die Erdschicht darüber ist so dünn, dass man dort, wo die Schweine gegraben haben, schattige Umrisse aus der Erde ragen sieht – einen fleckigen Arm hier, einen aufgequollenen Bauch da. Mir hebt sich wieder der Magen, und ich schlucke, um es unten zu halten. Meine Augen bewegen sich wie von selbst, studieren Kleiderfetzen und Haare, wollen erfassen, *was* und *wer* diese Leute sind, und ich wende mich entsetzt ab. Meine Hände finden Robin, und ich kralle mich in seinen Kittel. Er schlingt die Arme um mich, und ich vergrabe mein Gesicht an seiner Brust, während mir wieder die Tränen kommen. Was soll ich bloß machen? Wie sollte ich Alice und Vater *hier* begraben?

»Da ist der schmutzige Nick«, sagt Robin, und in mir steigt Panik auf.

»Den frage ich garantiert nicht!« Aber welche Wahl haben wir? Ein kleiner – nein, ein großer – Teil von mir will die Leichen einfach auf den Ochsenkarren legen und beim Friedhof stehen lassen, in der Hoffnung, dass schon irgendwer kommen und sie für uns begraben wird. Aber wenn das keiner tut?

Robin schaut über meine Schulter auf den Friedhof.

»Da ist jemand«, sagt er.

Er hat recht. Da ist jemand, obwohl gerade eben noch niemand dort war. Ein Mann, größer als alle Männer, die ich kenne, steht im Abenddunst an einem der Gräber. Er sieht wie ein Engel aus, der gleich die Posaune des Jüngsten Gerichts bläst und die Toten zur Auferstehung ruft. Oder er ist selbst ein Toter, auferstanden von seinem Grab. Der Tag des Jüngsten Gerichts ist da. Ich bin von aller Last befreit und kann meine Zukunft in Gottes Hände legen. Ich sollte mich fürchten, das weiß ich, aber in Wahrheit bin ich erleichtert. So wie am Ende einer beschwerlichen Arbeit, wenn die Erwachsenen zurückkommen und den Kochkessel oder den Webstuhl oder den Pflug wieder übernehmen, und du weißt, dass nun alle Mühe von dir abfällt, dass das Essen oder der Stoff oder das Feld schlecht oder gut geraten sein mag, aber egal was passiert, es ist nicht mehr deine Sache.

Ich bin alle Sorgen los – das ist es, was ich denke. Und ich denke es mit einer solchen Klarheit, dass ich, als der Mann sich umdreht, frohen Mutes auf ihn zugehe, so wie ein Schwein am Michaelistag glücklich und unbeschwert auf die Frau zuläuft, die es den langen Sommer über versorgt hat, nichts ahnend, dass sie an diesem Tag nicht die Futterschüssel in Händen hält, sondern das Messer.

ZWEITES BUCH

YORK

Wem Gott Wissen und Beredsamkeit gegeben hat,
der darf das nicht verschweigen und verheimlichen,
sondern er muss sich bereitwillig hervortun.

Marie de France
Zwölftes Jahrhundert

30 THOMAS

Es ist dunkel und kalt. Den Tag über hat es immer wieder geregnet, und obwohl das letzte Mal schon Stunden her ist, stehen die Wolken immer noch schwer am Himmel. Die Straße – auf ihr sind vor langer Zeit die Flüchtlinge aus York entlanggezogen – versinkt im Schlamm. Meine Hose und der Saum meines Kleids sind schmutzig und nass. Als ich mir übers Gesicht fahre, rinnt mir Wasser von der Hand in den Ärmel. Jedes Mal, wenn ich den Fuß hebe, schabt der Schuh über die aufgeriebene Stelle an meiner Ferse. Meine Schritte machen ein schmatzendes Geräusch.

Die Straße führt durch Ackerland, auf beiden Seiten wachsen Bohnen und Hafer und Gerste, genau wie auf Vaters Feldern. Die Erntezeit ist noch nicht vorbei, also sollten hier überall Menschen bei der Arbeit sein, doch wir sehen immer wieder Felder, auf denen die gelbe Gerste verlassen ihre schweren Köpfe hängen lässt. Die Ernte verkommt, keiner bringt sie ein. Auf den Weiden brüllen ungemolkene Kühe mit geschwollenen Eutern. Todkranke Schafe liegen im Gras, niemand kümmert sich um sie. Auf einer Weide sind alle Kühe verendet, der Gestank ist unglaublich. Füchse und Raben überfressen sich am Aas, gierig und ohne jede Scheu, denn es stört sie keiner.

In der Türöffnung eines Hauses steht ein kleiner Junge, ungefähr in Maggies Alter. Er beobachtet, wie wir vorüberziehen. Sein Kittel ist schmutzig und das Gesicht rot vom Weinen. Ich frage mich, wo seine Eltern sein mögen, ob sie noch leben, ob sich überhaupt jemand um ihn kümmert. Aber irgendwen muss es doch geben, oder? Das muss es einfach.

Meine Füße tun weh. Meine Beine tun weh. Für Thomas ist das

alles kein Problem, er hat ein Pferd. Das schönste Pferd, das ich je gesehen habe, einen schwarzen Zelter mit einem weißen Stern über den Nüstern. Vor Thomas sitzt Mag. Sie schmiegt sich in seine Arme, nuckelt an ihrem Finger und einem Stück Decke und scheint zu schlafen. Ned stapft neben mir her, am Ende seiner Kräfte.

»Mir tun die Füße so weh! Wann sind wir endlich da?«

Ich möchte ihn schütteln, bin aber wie gelähmt vor Müdigkeit und sage bloß: »Sei still, Ned.«

Ich mache mir nicht etwa Sorgen, was Thomas denken könnte. Auch dass Ned uns alle stört mit seinem Gequengel, kümmert mich nicht groß. Es geht um mich: Nur eine Klage mehr aus Neds Mund, und ich kehre um und laufe zurück nach Hause.

Thomas auf seinem Pferd tut, als könnte er uns nicht hören. Wahrscheinlich hält er das für Höflichkeit.

Thomas.

Schon jetzt hasse ich ihn.

In den Satteltaschen seines Pferdes ist alles, was wir von zu Hause mitnehmen durften. Nicht viel. Das meiste ist nicht wertvoll, sondern nützlich. Wir haben den heiligen Beda, dazu die Würfel und die kleinen Holztiere, die Vater für Ned und Mag geschnitzt hat. Mag trägt die bunte Perlenkette um den Hals, die Alice gehört hat, sie hat auch die Zinnbrosche aus der Kathedrale in Duresme. Auch das Bett von Vater und Alice wollte sie mitnehmen, aber da hat Thomas gelacht und gesagt, das Pferd könne es nicht tragen.

»Aber das ist doch unser Bett«, hat Maggie gejammert. Ich wusste genau, wie sie sich fühlt. Ich wollte fragen, ob wir Alice' roten Salztopf und ihren Lieblingskrug mitnehmen können – er kommt von so weit her, aus Frankreich –, aber dann hätte mich Thomas vielleicht für dumm gehalten.

Thomas ist ein reicher Kaufmann aus York.

Wahrscheinlich hat er ganze Gemächer voller grüner Krüge aus Frankreich.

Ich sollte Thomas dankbar sein, das weiß ich. Er hat Stunden damit zugebracht, zusammen mit uns das enge Grab für Vater und Alice auszuheben. Er und Robin haben die beiden zu Hause auf den Wagen geschafft und beim Friedhof wieder heruntergehoben, ich musste die Leichen nicht mal anfassen. Ich bin ihm auch dankbar. Das bin ich wirklich. Jetzt, da Vater und Alice begraben sind, ist alles ein bisschen leichter, auch wenn Thomas meint, das Grab sei nicht tief genug, um über längere Zeit sicher zu sein.

»Wenn alles vorbei ist«, hat Thomas gesagt, »wird euer Pfarrer das Durcheinander ordnen müssen.«

»Unser Pfarrer ist tot«, habe ich erwidert.

Mit Vaters Spaten und einer Schaufel aus dem Haus von Simon, dem Priester, haben Robin und Thomas und ich das Grab ausgehoben. Es hat endlos gedauert. Als wir mit Maggie und Ned zum Friedhof gekommen sind, hat Thomas die beiden genau betrachtet, aber kein Wort gesagt. Robin hat Thomas die ganze Zeit angestarrt wie den auferstandenen Herrn Jesus Christus.

»Ihr kennt Euch gut aus mit Gräbern«, hat er gesagt. »Seid Ihr etwa ein Küster?« Das war eine lächerliche Frage, denn man sah auf den ersten Blick, dass Thomas mit seinem Biberfilzhut und dem edel gefütterten Umhang kein Küster sein konnte.

Thomas schüttelte den Kopf. »Nein, ich handle mit Wein. Ich habe zwei Schiffe, um die Ware aus Frankreich hierherzubringen – auch wenn die Docks im Augenblick natürlich geschlossen sind.« Kaum hatte er *Schiffe* und *Frankreich* gesagt, war es um Robin geschehen. Während des Grabens ließ er Thomas nicht aus den Augen. Als hätte er einen kleinen Glöckner im Kopf, der die ganze Zeit bimmelt und *Frankreich, Frankreich, Frankreich* ruft.

Aus Frankreich ist die Pest gekommen. Leute wie Thomas haben sie in ihren Frachtschiffen eingeschleppt.

Robin war das egal. Er wollte Thomas unbedingt in unsere Scheune führen und ihm das letzte Dünnbier anbieten, und dazu hat er ihm auch noch dicke Scheiben von unserm Käse und unserm Schinken heruntergeschnitten.

»Was essen wir, wenn das alle ist?«, habe ich ihm zugeflüstert. Entsetzt hat Robin mich angeschaut. »Isabel, er hat das Grab für uns ausgehoben, da müssen wir ihm doch was zu essen geben!«

Ich wusste, wie unmöglich ich mich aufführe. Wir hatten schließlich genug Gerste und Hafer, dazu die Milch von der Kuh und die Kräuter im Garten. Aber mir war da schon klar, was passieren würde. Thomas hat sich mit freundlichen Blicken in der Scheune umgesehen, die Strohmatratzen und die Herdstelle betrachtet und natürlich gemerkt, dass wir nicht ins Haus zurückwollten. Die Vorstellung, wie es jetzt wohl dort aussieht, ist mir immer noch unerträglich. Thomas würde liebenswürdig und fürsorglich sein und am Ende alles an sich reißen. Bei aller Dankbarkeit für seine Hilfe – unsere Probleme gehören doch uns und nicht ihm.

»Ihr schlaft also hier draußen?«, hat er wie nebenbei gefragt.

»Nur während der Krankheit von Vater und Alice«, habe ich erklärt, und Robin hat gemeint: »Bald gehen wir wieder ins Haus.« Aber das war bloß so ein Gedanke, der schon im nächsten Moment nicht mehr galt.

»Hier ist es ja auch gut«, sagte Thomas. Er war so höflich und … würdevoll, wie er da auf Maggies Heubett saß, dass sogar ich angefangen habe, ihn gegen meinen Willen ein wenig zu mögen.

Mags war immer noch furchtbar schüchtern, sie hat den Kopf zwischen meinen Röcken versteckt und den fremden Mann aus den Stofffalten heraus beäugt. Ned war genauso fasziniert wie Robin.

»Wohnst du in einem Herrenhaus?«

»Nicht ganz.« Thomas machte die Beine lang. Er trug Stiefel aus weichem Leder mit Schnallen, die immer noch glänzten, obwohl sie voll Dreck waren. »Ich besitze ein Haus und ein großes Kontor in York.«

»Hast du Kinder?«, wollte Ned wissen. Ich sah ihm an, was er dachte: Er fragte sich, wie diese Kinder wohl aussahen, ob sie auch Lederstiefel und Pferde hatten und in Schiffen nach Frankreich segelten. Aber da wurde die Miene von Thomas düster, auf einmal wirkte er so verschlossen wie die große Truhe in der Zehntscheune mit ihren sieben Schlössern und sieben Messingschlüsseln.

»Nicht mehr.«

»Sind sie alle ge–«, hat Ned angefangen, aber Robin hat ihm einen Tritt versetzt.

Thomas hat die Hände übereinandergelegt und uns betrachtet. »Könnt ihr irgendwo unterkommen?«, wollte er wissen. »Habt ihr Verwandte?«

»Na ja, meine Großmutter …«, hat Robin angefangen und gleich wieder aufgehört. Robins Großmutter ist blind und klein und knorrig wie ein alter Baum. Ihre Hände sind vom Rheuma verkrüppelt, und sie hat einen Buckel. Sie wohnt bei Margarets Schwägerin in einem winzigen Häuschen – der Bruder ist schon lange tot. Vielleicht könnte Robin dort unterkommen, aber für uns alle gäbe es nicht genug Platz und nicht genug Essen.

»Wir haben keinen. Isabel passt auf uns auf, stimmt's, Isabel?«, sagte Ned und sah mich an. Mir wurde ganz schlecht von seinem Blick. Ich zog den Kopf ein und tat, als müsste ich einen Knoten in Mags langen blonden Haaren entwirren.

»Ja, das stimmt«, sagte ich und gab mir alle Mühe, meine Stimme mutig klingen zu lassen.

Thomas blieb still. Ich spürte seinen Blick auf mir, und als ich aufschaute, sah ich direkt in sein langes, bleiches Gesicht. Er musste müde sein. Etwas an ihm erinnerte mich an den Mönch, der vor lauter Erschöpfung auf dem Rücken seines alten Ackergauls herumgeschwankt war. Und da musste ich an Simon denken, wie der mit vom Schlaf zerwühlten hellen Haaren die Messe abgehalten hat und dabei dauernd über das Latein gestolpert ist. Ich schaute weg. Dieser vornehme Fremde sollte sich nicht in meine Erinnerungen an Freundlichkeit und Mut einmischen. Dabei war es ja auch mutig von ihm, zwei Pestopfer zu begraben.

Thomas spielte mit den Fingern an seinem Schwertgriff. Ned fand das Schwert faszinierend, das konnte man deutlich sehen. Auf der aus Bronze und Silber gearbeiteten Scheide waren Blätter, zwischen denen kleine Tiere herauslugten. Ich schaffte es nicht, mich auf Thomas zu konzentrieren und ihm die Aufmerksamkeit zu geben, die er verdiente. Die immer gleichen Gedanken kreisten in mir wie ein Hase auf seinen gewohnten Pfaden. *Alice ist tot. Vater ist tot. Was soll ich machen? Alice ist tot. Vater ist tot. Was soll ich machen?*

»Bei mir gibt es genug Platz«, sagte Thomas. Ich verstand nicht recht, was er meinte. Wie viele Zimmer sein Haus hatte, war doch egal. »Mein Haus ist groß und sehr einsam, seit so viele gestorben sind.« Neben mir setzte sich Robin aufgeregt zurecht, aber das registrierte ich kaum. »Wenn ihr lieber hierbleiben möchtet, ist das natürlich in Ordnung«, sagte Thomas. »Die Entscheidung liegt bei euch, bei dir, Isabel, und bei Robin. Das Angebot gilt jedenfalls, wenn ihr wollt.«

31 YORK

In York bin ich noch nie gewesen. Ich war schon in ein paar Städten rings um unser Dorf, auf Märkten und Festen. Vater ist als Soldat bis hoch nach Schottland gekommen. Und Alice ist nach Duresme gereist, um die sterblichen Überreste des heiligen Beda zu besuchen. Aber keiner von uns ist je in York gewesen.

Zwei ganze Tage müssen wir marschieren, um hinzukommen, und das, obwohl Mag bei Thomas auf dem Pferd sitzt. Gegen Ende des ersten Vormittags fängt Ned an, über seine Füße und Beine zu jammern, und redet allerhand dummes Zeug. Während der Ernte arbeitet er den lieben langen Tag, da kann ihn das Laufen allein wohl kaum müde machen.

Ned will nicht gehen, genau wie ich.

Wir übernachten in einem Gasthaus. Es heißt *Zum Stern* und ist grauenhaft. Erst will uns der Wirt gar nicht aufnehmen, aus Angst vor der Pest. Thomas muss das Doppelte zahlen. Drinnen ist es finster und voll Rauch, außerdem riecht es schlecht – die meisten Bediensteten sind weggelaufen oder tot, daher hat niemand die Binsen auf dem Boden ausgetauscht oder die Latrine geleert. Die meisten Schlafplätze in dem lang gezogenen Raum sind leer, trotzdem sagt der Wirt, wir müssten uns die Betten teilen – Ned, Maggie und ich in einem, Thomas und Robin in einem andern.

Ich bin drauf und dran, Thomas zu sagen, dass Robin und ich verheiratet sind und ein eigenes Bett haben sollten, aber dann lasse ich es doch. Außerhalb unserer Scheune kommt mir die Hochzeit wie etwas vor, dass wir vor langer Zeit gespielt haben, als wir noch Kinder waren. Ich habe Angst, Thomas könnte uns auslachen, wenn ich es ihm erzähle. Dabei glaube ich das gar nicht wirklich, denn bis jetzt hat er uns immer mit Respekt behandelt.

Aber ich traue ihm nicht.

Am Abend des zweiten Tages erreichen wir das Stadttor. Die Straße liegt still da – als würde hier keiner mehr leben. Trotzdem steht ein Wachmann am Tor, doch als er Thomas sieht, nickt er nur und winkt ihn herein.

»Kostet das denn nichts?«, fragt Ned. Wenn wir nach Felton fahren, muss Vater immer zahlen – einmal, um in die Stadt zu kommen, und dann noch mal, damit wir auf dem Markt einen Stand aufbauen dürfen.

»Sei still«, zische ich. Ich bin erschöpft von den vielen Fragen, die Ned und Maggie unterwegs gestellt haben, eine nach der andern, immer hin und her, wie eine Säge in meinem Schädel. »Und sei nicht so dumm. Thomas ist sicher ein freier Stadtbürger.«

Ein freier Stadtbürger. Wenn er uns als seine Kinder annimmt, werden wir auch frei sein.

Das habe ich mir gewünscht, solange ich denken kann: Freiheit. Die Freiheit, mein Leben so zu leben, wie ich es will, ohne von Sir Edmund nach Lust und Laune herumgeschubst zu werden. Aber ich freue mich nicht. Und ich fühle mich auch nicht frei. Ich habe eher das Gefühl, als hätten wir einen Herrn durch den andern ersetzt, und während das, was Sir Edmund von uns wollte, immer leicht zu verstehen war, begreife ich immer noch nicht, was dieser neue Herr von uns will. Von mir will.

Ich mag Thomas nicht. Ich will nicht nach York. Ich bin nur mitgekommen, weil ich solche Angst vor unserm Haus hatte, vor dem blutigen Bett, in dem Vater und Alice gestorben sind, und vor dem Verwesungsgestank, den auch Alice' Rosmarin und Lavendel nicht überdecken können. Das allerdings ist ein ausgesprochen dummer Grund, um hierherzukommen. Denn York stinkt schlimmer als der Friedhof bei uns zu Hause, schlimmer als die Pestgrube auf der Weide von Sir John, schlimmer als alles, was ich jemals gerochen habe – eine widerliche Mischung aus Mist, Krankheit und Tod.

»Wären wir bloß nicht hergekommen«, flüstere ich Robin zu.

»Was sollen wir in York?«

»Thomas sorgt schon für uns«, flüstert Robin zurück. »Er besitzt Schiffe, die nach Frankreich segeln – stell dir das mal vor, Isabel! Vielleicht nimmt er uns nach Frankreich mit.«

Ich frage mich ernsthaft, ob Robin den Verstand verliert.

York ist ganz anders als die Städte, in denen ich bisher war. In Felton sind am Markttag immer viele Menschen – es wird gekauft und verkauft, geredet, gegessen, gestohlen, getanzt, gespielt. York ist leer. Wenn wir überhaupt Leute sehen, eilen sie mit gesenkten Köpfen herum. Tiere wühlen in den Gräben nach Futter – wilde Schweine, streunende Hunde, sogar ein paar abgemagerte Pferde stöbern im Dreck. Die Marktstände sind fast alle abgebaut oder leer. Und über unsern Köpfen läuten die Kirchenglocken, drei oder vier verschiedene Glocken in drei oder vier verschiedenen Kirchen überall in der Stadt. Sie läuten für die Toten.

Schon wieder.

»Isabel«, ruft Ned, »schau mal da!«

An der Kirchenwand hockt eine zusammengesunkene Gestalt. Eine Frau in einem dunkelgrünen Gewand. Der Kopf ist ihr auf die Brust gesunken. Aus der Entfernung lässt sich kaum sagen, ob sie schläft oder betrunken ist oder tot, aber Thomas macht nicht halt, um es herauszufinden. Er zieht das Pferd in die andere Richtung, weg von der Gestalt.

»Ist sie tot?«, frage ich. »Was wird mit ihr?«

»Wenn ja, dann holen sie die Leute mit den Totenwagen hier weg«, erklärt Thomas. »Die kommen immer bei Sonnenuntergang. Und wenn sie lebt, dann ist sie jetzt in Gottes Hand.«

Das sagt er ganz ruhig. Ich bin entsetzt. Einen Moment lang packt mich Wut, aber dann fällt mir das Baby wieder ein, dem niemand geholfen hat. Und ich denke an Vater und Alice, die alleine gestorben sind, während ich in der Scheune Hochzeit gefeiert habe, statt ihnen zu helfen. Nicht mal einen Priester habe ich geholt, der ihnen die Beichte hätte abnehmen können. Grimmige Tränen schießen mir in die Augen, und ich wende mich ab.

Die Straßen sind schmierig von Kot und anderem Unrat – Blut von den Metzgern und Farbe von den Färbern. Ich halte mir die Nase zu, aber man kann dem Gestank nicht entkommen. Mag vergräbt die Nase in meinem Rock und wimmert.

In der Stadt ist es eng. Manchmal ragen die Häuser so weit in die Gassen hinein, dass sie einander oben fast berühren. Die Gebäude haben zwei oder sogar drei Stockwerke und sind viel eindrucksvoller als die kleinen flachen Katen in unserm Dorf. In vielen Häusern lassen sich die Fensterläden so wegklappen, dass große Ladenfenster entstehen. Durch diese Öffnungen kann man in die Werkstätten schauen, wo Männer Eisen hämmern oder Gold schmelzen, wo sie weben oder backen oder Schuhe machen. Viele der Fenster sind allerdings geschlossen. Ein Bäcker packt mich am Arm, als wir vorbeilaufen.

»Nur ein Penny für einen Laib Brot, Mistress!«

Ich versuche ihn abzuschütteln. »Ich will kein –«

»Sie gehört zu mir«, erklärt Thomas, woraufhin der Bäcker den Kopf senkt und mich loslässt.

»Ich bitte um Verzeihung.«

Genau wie in Felton sind die Häuser in York kreuz und quer durcheinandergebaut. Große Häuser spähen auf kleine Hütten herunter, die in den Lücken zwischen ihnen stehen. Werkstätten, Handelskontore, Kirchen und winzige Katen, noch kleiner als unser Zuhause in Ingleforn, alles liegt dicht an dicht. Die Glocken läuten immer noch, und zwar so laut, dass ich Kopfweh kriege und vor Lärm kaum mehr klar denken kann.

An einer Wand bei einem Platz entdecke ich auf halber Höhe eine menschliche Gestalt. Erst halte ich sie für eine Statue, aber im Näherkommen erkenne ich, dass es ein Mann ist. Er hängt aufgeknüpft an einem Galgen, und zwar schon lange, das kann man deutlich sehen. Sein halbes Gesicht ist von Maden zerfressen. Als wir vorbeigehen und uns der Wind den Gestank ins Gesicht bläst, stößt Maggie einen Schrei aus.

»Wer war das?«, fragt Ned. Er ist ganz weiß im Gesicht.

»Irgendein Verbrecher«, sagt Thomas. »Ein Mörder oder ein Dieb. Ein Straßenräuber vielleicht. Hängt man bei euch im Dorf Diebe denn nicht auf?«

Das macht man schon – früher jedenfalls war das so, das weiß ich von Alice –, aber ich habe es selbst nie gesehen. Wenn Sir Edwards Verwalter Leute bestrafen wollte, ließ er sie meistens nur etwas zahlen und in den Schandstock stecken. Auf dem Markt in Felton habe ich einmal miterlebt, wie jemandem als Strafe fürs Stehlen die Hand abgehackt wurde, aber noch nie habe ich einen Mann so wie hier auf einem Platz am Galgen hängen sehen.

Maggie ist außer sich vor Angst. Es macht ihr viel mehr aus, als ich gedacht hätte. Sie weint und legt die Hände vors Gesicht, tut nicht mehr den kleinsten Schritt und weigert sich auch, durch die Finger zu blicken. Am Ende nehme ich sie auf den Arm und trage sie. Sie vergräbt ihr Gesicht an meinem Hals, um sicher zu sein, dass sie nichts Fürchterliches mehr anschauen muss. Sie ist schwer, und meine Arme tun mir weh, aber es ist einfacher, als mit ihr zu streiten.

»Ist doch bloß ein toter Mann«, sage ich. »Der kann dir nichts tun.« Ich verstehe nicht, warum sie sich so aufregt; sie ist es doch gewöhnt, Totes zu sehen – tote Ochsen, tote Schweine und tote kleine Küken, die reglos im Stroh liegen. Die an der Wand zusammengesunkene Frau hat ihr überhaupt nichts ausgemacht. »Wo kommen bloß die ganzen Tränen her?«, frage ich. Aber sie wimmert nur und gibt mir keine Antwort.

Als Thomas sein Pferd endlich in einen Hof führt, bin ich so müde, dass ich erst einmal gar nicht begreife, dass wir angekommen sind.

»Hallooo!«, ruft Thomas.

Ein Mann kommt aus der Tür gerannt und nimmt das Pferd. Es muss ein Dienstbote sein, aber er trägt hohe Lederstiefel und einen Pelzumhang, wie der Verwalter von Sir Edmund zu Hause in Ingleforn.

»Wir haben Euch nicht erwartet«, sagt er. »Und so spät!« Als er uns entdeckt, wirft er Thomas einen Blick zu, sagt aber nichts.

»Alles in Ordnung, Ralph.« Gekonnt steigt Thomas ab. Ralph reicht ihm eine Laterne, dann führt er das Pferd weg, noch immer schweigend.

Die Tür öffnet sich zu einem Lager, vielleicht auch einem Laden. Weinfässer sind bis hoch unter die Decke gestapelt. Es gibt einen Tisch mit einem Tintenfass, Pergament und Federkielen. Weinschläuche sind übereinandergetürmt. Die Laterne wirft lange Schatten, ihr gelbes Licht lässt alles dunkler und größer erscheinen, als es ist.

Halt dich gerade, sagt die Stimme von Alice in meinem Kopf. *Heb den Kopf. Zeig den Leuten, wer du bist.* Aber ich bin nichts. Ich fühle mich wie eine Getreidehülse ohne Korn. Wie eine zerbrochene Eierschale, wertlos und leer.

Reiß dich zusammen!, sagt Alice in scharfem Ton. *Du musst für deinen Bruder und deine Schwester sorgen.* Aber das kann ich nicht.

»Da entlang«, ruft Thomas.

Wir sind jetzt in der großen Halle. Dort brennt kein Feuer, alles ist dunkel und kalt. Das Laternenlicht fällt auf schwere, bestickte Wandbehänge und lange Holztische. Dann gehen wir eine Treppe hoch, zu den Gemächern im oberen Stockwerk.

»Das ist die Schreibstube«, sagt Thomas. »Ihr Jungen könnt hier schlafen.«

An der Wand stehen zwei niedrige Betten. Ned drückt sein Bündel aus den Satteltaschen eng an sich und schaut mich an. Seine Augen sagen: *Ich will bei Isabel schlafen.* Er sieht so klein und verletzlich aus, wie er da neben Thomas steht, dass mir Tränen in die Augen steigen.

»Bitte«, sage ich. »Können die Jungen nicht bei uns übernachten?« Doch Thomas schüttelt den Kopf.

»Das wäre nicht recht«, sagt er, und um ein Haar rinnen mir die Tränen das Gesicht hinunter. »Kommt mit und schaut«, fährt er fort. »Ihr könnt im Zimmer von Edith und Lucie schlafen.«

Er wendet sich ab. Ich sehe Robin an und forme mit den Lippen die Worte: *Edith und Lucie?* Robin zuckt mit den Achseln.

»Edith und Lucie sind meine Töchter«, erklärt Thomas über die Schulter hinweg.

Waren. Edith und Lucie *waren* seine Töchter.

Das Schlafgemach von Edith und Lucie ist halb so groß wie unser ganzes Haus. Am Licht der Laterne entzündet Thomas die Kerze neben dem Bett. Beides sind echte Bienenwachskerzen, ihre Flammen werfen einen gelblichen Schein, viel heller und klarer als der unserer Talglichter zu Hause. Es ist ein prächtiges Zimmer. Der Boden ist aus Holz, und die Fenster bestehen aus etwas Hartem, Flachem, Blassgelbem, noch blasser als Wachs. Horn. Das sind Hornfenster. Thomas muss wirklich reich sein. Es gibt ein großes Bett aus Holz, größer als das von Vater und Alice, mit einer hölzernen Truhe am Fußende. Es gibt auch einen Webstuhl mit einem angefangenen Stück Stoff und ein Schreibpult, genau wie im Skriptorium der Zehntscheune in Ingleforn.

»Ist das noch eine Schreibstube?«, fragt Robin.

»Nein«, sagt Thomas. »Das hier gehört Lucie und Edith.«

Mag klammert sich an meine Hand, trotzdem folge ich Robin zu dem Pult. Da steht ein Gefäß mit Federkielen, seitlich hängt ein halb gefülltes Tintenfass an einem Haken, und obendrauf liegen Pergamentbögen, bedeckt mit schwarzen, verschlungenen Buchstaben.

Die Töchter von Thomas konnten schreiben! Lesen konnten sie auch, denn auf dem Pult liegen auch Bücher, zwei große, dicke Bände, so wie in der Abtei. Ich berühre das obere mit den Fingerspitzen und schließe die Augen. Das Buch gehört nicht mehr Lucie und Edith; es gehört jetzt Geoffrey, er will mich dazu bringen, dass ich mir etwas anhöre, eine Gedichtstrophe vielleicht oder einen Gedanken, der viel wichtiger ist als der Käse, den ich gerade mache, oder das Tuch, das ich webe.

»*Die Romanze von Lancelot und Ginevra*«, sagt Thomas und fügt beiläufig hinzu: »Ich könnte dir lesen beibringen, wenn du magst.«

Ich ziehe den Finger weg, als hätte ich mich verbrannt.

»Ich brauch keine Bücher, danke.«

Thomas zuckt nur ein bisschen mit den Schultern.

»In der Truhe sind Kleider«, sagt er. »Ich möchte euch bitten, dass ihr sie tragt. Schließlich werdet ihr als meine Töchter hier im Haus leben.«

Ich bin nicht seine Tochter. Ich bin Vaters Tochter, Mutters Tochter, die Tochter von Alice, aber nie im Leben bin ich seine, egal wie viele prächtige Kleider er mich tragen lässt. Wann hat er beschlossen, mein Vater zu sein? Ist er dafür alleine ausgeritten, wollte er Kinder finden, die er entführen kann? Hat er das von vornherein geplant?

Grimmig funkle ich Thomas an, aber ein Teil von mir weiß ganz genau, dass meine Wut ungerecht ist. Was auch immer es mit ihm auf sich haben mag, böse ist dieser Mann nicht. Er will freundlich zu uns sein. Wenn ich ihm auf dem Markt oder auf einem Fest begegnet wäre, hätte ich ihn vielleicht sogar gern gemocht.

Sein bleiches Gesicht wirkt müde und traurig.

»Es ist Zeit, schlafen zu gehen«, sagt er, und auf einmal bin ich genauso verstört wie Ned. Unterwegs habe ich mich andauernd über Robin geärgert, aber den Gedanken, getrennt von ihm schlafen zu müssen, kann ich nicht ertragen. Ich will in seinen Armen liegen, genau wie in der Scheune, und vergessen, dass wir unser Zuhause jemals verlassen haben.

»Robin«, sage ich, aber Thomas hat ihm schon die Hand auf den Rücken gelegt.

»Isabel«, sagt Robin. Ich kann nicht erkennen, ob es ihm etwas ausmacht – will er hier bei mir bleiben, oder freut er sich auch darum so sehr über das neue Leben, weil er hier ein eigenes Bett haben wird? »Ich bin nicht weit weg«, sagt er, doch Thomas schiebt ihn nach draußen, und Maggie und ich bleiben alleine zurück.

Maggie ist vollkommen erschöpft. Sie wehrt sich, als ich ihr das Kleid ausziehen will, und jammert, als ich versuche, sie ins Bett zu bringen.

»Ich will nicht schlafen! Ich will Alice! Geh weg!«

»Alice ist tot«, sage ich und zerre ihr das Kleid so ungeduldig über den Kopf, dass sie weinen muss. »Das weißt du doch, Maggie!«

»Ich will Alice!«, jammert Mag und tritt mir fest gegen das Schienbein.

»Schlaf jetzt«, sage ich und hebe sie hoch auf unser Bett. Sie tritt um sich und weint, steht aber nicht wieder auf, bleibt schluchzend im Dunkeln liegen. Irgendwann hört sie auf zu weinen, aber es dauert lange, bis ich auch ins Bett klettere und neben ihr einschlafe.

32 DAS HAUS GOTTES

Als ich am nächsten Morgen aufwache, liege ich in einem seltsamen Bett unter vornehmem Bettzeug und starre hoch in den Baldachin über mir. Vom Fenster her höre ich die Kirchenglocken läuten. Wieder eine Beerdigung? Nein, denn gleich darauf fängt aus einer andern Richtung eine zweite Glocke an, anscheinend schlagen sie die Stunde.

Bald sind wir alle tot, denke ich. Bestimmt dauert es nicht mehr lange. Wie viele Leute können noch übrig sein in der Welt? Bald wird Gott vom Himmel steigen, die Toten werden auferstehen, und all das hier wird vorbei sein.

Ich kletterte aus dem Bett und öffne die Läden. Unter mir macht ein Krämer sein Geschäft auf. Ein Fuhrmann rattert mit voll beladenem Wagen vorbei. Ich höre, wie sich Wasser auf die Straße ergießt, als jemand einen Nachttopf aus dem offenen Fenster in die Gosse leert, und rieche die Gosse. Die ganze Stadt stinkt nach Unrat und Tod.

Im Bett rührt sich Magsy.

»Alice …«, sagt sie schläfrig.

»Alice ist nicht da«, sage ich. »Komm und guck dir unsre neuen Kleider an.«

Lucie und Edith hatten viele Kleider. Ich schaue sie durch. Eines der Mädchen war ein bisschen größer als ich, die andere lag im Alter wohl zwischen mir und Maggie – Ned würden ihre Sachen passen, für Mags sind sie viel zu groß. Aber sie sind schön. All diese Kleider sind schön. Es gibt ein weiches grünes Gewand, auf dessen Kragen mit gelber Seide Blumen und Vögel gestickt sind. Ich ziehe es mir über den Kopf, doch es ist niemand da, der es mir zuschnürt, also muss ich am Ende doch meine alten Sachen aus Ingleforn anziehen. Schuhe gibt es keine – vielleicht sind die Mädchen darin beerdigt worden? –, also lasse ich meine eigenen an. Mag wirkt verloren in den Kleidern des jüngeren Mädchens, aber das ist nicht mein Problem. Wenn Thomas will, dass sie lächerlich aussieht, soll es so sein. Mag ist sowieso ganz verrückt nach den Kleidern. Sie will unbedingt alles anprobieren, dann erst entscheidet sie sich für ein dunkelrotes Gewand. Sie ist jetzt viel lebhafter als gestern – taucht einen Finger in das Tintenfass und verschmiert sich die Kleider, krabbelt unters Bett, um zu sehen, ob dort nicht irgendwas versteckt ist, nimmt einen Federkiel vom Pult, fuchtelt damit herum und tut, als würde sie schreiben.

»He«, sage ich. »Lass das, Maggie. Komm, wir gehen die Jungs suchen.«

Robin und Ned sind schon aufgestanden und angezogen. In der Schreibstube sind noch mehr Leute – der Diener von Thomas, der Ralph heißt, und ein anderer Hausangestellter mit einem dicken schwarzen Bart. An der Wand stehen noch mehr Betten, aber die sind leer. Ich frage mich, ob die, denen diese Betten gehören, wohl tot sind.

Robin sitzt auf seinem Bett und klärt Ralph über uns auf.

»Wir sind niemand Besonderes«, sagt er. »Wir haben Thomas zufällig getroffen, und er hat uns geholfen, Walt und Alice zu begraben, und –« Er unterbricht sich, als er uns hereinkommen sieht.

»Isabel, schau!«

Auch Robin trägt neue Kleider – eine dunkelgrüne Hose und einen braunen Kittel mit einem weichen Ledergürtel, dazu Lederschuhe, die an den Zehen ein wenig nach oben gebogen sind. Der Sohn von Thomas muss im gleichen Alter wie Robin gewesen sein, denn ihm passen die neuen Sachen viel besser als Maggie. Er sieht gut aus – fast schön, nur irgendwie ungewohnt. Ned trägt noch seine alten Hosen und den alten Kittel, genau wie ich. Anscheinend hat es keinen Sohn im passenden Alter gegeben, den Ned ersetzen könnte.

»Schaut euch Mag an!«, ruft Robin. »Du siehst aus wie eine Prinzessin!« Mag ist auf einmal wieder schüchtern geworden und blickt ihn unsicher an.

»Gibt es denn für dich keine Kleider?«, fragt mich Robin.

»Die sind alle zum Zuschnüren«, sage ich. *Wie ein Paket.* Aber das denke ich nur, ich sage es nicht laut. »Außerdem würde ich idiotisch aussehen in diesen Sachen.«

»Würdest du nicht«, sagt Robin und nimmt meine Hand. »Komm und schau dir an, was Thomas hat!« Und er führt mich zu einem Spiegel, der in die Wand eingelassen ist.

Mürrisch blicke ich hinein. Ein blasses Mädchen mit eckigem Gesicht guckt finster zurück. Die Haare um ihre Ohren haben einen undefinierbaren Farbton, irgendwo zwischen Neds leuchtendem Rot und Maggies Weizenblond. Sie sind seit Tagen nicht mehr gekämmt worden. Robin wirkt wie ein Kaufmannssohn, und Maggie sieht süß aus, aber dieses Mädchen ist wie eine Holzpuppe. Ein ganzes Schiff voller Seide aus China könnte sie nicht zu einer jungen Dame machen.

»Scheußlich sehe ich aus«, sage ich.

»Wohl kaum.« Ich zucke zusammen. Thomas steht in der Türöffnung, mit einem seltsamen Lächeln auf den Lippen. Seltsam und etwas traurig. Ich frage mich, welche Tochter ich sein soll – Lucie oder Edith.

»Ich kann diese Kleider alleine nicht anziehen«, sage ich, als müsste ich mich verteidigen. Als wäre ich erwischt worden, wie ich etwas verkehrt gemacht habe. Und vielleicht habe ich das ja auch. Indem ich Isabel bin, statt so zu tun, als wäre ich Lucie oder Edith. Ich frage mich, was Thomas tun wird. Bis jetzt habe ich nirgends ein Anzeichen dafür entdeckt, dass es hier andere Frauen gibt, obwohl irgendjemand diesen Männern die Kleider waschen muss und Lucie und

Edith mit Sicherheit ein Dienstmädchen hatten, das ihnen die Kleider zugeschnürt hat. Vielleicht ist sie auch gestorben.

»Ich lasse mir etwas einfallen«, sagt Thomas, aber sein Blick ist schon zu Robin weitergewandert. »Ich muss heute Morgen einiges erledigen«, sagt er.

»Soll ich mitkommen?«, fragt Robin, und mir schießt das Blut ins Gesicht. Thomas darf Robin nicht haben. Robin gehört zu uns. Aber Thomas schüttelt den Kopf.

»Geht und schaut euch die Stadt an«, antwortet er. »Was wir hier alles tun, zeige ich euch morgen.«

Das Haus von Thomas ist groß. Es gibt drei oder vier Schlafgemächer und Kammern im oberen Stock, unten eine große Küche, wo der bärtige Mann – er heißt Watt – zusammen mit seinem Sohn Stephen Essen für Thomas kocht, dann das Kontor mit dem Lager, durch das wir gestern gekommen sind, und eine große Halle mit drei langen Tischen und einer quadratischen Herdstelle in der Mitte. Sogar eine eigene Stube für die Familie gibt es in diesem Haus, die mit Wandteppichen geschmückt ist und in der Holzstühle mit hohen Lehnen stehen. Und ein Webstuhl, der sicher der Frau von Thomas gehört hat. Ich kann nur hoffen, dass auch die Stickereien, die hier liegen, von der Frau und nicht den Töchtern stammen, denn ich würde nie im Leben etwas auch nur annähernd so Kunstvolles zustande bringen. Es gibt auch einen Abtritt, der seitlich ans Haus gebaut ist, sodass Thomas nicht weit zu gehen hat, wenn er muss. Der Abtritt stinkt.

»Wie eklig«, sagt Ned und zieht eine Grimasse.

»Das ist sehr klug!«, erklärt Robin. »Und wenn wir hier wohnen, wirst du dich dran gewöhnen müssen, außer du willst ins Bett pinkeln.«

Igitt.

Der Garten hinter dem Haus ist ein langer schmaler Streifen mit einem Zaun auf beiden Seiten, damit die Tiere der Nachbarn nicht alles niedertrampeln. Hier gibt es Hühner, einen Schweinekoben mit zwei schwarzen Ebern und einen Stall für die Pferde von Thomas und seinem Diener. Ralph hat einen stämmigen grauen Zelter, in dessen Futtertrog mehr Kräuter sind, als wir zu Hause haben, darunter ein paar, die ich gar nicht kenne. Aber die Mohrrüben sind nicht ausgedünnt und brauchen dringend Wasser. Ich wüsste gern, wer sich um den Garten kümmert und ob ich wohl dabei helfen darf, wo ich doch jetzt die Tochter eines reichen Mannes bin.

Alles fühlt sich so unwirklich an. Vater und Alice, Edward, Thomas. Wie ein Spiel, das wir spielen, oder ein böser Streich, mit dem uns irgendwelche Teufel an der Nase herumführen. Ich rechne die ganze Zeit damit, aufzuwachen und zu merken, dass alles nur ein Traum gewesen ist.

Das Pferd von Thomas ist heute Morgen genauso wunderschön, wie es gestern war. Ich streichle seine Nase.

»Du bist der Einzige hier, den ich mag«, sage ich ihm.

»Magst du Thomas denn nicht?«, fragt Robin.

»Nein«, erkläre ich. »Was soll das, uns hierher zu verfrachten? Warum hat er uns nicht da gelassen, wo wir waren?«

»Das war ein Angebot!«, meint Robin. »Und wir haben Ja gesagt.«

»Tja«, sage ich. »Hätten wir das bloß nicht gemacht. Was für ein Mensch sammelt denn Kinder von andern Leuten ein und nimmt sie mit zu sich nach Hause?«

»Ich glaube ...«, sagt Robin, »ich glaube, er ist einfach ... einfach nur geritten, weißt du? Er war traurig. Und dann ... er wollte uns helfen. Warum denn nicht?«

»Vielleicht ist er verrückt«, sage ich. »Oder gefährlich! Hast du daran schon mal gedacht?«

Aber das glaube ich selbst nicht. Auch wenn ich Thomas nicht leiden kann, ich vertraue ihm, so seltsam das ist. Ich kann mir nicht vorstellen, dass er uns wehtun würde.

Keiner scheint zu erwarten, dass wir Hausarbeit übernehmen. Nachdem wir uns überall im Haus umgesehen haben, sind wir frei, nach draußen zu gehen und uns York anzuschauen. Wir müssen nicht mal etwas besorgen, kein Wasser holen und kein Brot kaufen! Vielleicht ist es dumm, in der Stadt herumzulaufen. Und noch viel dümmer war es, überhaupt hierherzukommen. Wenn irgendwo der Pesthauch herrscht, dann hier, innerhalb der Stadtmauern. Ganz York stinkt bestialisch. Maggie schmiegt sich an mich und umklammert meine Hand.

»Wo gehen wir hin?«

»Nirgends«, sage ich so geduldig, wie ich kann. »Wir laufen bloß rum. Schau dir die Häuser an, Mag. Das hier zum Beispiel – würdest du da gerne drin wohnen?«

Die Häuser kümmern Maggie nicht.

»Warum liegt der Mann da?«

Der Mann ist an einer Hauswand zusammengesunken, sein Körper ist aufgedunsen und stinkt nach Tod. Zwei wilde Schweine mit blutverschmierten Rüsseln schnüffeln an der Leiche. Ich muss mich beinahe übergeben.

»Der schläft, Maggie, schau ihn nicht an.«

Ich ziehe sie auf die andere Straßenseite. Ned betrachtet den Mann mit fachmännischem Blick.

»Der ist schon tagelang tot, denk ich mal. Guckt euch an, wie dick sein Bauch ist!«

»Lass das, Ned.«

Ich höre selbst, wie schrill meine Stimme wirkt. Ich klinge wie Agnes mit der Hasenscharte. Sogar Maggies Berührung auf meiner Haut ist mir unangenehm. Ich ziehe meine Hand weg. Sie heult auf, doch ich stapfe von ihr weg die Straße runter.

Was ist mit mir los? Wo ist die andere Isabel hin, die lustige Isabel, die den Gesang der Spielleute mag und gerne Brot mit Wabenhonig isst, Isabel, der Robin Kusshände zugeworfen hat und die er für das schlauste Mädchen im Dorf hält? Werde ich ab jetzt mein Leben lang jedes Mal losheulen, wenn jemand nett zu mir ist oder meine kleine Schwester mit piepsiger Stimme spricht?

Auf einmal habe ich Verständnis für Agnes, die immer über alles herumzetert und sich ärgert. Vielleicht ist sie früher ein munteres kleines Mädchen gewesen. Vielleicht verwirrt es sie auch, dass sie so eine böse alte Frau geworden ist.

Nein! Ich werde nicht wie Agnes! Nicht mal dann, wenn die Pest Robin umbringt und alle, die ich liebe.

Robin ist dicht neben mir.

»He«, sagt er. »He, Isabel.«

Blindlings vergrabe ich mein Gesicht in seinem neuen Kittel, und er nimmt mich in den Arm.

»Tut mir leid«, sage ich in den grauen Wollstoff. »Tut mir leid.«

»Ist schon in Ordnung. He, ist doch gut.«

»Was ist mit Isabel?«, fragt Maggie. Sie ist vorsichtshalber ein Stück weit weg stehen geblieben. Anscheinend hat sie Angst, dass ich gleich einen Wutanfall kriege.

»Sie ist bloß traurig«, sagt Robin. Er tritt einen Schritt zurück und mustert mich. Sein Bauernjungengesicht unter dem dunklen, dichten Haarschopf ist mir auf einmal wieder ganz vertraut. »Was willst du machen?«

Ich drücke mir die Daumenballen in die Augen und reibe wie wild. Ich habe nie zu den Mädchen gehört, die dauernd grundlos weinen. Aber seit Edwards Tod tue ich kaum noch was anderes.

»Wir gehen zum Münster«, erkläre ich stattdessen.

Das Münster überragt die Stadt. Es ist riesig groß und wirkt robust und stabil. Es gibt nur ein Bauwerk, das sich mit ihm messen kann, und zwar die Burg mit ihren vier Türmen und den massiven Steinwänden, die etwas abseits der Stadt liegt. Dort ist das Gefängnis, das hat mir Vater erzählt, und eine Münzstätte, in der das Geld für König

Edward geprägt wird. Ned will zur Burg und sich dort umschauen, aber ich sage ihm, er soll ruhig sein. Ich möchte zum Münster.

Der Münsterturm ragt so hoch auf, dass wir den Weg leicht finden, obwohl wir durch lauter dunkle, schmale, gewundene Gässchen müssen. Hier riecht es besonders schlimm, nach Kot und Blut und Tod und Tieren. Überall sind Tiere – herrenlose Hühner picken im Dreck, es wimmelt vor Fliegen und Ratten, sogar ein totes Pferd liegt da. Anscheinend gibt es in York mehr Tiere als Menschen, denn die Stadt ist schaurig still. Ab und zu entdecke ich den Schatten eines Gesichts, der hinter einem Fenster vorbeihuscht, und auf einem Platz begegnen wir einem vor sich hin brabbelnden Bettler, aber sonst ist niemand da.

»Sind denn alle tot?«, wispert Maggie.

»Nein«, sagt Robin. »Die sind weggegangen. Weißt du nicht mehr? Sie sind doch alle durch Ingleforn gezogen.« Ich denke an die Armen, an die Dienstboten und Bettler und Krämer, die nirgends hinkönnen. Und auch an die Reichen, die feststellen mussten, dass kein Dorf sie aufnimmt. Vielleicht wurden sie unterwegs von der Pest erwischt, und man hat sie zum Sterben auf offener Straße zurückgelassen.

Ich will alles in York abscheulich finden, aber beim Münster ist das unmöglich. Keiner könnte das Münster abscheulich finden. So viele Handwerker müssen ein Leben lang gearbeitet haben, bis es fertig war, und sicher haben sich noch die Ur-Ur-Enkel der ersten Erbauer lange nach dem Tod ihrer Väter damit abgemüht.

Seitlich vom Eingang steht ein Gerüst aus Holz, aber nirgends sind Arbeiter zu sehen. Die gewaltigen Holztüren sind nicht schwer zu öffnen, also schlüpfen wir hinein. Vor ein paar Monaten hätte ich noch geglaubt, dass uns hier drinnen nie ein Leid geschehen könnte, aber jetzt bin ich da nicht mehr sicher. Ich beginne mich zu fragen, wie mächtig Gott wirklich ist. Es sei denn, Er selbst hätte uns die Krankheit geschickt, weil er uns leiden lassen will. Und falls das so ist, falls er will, dass wir sterben, können uns auch die wuchtigen Wände dieser Kirche nicht schützen.

Die Größe des Münsters kann man erst erfassen, wenn man drin ist. Von außen kommt es einem vor wie eine Anhöhe oder ein kleiner Berg, aber innen ist es größer als jedes Bauwerk, das ich jemals gesehen habe. Sir Edmunds Herrenhaus würde vier- oder fünfmal hier reinpassen und hätte immer noch genug Platz, um sich zu drehen und zu winden. Nie im Leben habe ich etwas so Wunderbares gesehen.

Die Wände und die Decke sind aus hellem Stein gebaut, gewaltige Säulen ragen hoch bis zum Dach. Die Fenster sind aus buntem Glas, genau wie in der Kirche bei uns daheim, aber viel größer und prächtiger. Hier ist es wie im Palast eines König oder dem Zuhause von Engeln. Als wäre man in Gottes Innerem.

Das Münster ist prächtiger als die Bergrücken zu Hause, prächtiger als das Herrenhaus, größer als eine Hochzeit oder ein Sonnenuntergang oder ein Neugeborenes. Sonnenuntergänge und Bergrücken sind dazu da, prächtig zu sein; sie erinnern an Gottes Macht. Das hier ist etwas anderes. Denn das Münster ist nicht von Gott erschaffen worden, sondern von uns Menschen. Von Männern und Frauen, die an Gott und an ihre Kinder und Kindeskinder glauben und darauf vertrauen, dass der Wille Gottes auch nach ihrer Zeit noch gelten wird.

Wie haben sie das bloß geschafft? Wie sind sie überhaupt auf die Idee gekommen, dass so etwas möglich sein könnte?

Der Innenraum des Münsters ist so groß, dass wir die Köpfe in den Nacken legen müssen, um die Decke zu sehen, so groß, dass die Wände über uns immer weiter und weiter gehen. Wieder bin ich den Tränen nah. Das ist wie ein Berg von unten. Das ist wie im Himmel.

»Haben Menschen das gemacht?«, fragt Maggie.

»Menschen wie du, Mag«, antwortet Robin.

Menschen wie wir. Jetzt verstehe ich, was die Leute meinen, wenn sie sagen, dass Kirchen eine Zuflucht sind. Ich will nie mehr hier weg. Ich löse mich von den andern und laufe in der Mitte des Kirchenschiffs entlang, immer den Kopf im Nacken, um nach oben schauen zu können. Hinter mir betrachten Mag und Ned die Fenster und versuchen herauszufinden, welche Geschichte da erzählt wird. Robin sucht das Grab des heiligen William, aber ich interessiere mich nicht für tote Heilige. Ich gehe mit gesenktem Kopf zum Altar. Ich möchte diesen Moment in meiner Erinnerung bewahren – das Gefühl, dass meine Seele wächst, dass sie sich in mir ausdehnt, bis sie beinahe zu groß ist, als dass mein Körper sie noch fassen könnte.

Gott, bete ich still in meinem Innern. Vielleicht willst du wirklich die ganze Welt zugrunde gehen lassen. Vielleicht ist das das Ende von allem. Aber ich bitte dich, Gott, wenn es nicht so ist, dann lass mich überleben. Lass auch Robin und Ned und Margaret überleben. Denn wenn Menschen einen Ort wie diesen bauen können, allein durch ihren Glauben und ihre bloßen Hände, dann kann ich alles schaffen. Ich kann mein Land zurückbekommen. Ich kann es mit Robin zusammen bebauen, er als freier Mann, ich als freie Frau. Ich kann in dieser seltsamen Stadt leben, in den Kleidern eines toten Mädchens. Ich kann aus der alten Welt eine neue erschaffen.

Im Vergleich zu diesem großen Münster sind das alles Kleinigkeiten.

Im Vergleich zu diesem großen Münster ist das ganz leicht.

33 DIE ANDERE FAMILIE

Ich bin in der Küche und schaue Watt, dem Koch, dabei zu, wie er einen Hasen ausnimmt. Watts struppiger schwarzer Bart erinnert mich an Pferdehaar, aber durch sein schmales, kluges Gesicht wirkt er wie ein Schreiber oder Büttel. Sein Messer durchtrennt das tote Fell genauso schnell und geschickt, wie es bei uns zu Hause Alice getan hat. Manches ist eben überall gleich.

Watt erzählt mir von der Pest in York.

»Am Anfang«, sagt er, während er dem Hasen den Bauch aufschlitzt, »da sind die Leute in Scharen aus der Stadt geflüchtet! Wagen an Wagen an Wagen, auf allen Straßen sind sie nach draußen, mit Vieh und Möbeln und Kindern, alles kreuz und quer. Irgendwann hat's dann ein Vermögen gekostet, bloß für einen einzigen Tag einen Wagen zu mieten!«

»Ich weiß«, werfe ich ein, »ich hab die Flüchtlinge an unserm Dorf vorbeiziehen sehen. Wir haben keinen reingelassen.«

Watt nickt. »Das hat Thomas auch gesagt. ›Die Dorfbewohner werden's uns nicht danken, wenn wir die Krankheit über ihre Kinder bringen‹, hat er gesagt. ›Und ich für mein Teil sterbe lieber im eigenen Bett als in der Fremde.‹ Juliana – die Herrin – fand das auch. Die Kinder allerdings wollten sie aus der Stadt schaffen, aber dann haben sie's immer wieder rausgeschoben, und irgendwann war's zu spät.«

»Wie viele Kinder hatten sie denn?«, frage ich, obwohl ich die Antwort weiß. Drei waren es.

»Drei«, sagt Watt und löst mit dem Messer den Balg. »William – das ist der, dem Robin so ähnelt. Als ich euch vier gesehen habe, war mir gleich klar, warum der Herr euch wollte. Und zu William gehörte Lucie, die beiden waren Zwillinge, ungefähr im Alter von Robin. Und dann Edith. Gerade mal neun und so ein süßes kleines Ding.«

Watt seufzt erst tief über den Tod des süßen kleinen Dings, dann zieht er dem Hasen pfeifend das Fell über die Ohren. Was er da über Robin und William sagt, ist interessant. Es erklärt, warum sich Thomas für Robin so viel mehr interessiert als für uns. Ich dachte, es läge daran, dass er ein Junge ist oder dass die andern noch so klein sind und ich so abweisend bin.

»Wolltest du nicht auch weg?«, frage ich Watt, aber der lacht nur.

»Ich!«, sagt er. »Was soll ich denn da oben im Norden mit nichts als einem Wagen? Was soll ich essen? Ich bin froh, dass uns der Herr nicht weggeschickt hat. Die Armen können nicht weglaufen. Ohne Arbeit verhungern sie.«

Das weiß ich nur zu gut. Es gibt so viele Bedienstete, die keine Arbeit mehr haben. Männer, die nicht mehr gebraucht werden, weil keiner mehr da ist, für den sie Häuser bauen, Dächer decken, Ratten töten oder Brot backen können. So viele Hutmacher und Schneider und Kürschner und Schuster – wer will jetzt schon Schuhe und Hüte und Gewänder?

»Und was machen sie dann jetzt?«, frage ich, recke mich vor und stütze mich auf die Ellenbogen. Watt taucht die Hände in den Wassereimer, um das Blut abzuwaschen.

»Tja«, sagt er, »jemand muss die Totenkarren fahren, oder? Die Gräber graben. Sich um die Kranken kümmern. Für ihre Seelen beten.«

Zum ersten Mal im Leben habe ich nichts zu tun.

Thomas lebt zurückgezogen und trifft nur dann Leute, wenn es wegen der Arbeit nötig ist. Ich glaube kaum, dass er im Moment viel zu tun hat, denn die Schiffe mit Wein kommen nicht mehr. Aber Thomas ist wie Vater: Wenn er keine Arbeit hat, sucht er sich welche.

Und tatsächlich machen nur die Wirtshäuser trotz der Pest noch gute Geschäfte – genau wie in Ingleforn feiern die Leute auch hier, solange sie können. Eine ganze Reihe von Schänken ordert ihren Wein bei Thomas. Jeden Morgen belädt Ralph den Ochsenkarren und fährt die Fässer überall in der Stadt aus. Von den Weinhändlern, die vor der Krankheit geflohen oder gestorben sind, hat Thomas bestimmt einige neue Kunden gewonnen. Außerdem bringt er Robin das Schreiben bei und wie man die Anzahl verkaufter Fässer und das dafür eingenommene Geld in den großen Rechnungsbüchern vermerkt. Mit dem Rechnen und Zählen kommt Robin besser zurecht als mit dem Schreiben, obwohl er auch dabei furchtbare Grimassen schneidet.

Thomas nimmt Robin oft mit, wenn er etwas zu erledigen hat. Robin glaubt, dass es ihm dabei um seine Ausbildung geht und dass Thomas es tut, weil er Robin als Gehilfen oder an Sohnes statt annehmen will. Vielleicht ist Thomas aber auch nur einsam und tut gerne so, als wäre Robin sein toter Sohn, oder er ist einfach ein freundlicher Mann, der möchte, dass es uns gut geht. Ich weiß es nicht. Vielleicht tut er es aus allen drei Gründen.

»Dich würde er auch mitnehmen, wenn du ihn bittest«, behauptet Robin, aber ich höre heraus, was er wirklich denkt: Thomas würde es aus Mitleid tun und nicht, weil er es wirklich will. Das möchte ich nicht. Ich will gar nicht erst anfangen, ihn gern zu haben, und mir ist auch egal, ob er mich mag oder nicht. Ich will nicht herumstehen und zuhören, wie langweilige alte Männer über Fässer und Steuern und Wein reden. Und über den Tod, den Tod, den Tod, immer wieder den Tod.

Ich habe nichts zu tun. Weder in der Küche noch mit den Schweinen oder Pferden oder Hühnern darf ich helfen. Ich soll nicht mal unser Schlafgemach fegen. Wäre die Welt nicht dabei unterzugehen, gäbe es bestimmt Mädchen in meinem Alter, mit denen ich mich anfreunden könnte. Und bestimmt hätte auch Juliana, die Frau von Thomas, Aufgaben für mich gehabt und dafür gesorgt, dass ich sie erledige. Aber keiner geht irgendwohin und keiner trifft sich mit irgendwem, es gibt einfach nichts. Da ist nicht mal eine Magd, mit der ich mich unterhalten könnte. Zwar kommt morgens und abends Johanna, Ralphs Frau, um mich an- und auszukleiden, aber tagsüber ist sie fort. Sie ist Wäscherin und kümmert sich auch um die Wäsche, die hier im Haus anfällt. Sie hat keine Lust, mit mir zu reden, und einmal hat sie Maggie geschlagen, weil sie zu viel geschwatzt hat. Beinahe hätte ich zurückgeschlagen, aber Maggie hat sich an meinem Rock festgeklammert und geheult, und bis ich es geschafft hatte, sie zu beruhigen, war Johanna schon weg.

Das Zimmer von Lucie und Edith ist voller vornehmer Dinge, die sich über mich lustig machen. Da sind ihre Bücher, die ich nicht lesen kann. Und das Pergament und die Federkiele für die Briefe, die sie ihrem Vater geschrieben haben, wenn er unterwegs war. Und Lucies feine Stickarbeiten, die ich nie im Leben fertig machen könnte. Die Fäden sind aus reiner Seide. Wenn ich besonders traurig bin, nehme ich eine unvollendete Stickerei und streichle sie. Ich fühle, wie zart und weich sie ist, und schaue, wie echt die Veilchen und Lilien und Rosen auf dem Tuch wirken. Die Stickerei wird nie mehr fertig werden.

In der Familienstube steht ein Webstuhl, der Juliana gehört hat. Er ähnelt dem von Alice, ist aber größer und feiner. Manchmal, wenn Thomas und Robin nicht da sind, gehe ich hin und ziehe das Schiffchen durch die Kettfäden. Weben ist immerhin etwas, was ich kann. Aber nach ein paar Reihen lasse ich es jedes Mal wieder. Wozu soll das gut sein? Für wen ist dieser Stoff überhaupt?

Manchmal stolpere ich im Haus herum, fasse Sachen an, ziehe Schubladen auf, spähe in Truhen. Warum auch nicht? Das ist jetzt unser Haus, oder? Einmal habe ich im Zimmer von Thomas eine Schatulle mit sieben Schlössern und sieben Schlüsseln gefunden, genau wie die in der Zehntscheune. Die Schlüssel waren in einem kleinen Fach im Schreibpult von Thomas versteckt, und als ich die Schatulle aufgemacht habe, fand ich bergeweise Schmuck darin: silberne Armreifen, edelsteinbesetzte Anhänger, goldene Medaillons. Ich hätte mir leicht irgendetwas davon nehmen können; ich wette, Thomas hätte das nicht mal bemerkt. Aber ich habe es nicht getan, sondern alles wieder reingelegt.

Oft liege ich stundenlang auf dem Bett, ohne mich zu rühren. Ich schaue zu, wie der Staub fällt und das Licht immer schwächer wird, und lausche auf die Stundenschläge der Glocken. Ich schaue mir an, wie meine hellen Haare über meine Arme fallen, und denke an Alice, Richard, Vater und Edward und an Geoffrey in seinem Kloster oder in seinem Grab. Ob er noch lebt? Fragt auch er sich, ob wir noch leben, oder zählt er uns zu den Toten? Vielleicht sucht er uns in Ingleforn, und keiner kann ihm sagen, wo wir geblieben sind. Thomas hat Joan erklärt, wo wir hingehen, als wir das Vieh zu ihr gebracht haben, aber vielleicht ist sie auch schon längst gestorben. Ich bin hin- und hergerissen zwischen meiner Verpflichtung gegenüber Geoffrey und der gegenüber Maggie und Ned. Und vielleicht ist Geoffrey sowieso längst tot.

Meine Gedanken bewegen sich so langsam wie die Staubteilchen, die durchs Sonnenlicht sinken. Manchmal schließe ich nur für einen Moment die Augen, und wenn ich sie wieder aufmache, dämmert es schon.

Außer bei den Mahlzeiten sehe ich Thomas nur abends. Dann sitzen wir zusammen in der holzvertäfelten Stube, schließen die Tür und sperren alles Schreckliche aus, das ringsherum auf den Straßen und in den Häusern passiert.

Thomas und Robin spielen Schach. Die Schachfiguren sind aus Elfenbein geschnitzt und viel edler als die Holzfiguren von Robins Mutter. Manchmal spielt Thomas auch mit Ned, dann nimmt er einen seiner Offiziere vom Brett, damit Ned bessere Chancen hat. Es gibt auch ein Backgammonspiel, das Robin und Ned sehr mögen, oft liegen sie lang ausgestreckt damit auf dem Boden. Ned hat außerdem seine Würfel von zu Hause mitgebracht, er und Mag spielen Hazard und andere Wettspiele. Mag beschäftigt sich auch alleine mit den Würfeln, schleudert sie hoch in die Luft und jagt ihnen hinterher. Meine kleine Schwester wird immer eigenwilliger. Thomas erlaubt nicht, dass Mag und Ned in der Stube Ball spielen, aber sie hat ein paar Püppchen aus Holz, etwa so groß wie mein Daumen, die früher mal Edith gehört haben und mit denen sie sich beschäftigt.

Ich sitze auf meinem Stuhl und spinne, weil ich das daheim auch so getan hätte und weil meine alte Holzspindel einen Hauch von Alice in diese merkwürdige Stube bringt. Oben im Zimmer habe ich ihre eigene Spindel, mit den Kerben im Holz, wo Edward drauf herumgekaut hat. Sie gehört mir, Maggie darf sie nicht mal anfassen.

Thomas' liebste Abendbeschäftigung ist das Lesen. Wir müssen uns alles anhören, was er liest. Die meisten seiner Bücher sind in Französisch, Latein oder Griechisch geschrieben, und er übersetzt sie für uns, während er liest. Manchmal geht das gut, manchmal nicht. Er trägt uns den Anfang der *Ilias* vor, wo es anscheinend hauptsächlich um Leute geht, die sich gegenseitig umbringen, sich streiten oder böse aufeinander sind. Ned gefällt das, weil es so blutig ist. Robin tut Thomas zuliebe so, als würde es ihm gefallen, und Maggie versteht es nicht richtig. Ich spüre die Schönheit, die sich hinter seiner stotternden Übersetzung verbirgt, und das macht mich zugleich aufgeregt und verdrossen; wie ein kleiner Knoten sitzt der Ärger in mir. Ich hasse sein Vorlesen, aber wenn er aufhört, bedaure ich es fast jedes Mal sofort.

»Möchtest du schreiben lernen?«, fragt Geoffrey – ich meine Thomas. »Du könntest Lucies Bücher dafür nehmen. Ich bringe es dir bei, wenn du willst.«

»Ich kann schreiben«, sage ich und male meinen Namen in die Luft. I S A B A L, so wie Geoffrey es mir gezeigt hat.

»Oder sticken vielleicht?«, sagt Thomas. »Ich weiß nicht – vielleicht kennt Ralph irgendwen, der ...«

Ich will nichts von alldem tun. Ich will heim. Aber ich habe kein Zuhause mehr, und wir sollten dankbar sein.

Vielleicht sollte ich besser auf Maggie und Ned aufpassen. Aber mit den beiden scheint alles in Ordnung zu sein. Sie sind den ganzen Tag draußen und spielen in den Straßen ums Haus mit andern Kindern. Es gibt viele elternlose Kinder in York. Man sieht sie auf der Straße stehen und betteln, oft sitzen sie auch auf den Totenwagen, wenn sie alt genug sind. Es passt Thomas nicht, dass Maggie und Ned mit diesen Kindern spielen, aber er kann sie nicht daran hindern.

»Vielleicht sollten wir eine Kinderfrau für sie suchen«, sagt er.

»Warum?«, fragt Robin. »So klein sind sie nicht mehr.«

»Das stimmt wohl.« Thomas weiß anscheinend nicht viel über Kinder. Ich frage mich, wer seine Kinder großgezogen hat. »Ich müsste auch einen Lehrer für dich und Ned finden«, sagt er vage.

»Das ist schwer, weil alle weg sind. Wenn das hier erst vorbei ist vielleicht ...«

Ich weiß, ich sollte mich darum kümmern, wo und wie Mag und Ned ihre Zeit verbringen, aber das schaffe ich nicht. Ich bin froh, wenn sie nach draußen gehen. Das bedeutet, dass ich nicht nach ihnen schauen muss. Manchmal stellen sie sich ans Fußende vom Bett und mustern mich.

»Da gibt's eine Frau auf der Straße, die sagt, sie kann die Pest heilen«, erklärt Ned.

»Kann sie nicht«, sage ich, ohne mich zu rühren.

»Die verkauft getrocknete Kröten«, fährt Ned fort. »Für einen halben Penny. Mit denen reibt man über die Beulen, und davon gehen sie weg. Und dann gibt's noch einen Mann, der Weihwasser verkauft und Überreste von Heiligen. Fingerknöchel und Fläschchen mit Blut. Ich hab ihm vom heiligen Beda erzählt, da hat er gesagt, er habe Blut von ihm! Wenn du's dir um den Hals hängst, schützt dich das!«

»Tut es nicht«, sage ich und denke an Alice. »Das sind alles Lügen, Ned. Der verkauft bloß Hühnerknochen.«

Ned guckt enttäuscht. Die beiden stehen am Fußende wie zwei Holzstatuen. Dann sagt Ned: »Es gibt einen Zauberer, der kann dir sagen, ob du im nächsten Jahr stirbst oder nicht. Kostet einen Penny. Du kannst ihn alles fragen, er weiß die Antwort. Mag und ich wollten wissen, ob Geoffrey noch lebt, und er hat gesagt, das tue er wohl, aber er würde in tödlicher Gefahr schweben. Das beweist es doch, oder?«

»Ach, haut ab!«, schreie ich. »Lasst mich zufrieden! Wo habt ihr überhaupt das Geld für so was her?«

Mag und Ned machen sich klein, als hätten sie Angst, dass ich sie schlage.

»Das sagen wir dir nicht!«, ruft Ned. »Wir wollten's dir sagen, aber jetzt nicht mehr!« Und er schnappt Mag am Arm und zerrt sie hinter sich her aus der Tür.

Mir doch egal, wo sie ihr dummes Geld herkriegen. Wahrscheinlich haben sie's gestohlen. Aber das kümmert mich nicht.

Pass auf Ned und Margaret auf, hat Vater gesagt. Aber er hat uns schließlich auch im Stich gelassen, oder? Er ist gestorben, und jetzt sind wir hier in dieser seltsamen Stadt, ganz allein. Warum soll ich mich da um sie kümmern?

Es nützt sowieso nichts, sich Sorgen zu machen. Bald sind wir alle tot. Erst die Krankheit, dann kommen Erdbeben, und es regnet Feuer, so wie in Kastilien und Aragon, später dann Eidechsen und Elefanten und Frösche, alles Mögliche, womit Gott uns quälen will. Wenn ich so im Schlafgemach von Lucie und Edith liege, wünsche ich mir fast, es würde endlich passieren. Alles wäre besser als dieses ... dieses Nichts. Dieses Warten.

Thomas glaubt nicht an Gott. Ich habe noch nie jemanden gekannt, der das nicht tut, aber bei ihm ist es so. In einer Ecke seines Hauses gibt es eine dunkle Kapelle, mit hohen, spitzen Fenstern, mit Heiligengemälden an den Wänden und einem kleinen Altar. Als ich

ihn mal gefragt habe, warum wir dort nie eine Messe feiern, meinte
er, er könne keinen Priester ins Haus bitten, während die Pest in der
Stadt wütet. Aber wenn er wirklich beten wollte, würde er in die Kirche gehen. Doch er kommt nicht mal mit zur Sonntagsmesse. Wir
gehen mit Ralph und Watt und dessen Sohn Stephen. Nur an Sonntagen findet man mehr Menschen auf der Straße. Keiner – außer
Thomas – will riskieren, es sich mit Gott zu verderben.

Robin kommt in mein Zimmer und stellt sich ans Fußende vom
Bett. Seine schwarzen Haare sind vom Wind ganz zerzaust.

»Thomas sagt, er nimmt uns mit nach Frankreich, wenn wir wollen!«, verkündet er.

Die Welt geht unter, und er führt sich auf wie ein kleiner Junge,
der beim Ringkampf gewonnen hat.

»Ich dachte, da seien alle tot«, sage ich.

Robin zieht die Stirn kraus. »Ein paar Leute werden schon noch
da sein.« Mit seinen langen Fingern zerrt er ärgerlich an den Bom-
meln der Bettdecke.

»Was hast du gegen Thomas?«, fragt er. »Was ist denn so falsch
hier?«

Er will es wirklich wissen.

»*Alles* hier ist falsch«, wimmere ich. »Die ganze Stadt stirbt ... das
ist so furchtbar ... Wie kannst du hier nur glücklich sein? Hier ist
nichts ... für mich gibt's nichts zu tun. Ich will keine Kaufmannsfrau
sein. Ich will ...« Ich breche ab und versuche, erst mal im Kopf klar-
zubekommen, was ich meine, und es dann so auszudrücken, dass er
es versteht. »Ich will eigenes Ackerland«, sage ich. »Unsern Grund
und Boden, das Land, für das Vater so geschuftet hat. Wir haben es
Joan gelassen, und jetzt verrottet die Gerste auf den Feldern. Und
ich will meine eigene Familie. Ich weiß nicht, wie das gehen soll, die
Tochter von Thomas zu sein. Ich will das auch gar nicht. Ich will
Getreide anbauen. Ich will säen und ernten und deine Frau sein.«

Robin betrachtet die Bettdecke, immer noch mit gerunzelter Stirn.

»Aus dem Dorf wegzugehen«, sagt er bedächtig, »ist schon immer mein größter Traum gewesen. Schiffe sehen, das Meer erleben – nach London reisen und nach Avignon, wo der Papst wohnt, und nach Spanien, wo die Trauben wachsen.«

»In London sind alle tot«, werfe ich ein.

»Das weißt du doch nicht! Das haben die Leute über York auch gesagt.«

»Na, ist ja auch so. Jedenfalls sterben alle.« Da läutet draußen vorm Fenster schon wieder eine Glocke. »Siehst du? Wer will schon die Toten von Avignon sehen?«

»Ich!«, sagt Robin. »Ich glaube das nicht, dass alle gestorben sind. Ich will losfahren und diese Orte sehen. Dort scheint trotzdem die Sonne, und es gibt Elefanten und Drachen und ...«

»Drachen gibt's nicht«, widerspreche ich. »Und was willst du denn in Frankreich? Du kannst ja nicht mal Französisch. Was ist mit den Leuten im Dorf? Mit Geoffrey und Will Thatcher und Joan und den Mönchen, und mit Amabel Dyer und –«

»Amabel Dyer ist tot«, sagt Robin. »Und die Mönche auch.«

Ich habe vergessen, dass Amabel Dyer gestorben ist.

»Was ist mit mir?«, frage ich. »Mit dem, was ich will?«

»Warum soll mich das kümmern?«, sagt Robin. »Wenn ich dir egal bin?«

Weil wir verwandt sind. Aber das sind wir gar nicht. Vielleicht sind wir nicht mal richtig verheiratet. Und er hat recht – er ist nicht verpflichtet zu tun, was ich will.

Ich springe aus dem Bett und laufe aus dem Zimmer, ohne mich um seinen verletzten Gesichtsausdruck zu kümmern. Ich stolpere die Treppe runter und beiße mir fest auf die Lippe, damit mir nicht die Tränen kommen. Ich überlege, immer weiterzulaufen, einfach immer weiter. Bis nach Hause – aber bei dem Gedanken an das leere Haus, das schaurige Bett, in dem Vater und Alice gestorben sind, steigt mir das blanke Entsetzen in die Kehle. Gut möglich, dass ich kein Zuhause mehr habe. Wenn ich sterbe, wird niemand wissen, wie ich heiße. Ich werde in einer Pestgrube enden, ohne Grabstein, und keiner wird für meine Seele beten. Wenn wir an verschiedenen Tagen sterben, werde ich vielleicht nicht mal zusammen mit Ned und Mag beerdigt. Wie sollen wir uns da wiederfinden am Tag des Jüngsten Gerichts? Und wie komme ich mit Vater und Alice zusammen, wenn mein Grab so weit weg von zu Hause ist?

Auf den letzten Treppenstufen falle ich beinahe über Maggie und Ned. Sie beugen sich über einen wahrhaft königlichen Schatz – zwei Armbänder, die mit echten Juwelen besetzt zu sein scheinen, ein paar Silberteller, ein Schachspiel mit geschnitzten Elfenbeinfiguren. Zwischen all den glänzenden Kostbarkeiten ist auch wertloses Zeug – eine Holzpuppe in einem blauen Wollkleid und ein Messer, wie Robin es besitzt, mit einer ledernen, mit Messing besetzten Scheide. Als Ned mich sieht, will er die Sachen verstecken, aber dafür ist es zu spät.

»Was ist das?«

»Nichts.« Dann sieht er mein Gesicht und sagt: »Das gehört Thomas. Er hat's uns gegeben.«

Die Vorstellung, Thomas könnte ihnen einfach so goldene Armbänder geschenkt haben, ist absurd. Der Schmuck hat schließlich Juliana gehört.

»Ihr habt das gestohlen, stimmt's?«

Ned guckt betroffen. Mag ruft: »Das ist kein Stehlen! Wenn doch alle tot sind!«

Ich brauche einen Augenblick, um zu begreifen, was sie da sagt.

»Ihr habt die Sachen aus den Häusern von Toten? Ihr bestehlt die Verstorbenen?«

Ned würde am liebsten in die Wand kriechen.

»Das ist kein Stehlen!«, behauptet jetzt auch er. »Das gehört sowieso keinem mehr.«

»Mir egal, wem die Sachen gehören!«, schreie ich. »Ihr geht in

Pesthäuser! Da ist so viel schlechte Luft! Ist das euer Dank an Thomas – dass ihr die Pest anschleppt?«

Ned dreht sich von mir weg, drückt sein Kinn gegen die Schulter und windet sich, als wollte er wirklich in der Wand verschwinden.

»Thomas kann die Pest nicht kriegen«, murmelt er. »Alle in seiner Familie sind gestorben, und er ist am Leben.«

»Aber ich kann sie kriegen!«, brülle ich. »Und du auch, genauso wie Mag und Robin! Und wir können alle am Galgen landen, bloß wegen ein paar dummen Tellern!«

Ich trete gegen den Haufen, dass die Sachen nur so durch den Gang fliegen. Mag heult auf und rennt der Puppe hinterher. Das Ding ist nichts weiter als ein bisschen geschnitztes Holz mit Wollhaaren, aber sie drückt es an ihre Brust, um es vor meiner Wut zu schützen. Anscheinend glaubt sie, sie soll es zurückbringen.

»Willst du, dass Mag als Diebin aufgeknüpft wird?«, schreie ich Ned an. »Willst du das?«

Ned schüttelt stumm den Kopf. Ich sehe ihn an, und auf einmal schäme ich mich. Das ist mein Ned, mein einsamer kleiner Ned mit den roten Haaren, in den gleichen Kleidern wie zu Hause, während wir andern herumstolzieren wie Prinzen und Prinzessinnen. Sein Gesicht ist blass, er schwankt zwischen Tränen und Wut. Ich würde ihn gern trösten, aber ich weiß nicht, wie. Alice würde ihn schütteln und schlagen und ihn dann halten, wenn er weint. Ich weiß nicht, ob er mir überhaupt erlaubt, dass ich ihn anfasse.

Ich lege die Arme um ihn. Erst weicht er zurück, dann sinkt er in sich zusammen und schmiegt sich an mich. Ich wiege ihn sanft vor und zurück.

»Ich will heim«, sagt er.

»Ich weiß«, sage ich. »Ich auch.«

Maggie stellt sich neben mich und betrachtet Ned argwöhnisch.

»Ned weint«, verkündet sie.

»Kann er ruhig, wenn er will.«

»Er ist doch ein großer Junge«, sagt sie.

»Auch große Jungen weinen manchmal«, erwidere ich, aber ich weiß nicht, ob sie mir das glaubt.

Alles wird anders, nachdem ich von den Diebeszügen meiner Geschwister erfahren habe. Unsere kleine Welt gerät ins Wanken. Am Anfang gab es mich und Mag und Ned und Robin. Dann kam Thomas dazu und wollte sein Haus dicht an unseres bauen. Jetzt hat sich alles verschoben. Mag und Ned und ich wohnen in dem einen Dorf, Thomas und Robin in dem andern, auf verschiedenen Seiten vom Bach. Robin und ich sind wie Tristan und Isolde: Wir lieben uns, obwohl er in ein anderes Dorf gehört als ich.

Wir reden nicht viel darüber, aber Mag und Ned und ich setzen jetzt alles daran, wieder nach Hause zu kommen. Vorerst tut sich kaum etwas, wir murmeln nur Sätze vor uns hin, tauschen Blicke und geben uns Versprechungen. Was wir tun wollen und bei wem wir wohnen sollen, wenn wir zurück sind, weiß ich noch nicht, aber es wird uns doch bestimmt jemand aufnehmen, oder? Zusammen besitzen wir fast eine ganze Landhufe. Irgendwer muss eine Tochter haben, die er mit Ned verheiraten will, oder einen Sohn, der bereit ist, Maggies Anteil zu bebauen. Dass in Frankreich alle tot sein sollen, ist denkbar, aber für unser Dorf kann ich es mir unmöglich vorstellen.

Ned holt immer noch Sachen aus den Häusern. Er gehört zu einer Bande – lauter Kinder aus der Gegend um das Haus von Thomas. Alle stehlen sie oder machen noch Schlimmeres. Sie hocken auf den Stufen beim Platz am Ende der Straße, spielen und streiten sich und tollen miteinander herum, trinken Dünnbier und teilen die Beute auf. Die meisten sind noch klein, so alt wie Ned oder ein bisschen älter, manche scheinen eher in Robins Alter zu sein, und ein oder zwei sind praktisch erwachsene Männer. Die gehen bestimmt nicht in die Häuser. Ich denke, die kaufen den Kleinen die wertvollen Stücke ab oder heben sie im Vorbeischlendern einfach vom Pflaster auf und nehmen sie mit. Ned und Maggie haben inzwischen eine ganze Schatztruhe voller Sachen zum Verkleiden und zum König-und-Königin-Spielen. Ich ohrfeige sie, wenn ich sie dabei erwische, aber das stört sie nicht groß. Ich frage mich, ob Thomas etwas weiß. Wahrscheinlich findet er es überhaupt nicht gut, aber müsste er in diesem Fall dem Treiben nicht von sich aus ein Ende setzen? Ich kann gut verstehen, dass die beiden außer Rand und Band geraten. Zu Hause hatten wir immer zu tun – haben gebuddelt, gebaut, die Felder bestellt. Aber hier? Hier gibt es nichts. Kein Wunder, dass den Kleinen langweilig wird.

»Wie ist es da drin?«, frage ich Ned. »In den leeren Häusern?«

Er zuckt mit den Achseln. »Leer. Kalt. Finster.«

Ohne Robin würde ich schon morgen aufbrechen. Ich würde Thomas sagen, dass wir's uns anders überlegt haben und nach Hause wollen. Aber Robin will nicht weg.

»Thomas hat schon einmal seine ganze Familie verloren. Da können wir ihm doch die zweite nicht auch noch wegnehmen.«

»Wir sind keine richtige Familie. Das kümmert ihn doch gar nicht, ob Mag und Ned da sind. Das merkt er nicht mal!«

»Ob ich da bin, kümmert ihn aber.«

Stimmt, das tut es.

»Er will mit mir nach Frankreich«, sagt Robin. »Er hat's mir versprochen.«

»Weiß ich doch.«

»Frankreich, Isabel!«

Ich muss mit ansehen, wie der Abstand zwischen unsern Dörfern immer größer wird, und kann nichts dagegen tun.

34 MATILDA

Im Haus von Thomas gibt es nicht viel, was mir gefällt. Das Abendessen gehört dazu. Es findet in der Halle statt: Wir sitzen am Tisch
der Herrschaft auf einem Podest, die beiden niedrigen Tische für
die Bediensteten sind seitlich an den Wänden aufgestellt. In der Mitte
der Halle ist eine flache steinerne Herdstelle im Boden eingelassen,
aber gekocht wird in den Küchenräumen, und noch ist es nicht kalt
genug, dass man nur um der Wärme willen Feuer machen würde.

Normalerweise wären natürlich auch alle Männer da, die bei Thomas im Kontor arbeiten, und wahrscheinlich sind auch einige Bedienstete bereits gestorben – Juliana und ihre Töchter hatten sicher
ein Dienstmädchen, und vielleicht gab es auch eine Kinderfrau für
Edith. Über der Halle liegt Schwermut, halb leer, wie sie ist, als wären wir Gäste bei einem Fest, zu dem fast keiner gekommen ist, doch
wir müssten so tun, als würde niemand fehlen und fröhlich sein.

Das Essen ist allerdings wunderbar. Fast so gut wie in der Abtei
von St. Mary. An Fleischtagen gibt es gedämpftes Rindfleisch mit
Zimt und Safran, Hasenpfeffer, Hühnchen mit Mandeln und Reis,
an Fastentagen Hecht und Schellfisch in Dünnbier oder Lachs und
überhaupt alle möglichen guten Sachen.

Als wir heute aus der Stube kommen, sitzt eine Frau neben Thomas am Tisch der Herrschaft. Sie ist schon älter, etwa so alt wie Vater, hat ein runzliges Gesicht und hängende Mundwinkel. Ihre Haut
wirkt schlaff und grau und weich, wie vom Alter verbrauchte Haut
eben wird. Sie trägt ein Kleid aus dunkelrotem Stoff – wahrscheinlich
Seide – und einen Witwenschleier, der viel kunstvoller ist als die
Schleier der Frauen bei uns im Dorf. Neugierig betrachtet sie uns.

»Und wer mag das wohl sein, Thomas?«

Thomas lächelt sein besonderes Lächeln, bei dem ich immer das Gefühl habe, er amüsiere sich insgeheim – er scheint über einen Witz zu lachen, den außer ihm keiner versteht.

»Das ist Robin«, erklärt er. »Und dies sind Isabel und Edward und Margaret.«

»Wie sie heißen, ist mir egal!«, erwidert die Frau. »Ich will wissen, was sie hier tun! Und wo hast du sie gefunden – in einem Heuhaufen?«

Ned prustet los. Schließlich hat uns Thomas wirklich mehr oder weniger im Heu gefunden.

»Auf der Straße«, sagt Thomas versöhnlich. »Und ich habe ihnen einen Platz zum Schlafen gegeben. Weiter nichts, Matilda.«

Herablassend mustert Matilda Ned in seinen alten grünen Hosen und dem fleckigen rostbraunen Kittel.

»Aha«, sagt sie. »Nun gut, das ist deine Sache, Thomas. Allerdings würde ich an deiner Stelle ein Auge auf den Ältesten haben. Er scheint groß genug, jedes ernsthafte Vorhaben zu verhunzen. Und wo wir schon dabei sind – hast du die Neuigkeiten aus London gehört?«

»Nichts Aktuelles, nein«, sagt Thomas. Mit einem Kopfnicken bedeutet er uns, dass wir uns setzen sollen, dann vertiefen sich die beiden in ein kompliziertes Erwachsenengespräch über Passatwinde und Schiffe, die an ungünstigen Orten gestrandet sind und nur weitersegeln konnten, weil Matilda die Oberen zu einer Erlaubnis überreden konnte, die sie eigentlich nicht hätten erteilen dürfen. Bestimmt wird Thomas jetzt böse – er ist doch so versessen darauf, dass alle bleiben, wo sie sind, da wird er sich kaum freuen, wenn eine ganze Flotte von Schiffen die Welt mit Pest und Tod überzieht. Aber er nickt bloß und beginnt über die Weinpreise zu reden. Ich begreife immer noch nicht, wieso er mit einer Frau über all diese Dinge redet. Können Frauen Schiffe besitzen?

Weil Freitag ist und damit Fastentag, wird kein Fleisch serviert. Es gibt Fischragout mit Mandeln und Ingwer, danach einen sämigen Kirschbrei mit Sahne. Ned und Mags langweilen sich und treten sich gegenseitig unter dem Tisch.

Schließlich verkündet Matilda, dass sie zur Abendmesse will. Wir müssen alle aufstehen und uns förmlich verabschieden. Sie reckt die Nase in die Luft, als würden wir stinken wie etwas, das an ihrer Stiefelsohle klebt.

»Nun ja«, sagt sie. »Du wirst schon wissen, was du tust, Thomas.«

»Das ist selten der Fall«, antwortet Thomas, wieder mit diesem Lächeln.

»Wer war *das* denn?«, will Ned wissen, als Matilda weg ist. Er zieht eine Grimasse, um zu zeigen, was er von ihr hält. Thomas runzelt die Stirn. Er kann Grobheiten nicht vertragen.

»Ihr Name ist Matilda de Kyngesford«, erklärt er. »Sie ist eine der wohlhabendsten Frauen in York.«

»Das heißt, ihr Ehemann ist reich«, werfe ich ein, aber Thomas schüttelt den Kopf.

»Matilda ist eine heilige Witwe, Isabel. Nach dem Tod ihres Mannes hat sie ein Gelübde abgelegt, den Rest ihres Lebens in Keuschheit zu verbringen und Gott zu dienen.«

»Wie eine Nonne?«, fragt Robin, aber Thomas lacht nur.

»Nein, wohl kaum wie eine Nonne.« Er spielt mit seinem Messer. »Robin, bei der Versammlung morgen brauche ich jemanden, der Buch führt. Meinst du, du kannst …«

Aber ich will weiter über Matilda reden.

»Moment mal«, sage ich. »Matilda – sie ist eine Frau und macht Kaufmannsgeschäfte?«

»Und zwar mit großem Erfolg.« Nur widerwillig wendet sich Thomas mir zu. Dabei bin ich doch angeblich seine Tochter, mit der muss er sich doch unterhalten wollen! »Man sagt, sie hat das Gelübde nur abgelegt, damit ihr Vater sie nicht wiederverheiratet«, sagt er. »Wenn das stimmt, war es eine kluge Entscheidung. Sie genießt hohes Ansehen hier in der Stadt. Aber jetzt, Robin ...« Und dann reden die beiden wieder über Buchführung und Weinfässer und lauter ödes Zeug, für das Robin nur deshalb Interesse vortäuscht, weil es Thomas wichtig ist.

Als wir aufstehen, um uns wieder in die Stube zurückzuziehen, schnappe ich Robin am Ärmel.

»Diese Frau.«

»Was denn?«

»Sie betreibt Handel – genau wie Thomas!«

»Und?«

»Sie ist eine Frau und tut, was sie will. Also kann ich das auch. Ich kann Vaters Land bestellen – unser Land. Ich muss dafür nicht erst dich heiraten oder wie deine Mutter jemand andern suchen, der für mich auf die Felder geht. Ich kann das alleine machen!«

Robin beißt sich auf die Lippe. Er weiß nicht, dass ich vorhabe wegzugehen. Er will kein Bauer sein. Er will hier bei Thomas bleiben. Will auf einem seiner Schiffe nach Kastilien und Frankreich und Indien reisen, will Wein, Seide und Gewürze und andere Kostbarkeiten mitbringen. Ich lasse meine Hand sinken.

»Wir sind einander versprochen«, sagt er mit angespanntem Gesicht und rauer Stimme. »Weißt du nicht mehr? Du hast ein Ehegelübde abgelegt, so wie Matilda beim Bischof. Du kannst nicht einfach weglaufen!«

Ich betrachte Robin, in diesen Kleidern, die ihm immer noch nicht richtig passen, und sehe eine Gefängniszelle. Ich sehe ein Leben in den viel zu großen Gewändern von Lucie vor mir, sehe mich mit ungeschickten Stichen weiter an ihrer feinen Stickarbeit werkeln, während die Isabel, die ich sein will, zugrunde geht wie eine Pflanze ohne Licht und Luft.

»Wirst du mich an ein Versprechen ketten, das ich nicht halten will?«, frage ich.

Robins Augenlider zittern.

»Nein«, sagt er. »Natürlich nicht.«

Ich denke an Geoffrey und seine Bücher. *Wem Gott Wissen und Beredsamkeit gegeben hat* … Deine Hände und dein Herz sind ein Geschenk Gottes. Dieses Geschenk zu verschwenden … das ist, als würdest du dich selbst wegwerfen.

Aber schon immer sollte Robin meine Familie sein. Bei ihm bin ich zu Hause, mehr als irgendwo sonst.

Trotzdem werde ich von ihm weggehen.

»Tut mir leid, Robin«, sage ich und folge Maggie und Ned, lasse ihn alleine stehen.

35 ZETERMORDIO

Damit ist es entschieden. Wir gehen nach Hause, Mag, Ned und ich. Ich weiß noch nicht, wie, denn wir haben keine Pferde, und ich kann sowieso nicht reiten, außerdem wissen wir den Weg nicht, und selbst wenn, dann müssten wir die ganze Zeit alleine laufen, es zieht nämlich inzwischen keiner mehr Richtung Norden.

Immerhin hat Ned viel Geld.

Wir sollten bald aufbrechen. Es ist mit Sicherheit gefährlich in dieser Stadt, in der inzwischen nicht mal mehr die Glocken läuten. Vater hat mich nicht zur Abtei gehen lassen und wollte nicht, dass ich ins Haus komme, um mich zu verabschieden. Da wäre er wohl kaum einverstanden, wenn er wüsste, dass ich Ned und Mags in diese Todesstadt gebracht habe.

Trotzdem frage ich mich, ob die Krankheit vielleicht doch an ein Ende kommt. Die ratternden Totenwagen auf den Straßen sind weniger geworden, und in der Gosse liegen nicht mehr so viele Leichen. Die Schmiede gegenüber ist zum ersten Mal, seit wir hier sind, wieder offen. Der Schmied hat an seinem Amboss gearbeitet, als ich vorbeigekommen bin.

Und wenn das Sterben hier aufhört, muss es in Ingleforn doch bestimmt vorbei sein?

Ich würde schon morgen aufbrechen, wenn Robin nicht wäre.

Wenn ich nicht solche Angst hätte, was ich in Ingleforn vorfinden werde.

Wenn Thomas nicht wäre.

In letzter Zeit beachtet er uns, mich, Ned und Mag, immer mehr. Ihm scheint klar zu werden, dass wir eigene Persönlichkeiten sind und nicht nur Robins Gefolge. Ich frage mich, welcher Anteil dieses ruhigen, höflichen, in sich gekehrten Menschen, den wir erleben, der wahre Thomas ist und was er hinter dieser Maske wirklich denkt. Er hört jetzt zu, wenn wir etwas sagen. Gestern beim Essen hat er fast die ganze Zeit mit Mag geredet. Sie hat ihm alles über Alice und Vater und über Geoffrey, Richard und Edward erzählt – und er hat aufmerksam gelauscht, immer wieder genickt und an den richtigen Stellen Fragen gestellt.

Als sie fertig war, hat er zu mir gesagt: »Ich wusste nicht, dass du so viele Brüder hattest. Ihr wart eine große Familie.«

»Geoffrey lebt vielleicht noch«, habe ich erwidert. »Das wissen wir nicht.«

»Wenn du möchtest, könnte ich Ralph zur Abtei schicken, damit er sich erkundigt«, hat er gesagt, und gegen meinen Willen hat mein Herz einen Satz gemacht.

»Ja!«, habe ich gerufen und auf sein Lächeln hin ergänzt: »Ich meine, bitte. Ja, bitte.«

»Wird wohl ein Weilchen dauern, bis ich ihn entbehren kann«, hat Thomas gesagt. »Und vielleicht ist niemand mehr da, der etwas weiß. Wenn es Überlebende gibt, sind die inzwischen wahrscheinlich weggezogen.«

»Das ist mir klar«, habe ich geantwortet und gewusst, dass ich, bis Antwort käme, wohl sowieso nicht mehr da wäre.

Vor dem Schlafengehen weihe ich Ned und Maggie ein.

»Bald gehen wir heim. Ich bin am Planen.«

»Wie?«, fragt Ned.

»Wir laufen. Auf der Straße nach Felton. Falls wir uns verirren, fragen wir, wo es nach Felton geht. Wenn wir erst in Felton sind, fragen wir uns nach Great Riding durch, und von dort aus finde ich den Weg alleine. So macht man das. Alice hat mir das beigebracht. Auf die Art haben sie es sogar bis nach Duresme geschafft. Hör mir

zu, Mag, und lass das Herumspielen.« Ich nehme ihr die Puppe weg, und ausnahmsweise fängt sie diesmal nicht an zu schreien.
»Gehen wir zu Richard?«, fragt sie.
»Richard ist tot«, erkläre ich ihr. Ich habe es ihr schon öfter gesagt, aber sie bekommt es einfach nicht in den Kopf.
»Zu wem gehen wir dann?«, will Ned wissen. Er zieht eine abscheuliche Grimasse, steckt die Zunge raus und lässt die Augäpfel vortreten. »Doch nicht zu Agnes?«
»Ich weiß nicht, wo wir hingehen«, sage ich. »Aber sicher nicht zu Agnes.«
»Lieber wär ich tot«, sagt Ned.

Nachts ist es kalt. Bald ist Michaelistag. Zum ersten Mal seit unserer Ankunft macht Ralph in der Halle ein Feuer. Der Rauch steigt nach oben und bleibt als grauer Dunstschleier unterm Dach hängen, genau wie bei dem kleinen Herdfeuer zu Hause.

Watt und sein Sohn Stephen bringen das Essen. Es ist ein ganzer Lachs auf einem Bett von Grünzeug, mit Reis und Safran und Mandeln. Das Essen werde ich vermissen.

Während Watt den Lachs auf den Tisch stellt, sagt er: »Meine Cousine Muriel kommt nach York zurück. Sie sucht Arbeit, falls es welche gibt.«

Thomas hält ihm den Weinbecher hin.

»Die Leute kehren also wieder zurück?«, fragt er.

Watt nickt. »Auf den Straßen sind jeden Tag mehr Menschen.«

Nimmt die Krankheit also wirklich ein Ende? Zum ersten Mal seit Langem glaube ich fast daran.

Nach dem Essen geht Thomas in sein Kontor, um die Tagesabrechnung zu machen. Ned und Mag verschwinden nach draußen. Ich weiß, ich sollte sie aufhalten, aber ich lasse sie laufen. Ich muss mit Robin reden, und das geht leichter ohne ihren Lärm, ihre Spiele und ihre lauten Stimmen.

Robin sitzt oben in seiner Kammer und übt auf einer Wachstafel das Schreiben. Er hat schon oft Unterricht bei Thomas gehabt, kann aber immer noch nicht viel mehr als die einzelnen Buchstaben, soweit ich sehe. Heute schreibt er mit einem polierten Holzstöckchen X Y Z X Y Z X Y Z ins Wachs.

Ich zeige auf das X. Das kenne ich.

»Das ist zehn«, sage ich.

»Und Icks.«

Ich runzle die Stirn. »Geoffrey hat gesagt, das steht für zehn. Icks, was soll das denn sein? Das bedeutet doch nichts.«

»Das soll auch nichts bedeuten«, sagt Robin. »Das ist einfach … ein Icks eben. Das …«

»Wir gehen weg«, sage ich. »Morgen.«

Er starrt mich an. »Wohin? Warum?«

»Heim. Darum. Wir können hier nicht bleiben.«

Er fingert an dem Stift herum.

»Ich kann nicht mitkommen«, sagt er. »Das weißt du, oder?«

Das habe ich nicht gewusst. Nicht bis zu diesem Moment.

»Wir brauchen dich«, sage ich.

Er lächelt mich an, ein bisschen traurig.

»Du nicht«, sagt er. »Du brauchst niemanden.«

»Dich brauche ich«, sage ich und spüre, wie mir Tränen in die Augen steigen. Ich setze mich neben ihn auf die Bank und umarme ihn, atme seinen ungewohnten Geruch ein, nach Leder, Tinte und Dünnbier und nach Williams Kleidern. Mein Robin.

Ich bin es so leid, Abschied zu nehmen.

Sein blasses Gesicht ist nach vorne gesunken, das dichte Haar fällt ihm in die Augen. Ich lege ihm die Hände auf die Wangen und küsse ihn auf den Mund, so wie ich es an dem Tag im Wald mit Will getan habe. Ich will Robin zeigen, dass ich ihn liebe. Ich will, dass er mit uns kommt. *Ich bin jetzt deine Familie.* Aber was nützt eine Familie, wenn sie dich immer verlässt?

Er küsst mich zurück, so heftig, dass es mich überrascht. In all den Monaten unseres Zusammenlebens haben wir uns kein einziges Mal geküsst, und jetzt küsst er mich auf die Art. Ich schließe die Augen und verliere mich auf seinen Lippen, in seinem Mund, Zunge an Zunge, Lippen an Lippen, warm und feucht, mit drängendem Ungestüm. Ich weiß nicht, ob ich mich verabschiede oder mein Eheversprechen erneuere, aber in diesem Moment ist mir alles egal außer diesem Kuss.

Irgendwo draußen läutet eine Glocke. Wieder mal eine Beerdigung. Nur wird dafür doch gar nicht mehr geläutet, oder? Und es ist auch keine Totenglocke – diese Glocke bimmelt rasend, dringlich, wild.

Ich presse mich an Robin und lege die Wildheit des Läutens in meine Küsse, aber Robin macht sich von mir los.

»Zetermordio!«

Unten schreit Watt los.

»Zetermordio! Zetermordio!«

Die Fenster in Robins Kammer sind aus geölter Leinwand. Wir können nicht rausgucken. Ich greife nach seiner Hand, und zusammen poltern wir die Treppe runter. Mein Herz rast wie das eines gefangenen Vogels. Was war das eben? Kommt Robin mit, oder haben wir uns für immer verabschiedet?

Watt steht an der Tür, schaut nach draußen.

»Die Kinderbande von der Straße«, ruft er. Mein Magen krampft sich zusammen, und mir stellen sich die Haare an den Armen auf. Die Straßenbande. Das sind auch Ned und Mag. Ich sterbe, wenn ihnen irgendwas passiert. Der Gedanken überrascht mich, er ist so klar wie Wasser und so deutlich wie der Lärm einer Glocke. Ich sterbe.

»He!«

Die Bande läuft die Straße runter, stürmt an uns vorbei. Kleine Kerlchen, noch jünger als Ned, und junge Männer, großgewachsen wie Richard. Ein Kind fällt vor uns in den Matsch und fängt an zu weinen, aber das kümmert Watt nicht. Er verfolgt ein langbeiniges Mädchen mit wehenden Haaren. Robin will ihm hinterherrennen, aber ich packe ihn am Arm.

»Lass! Lauf nicht!«

Er versucht sich loszureißen.

»Zetermordio, Isabel!«

»*Lass es*«, sage ich. »Das ist Neds Bande.« Da sieht er mich fassungslos an.

Auf der Straße sind jetzt noch andere Männer. Der Bäcker von weiter unten und Ralph, der Diener von Thomas, und ein Konstabler. Watt hält das langbeinige Mädchen fest. Sie wehrt sich und tritt nach ihm, aber Watt lässt sie nicht los. Der Bäcker jagt zwei älteren Jungen hinterher, doch die beiden sind schneller, er wird sie nicht einholen. Die Glocken läuten weiter, und immer mehr Leute kommen auf die Straße. Ich hätte nicht gedacht, dass in York überhaupt noch so viele am Leben sind. Alles passiert furchtbar schnell. Mir ist schwindlig vor Angst und Verwirrung.

Und da sehe ich Ned. Er rennt schnell, hat die beiden großen Jungen schon fast eingeholt, aber sein Kittel ist ausgebeult, darunter sind Sachen versteckt, die nicht dort hingehören. Und als der Büttel – ein Mann, der mit Thomas bekannt ist, die beiden grüßen sich und wechseln ab und zu ein paar Worte – um die Ecke prescht, rutscht Ned der Kittel aus den Fingern, und alles poltert zu Boden: Teller und Schmuck und ein Biberfilzhut, wie Thomas ihn hat. Ned stolpert über die Teller, und der Konstabler packt ihn am Arm. Ned wehrt sich wie eine Katze oder ein Wolf – selbst habe ich noch nie einen Wolf gesehen, aber Vater schon, in Schottland –, er strampelt und ringt, kämpft mit Zähnen, Ellbogen und Knien, aber der Konstabler ist stärker, er drückt Ned die Arme auf den Rücken. Ned sieht uns auf der Treppe stehen und fängt an zu schreien.

»Isabel! Isabel!«

Ich renne über die Straße. Robin kommt hinterher, das klappernde Bündel Wachstafeln mit X Y Z noch in der Hand.

»Lass ihn los!«, rufe ich. »Er ist doch nur ein kleiner Junge! Lass ihn in Frieden!«

»So klein auch wieder nicht«, sagt der Büttel und versetzt einem auf dem Boden liegenden Teller einen Stiefeltritt. »Dafür wirst du hängen, Junge.«

Mir fällt der Schafdieb ein, ein Aussätziger bei uns im Dorf, von dem Vater erzählt hat, er würde aufgehängt werden. Kalte Panik steigt in mir hoch und überwältigt mich fast.

»Bitte!«, flehe ich. »Bitte! Unser Vater ist Kaufmann – er wohnt direkt hier. Hört auf! Bitte! Er gibt euch alles, was ihr wollt, wenn ihr nur aufhört.«

Ned tritt immer noch um sich, aber ohne echte Energie, anscheinend weiß er, dass es nichts nützen wird.

Der Tumult legt sich, der Wirrwarr hört auf. Die Männer bringen die Gefangenen zum Büttel. Das langbeinige Mädchen versteckt das Gesicht hinter den Haaren. Die zwei älteren Jungen schimpfen und fluchen. Das kleine Kind, das vorhin hingefallen ist und geweint hat, steht jetzt mit dem Finger im Mund da und schaut alles mit an. Die Männer beachten es nicht. Ich frage mich, wo Maggie ist.

Watt kommt auf uns zu. Als er Ned sieht, saugt er erschrocken die Luft ein. »He«, ruft er. »Das ist der Junge von Kaufmann Thomas. Wirklich.«

»Meinetwegen kann er der Sohn vom König sein«, gibt der Büttel zurück. »Ist mir ganz egal. Er ist ein Dieb.«

»Aber er wird doch nicht hängen«, sage ich. »Oder? So ein kleiner Kerl wie Ned?«

»Das entscheidet das Schwurgericht«, antwortet der Büttel und schüttelt Ned, aber nicht besonders grob. »Auf frischer Tat ertappt, Junge, was?«

Ich will Ned zur Burg begleiten, aber Robin zieht mich weg.

»Lass, Isabel«, sagt er. »Du kannst ihm jetzt nicht helfen. Wir müssen Thomas suchen, er weiß bestimmt, was zu tun ist. Und was ist, wenn Mag heimkommt und wir sind weg?«

Aber Mag ist schon wieder aufgetaucht, mit einer langen Schmutzspur vorne auf dem Kleid. Sie wirkt verstört.

»Die sind hinter uns her!«, ruft sie entrüstet.

»Das haben wir gesehen«, sagt Robin. Er zieht mich am Arm. »Komm schon, Isabel. Wir müssen zu Thomas.« Und auch wenn ich es eigentlich besser weiß, erlaube ich mir, ihm zu glauben.

Thomas sitzt an seinem kleinen Tisch im Kontor. Pergament und Tinte sind bereit, aber das Blatt ist leer, und Thomas starrt abwesend in eine Richtung, in der es nichts zu sehen gibt.

»Thomas«, sage ich. »Thomas.« Da dreht er sich zu mir und schaut mich wie aus großer Ferne an.

Ich frage mich, wie real ich für Thomas bin, im Vergleich zu den geisterhaften Mädchen in ihren Seidenkleidern. Bin ich für ihn vielleicht weniger existent als sie? Kümmere ich ihn überhaupt?

Er hört sich an, was Robin ihm erzählt, und fährt sich mit den Fingern übers Gesicht.

»Warum stellen sich alle meine Entscheidungen am Ende als Fehler heraus?«, fragt er, und mir ist klar, dass er dabei an seine Kinder denkt, die er nicht aufs Land geschickt hat, wie es die andern reichen Eltern in York getan haben. Ich weiß, dass er damit Dörfer wie unseres retten wollte. Aber hat das überhaupt einen Unterschied gemacht? Der Pesthauch ist trotzdem gekommen, die Winde haben ihn nach Norden getragen.

»Das war doch kein Fehler!«, widerspricht Robin. »Thomas, bitte. Das war es überhaupt nicht. Hierherzukommen war das Beste, was mir im Leben passiert ist!«

»Wirklich?«, sagt Thomas mit einem traurigen Lächeln. »Sieht Isabel das genauso?«

Er sieht mich an, und ich schüttle den Kopf so entschieden, dass mir die Tränen aus den Augen laufen und übers Gesicht rollen.

»Nein«, sagt Thomas. »Das dachte ich auch nicht. Es tut mir leid, Isabel. Das ist alles meine Schuld.«

Meine Tränen strömen immer noch.

»Du hättest uns nie hierherbringen dürfen«, sage ich grimmig. »Ich bin nicht deine Tochter! Robin ist nicht dein Sohn!«

»Isabel –«, mischt Robin sich ein.

»Schon in Ordnung«, sagt Thomas. Er legt Robin eine Hand auf die Schulter. »Ich dachte ...«, fährt er fort. »Ich wollte ... ich weiß nicht, was ich wollte. Ein paar meiner Verfehlungen wiedergutmachen. Etwas Gutes aus diesem ganzen Unheil machen. Und ...«

Meine Kinder wiederhaben, denke ich. Denn sicher ging es ihm hauptsächlich darum, oder?

»Du musst irgendwas tun!«, sage ich. »Sonst stirbt Ned, und du bist schuld. Du musst das verhindern!«

»Isabel!«, ruft Robin wieder. »Thomas kann nichts dafür! Wir sind schuld, weil wir nicht gut genug auf Ned und Mag aufgepasst haben, weil –«

Wir sind schuld, sagt er. Aber eigentlich meint er mich. Er trägt keine Verantwortung für Ned und Mag.

Ich habe das Gefühl, nicht mehr atmen zu können, und bekomme die Welt nicht richtig in den Blick. Alles wirkt viel zu grell und irgendwie unwirklich.

»Schon in Ordnung, Robin«, sagt Thomas. »Sei nicht wütend.« Er steht auf. »Ich werde das in Ordnung bringen«, sagt er. »Das verspreche ich.«

Und zum ersten Mal, seit wir hier angekommen sind, glaube ich ihm.

Wir zünden überall Kerzen an und sitzen in der kalten Stube dicht beisammen. Der Sommer ist so gut wie vorbei. Es wird Herbst.

»Das ist eine Schande«, sagt Watt, aber keiner sagt etwas darauf, also schüttelt er nur noch mal den Kopf und geht mit Stephen nach oben.

Als Ned nach Hause kommt, ist es schon fast Mitternacht. Er blutet an der Stirn, seine Haare sind voll Dreck, und über sein Gesicht ziehen sich Tränenspuren.

Thomas ist nicht bei ihm.

»Er ist in die Burg gekommen«, erzählt Ned verwundert. »Und hat dem Mann da erklärt, er hätte mich gezwungen, die Sachen zu stehlen. Nur wegen ihm wäre ich bei der Bande. Die haben ihn weggeführt und eingesperrt, ganz unten im tiefsten und dunkelsten Kerker, und dann haben sie mich weggeschickt.«

DRITTES BUCH

DAHEIM

Die Menge flieh, leb in Wahrhaftigkeit,
Lass dir dein Gut genügen, sei's auch schmal;
Reichtum macht blind, die Menge nähret Neid,
Horten heckt Hass, hoch klettern führt zum Fall.
Genieße, was dir zukommt, allzumal;
Sei klar in dir, so bringst du andern Licht,
Und Wahrheit macht dich frei, da zweifle nicht.

Geoffrey Chaucer
Vierzehntes Jahrhundert

36 NOCH MAL THOMAS

Ned hat dem Trödler mit dem Stand bei der Kirche das gestohlene Elfenbein-Schachspiel verkauft. Mit den Münzen ist Robin zum Bäcker, zum Käsemacher und zur Bierbrauerin gegangen und hat Brot, harten gelben Käse und einen Krug Dünnbier gekauft. Früher hat Watt den Käse und das Bier fürs Haus gemacht, aber er ist nicht mehr da. Er arbeitet jetzt mit seinem Bruder in einem Herrenhaus weiter südlich. Er hat gesagt, wir könnten mitgehen – »sind so viele gestorben, da brauchen sie dringend Leute, die mit anpacken« –, aber das wollten wir nicht. Nicht vor dem Gerichtstag.

Wo Ralph hin ist, weiß ich nicht. Eines Morgens sind wir aufgewacht, und er war verschwunden. Und mit ihm die besten Kochtöpfe und die große Silberplatte, die Pferde und die Gewänder von Juliana.

»Wie kann er Thomas einfach so bestehlen!«, hat Robin geschimpft, aber ich stelle fest, dass es mich nicht groß kümmert. Was macht es schon aus, wenn Ralph die Kochtöpfe von Thomas hat? Es gibt viel gewichtigere Gründe, sich Sorgen zu machen.

Irgendwo im Haus muss Thomas Geld versteckt haben – echtes Münzgeld –, aber ich konnte es nicht finden und will ihn auch nicht danach fragen. Das ist seine Sache. Mit dem Wein und all dem Zeug aus den Beutezügen der Bande von Ned und Maggie sind wir bis zum Gerichtstag gut versorgt, und wenn irgendwer es verdient, Nutzen aus Neds Reichtum zu ziehen, ist das Thomas.

Maggie und ich packen das Essen zu einem Bündel zusammen und legen ein sauberes Leintuch und eins von den in Leder gebundenen Büchern aus Thomas' Bibliothek dazu. Ned lasse ich zu Hause, er soll Mag und das Feuer hüten und dafür sorgen, dass die Tiere zu fressen haben und die Schweine nicht ins Kräuterbeet gehen. Ned ist nur ein einziges Mal mit zu Thomas gegangen. Er hat sich ganz klein gemacht und in meinen Röcken verkrochen, auf den Boden gestarrt und außer einem gelegentlichen leisen »Ja« nichts herausgebracht. Wenn als Antwort mehr nötig gewesen wäre, hat er mit den Achseln gezuckt und das Gesicht weggedreht. Aber das hat Thomas anscheinend nicht gestört.

»Sag Ned, es macht nichts«, trägt er mir auf. »Ich bin nicht böse auf ihn. Sag ihm das.«

Langsam kehrt das Leben nach York zurück. Im Haus gegenüber gibt es wieder Kinder, zwei kleine Mädchen in pelzbesetzten Mänteln, die Robin und mich neugierig anschauen. Am andern Ende der Straße balanciert ein Mann ein Servierbrett mit frischem Gebäck auf der Schulter und ruft: »Fleischpasteten! Heiße Fleischpasteten! Holt euch welche, bevor sie kalt sind!« Robin und ich kaufen drei, eine für jeden von uns und eine für Thomas.

»Hast du vor der Pest hier gelebt?«, frage ich den Mann. Der nickt und zählt mit schmuddeligen Fingern unsere Münzen.

»Hab die Familie zu meinem Bruder John gebracht, als es losging. Der Herr hat John zu sich genommen, auch seinen Sohn, und jetzt sagt mein Bruder Roger, der Hof gehört ihm, und wir sollen uns wegscheren und wieder hingehen, wo wir her sind.«

»Ist es denn wirklich vorbei mit der Krankheit?«, fragt Robin, und der Mann zuckt mit den Achseln.

»Gibt nichts, was zu Ende geht«, sagt er, hievt das Brett wieder auf die Schulter und ruft: »Fleischpasteten! Heiße Fleischpasteten! Leckere Fleischpasteten!«

Ich packe die Pastete für Thomas in mein Bündel, dann laufen wir weiter Richtung Burg. Weil die Burg von York etwas abseits steht, sehen wir ihre vier runden Türme erst, als wir das Gassengewirr der Stadt hinter uns lassen. Die Burg gehört König Edward, das weiß ich von Vater, aber Watt sagt, zu seinen Lebzeiten sei der König noch nie hier in York gewesen. Jetzt ist in der Burg das Gefängnis und eine Münzstätte, ein Lager für die Soldaten des Königs und auch ein Schlafgemach für ihn selbst, falls er doch mal nach Norden kommt. In der Burg hat die Pest besonders schlimm gewütet, vor allem im Kerker, hat Watt erzählt.

»Gottes Zorn gegen die Sünder war groß.« Aber ich bin dort gewesen, wo die normalen Gefangenen eingesperrt sind. Der Gestank war auch ohne Pest schlimm genug, da ist es kein Wunder, dass so viele gestorben sind. Sowieso sterben im Gefängnis viele Leute an ganz gewöhnlichen Krankheiten wie der Ruhr oder der Styche und wer weiß was sonst noch.

Letztes Jahr um diese Zeit gab es hier noch eine Garnison Soldaten, die das Gefängnis und die in einem der Türme untergebrachte Münzstätte bewachten. Jetzt sind die meisten Soldaten tot. Am Eingang steht trotzdem einer, er nickt uns zu und öffnet eine kleinere Tür, die in das große Tor für die Fuhrwerke eingelassen ist.

Innerhalb der Burgwände gibt es einen Hof mit einem Brunnen in der Mitte und einem Schandstock, ein paar Hühner laufen herum, und ein Schwein stöbert in der Gosse. Sonst liegt der Hof ziemlich verlassen da. Die ganze Welt wirkt leer, wie nach einer großen Überschwemmung, wenn sich die Fluten dorthin zurückgezogen haben, wo sie hergekommen sein mögen. Wir laufen dicht an der Burgmauer entlang, bis wir zu einer andern Tür in einem andern Turm kommen. Der Wachsoldat hier ist neu und lässt sich Zeit, er will wissen, wer wir sind und wen wir besuchen wollen. Wir zeigen ihm unser Bündel, er nickt, und wir dürfen eintreten.

Die gewöhnlichen Gefangenen sind unten im Turm eingesperrt, dort warten sie auf den Gerichtstag. Die Richter reisen den langen Weg von London bis hierher und machen in jeder Stadt halt, um über das Schicksal der Unglückseligen in den Gefängnissen zu entscheiden, sie freizusprechen oder zum Tode zu verurteilen. Schon vor zwei Monaten hätten sie in York sein sollen, aber die Pest hat alles durcheinandergebracht, und keiner kann sagen, wann sie kommen werden. Es sind kaum noch Gefangene da. Von denen, die die Pest überlebt haben, sind viele durch die großen Löcher in der Wand geflüchtet, die die Flut im Frühling gerissen hat und die keiner repariert. Jetzt sind nur noch ein paar Verkrüppelte übrig und eine verrückte Frau, die den Steinwänden wilde Geschichten erzählt. Und Thomas.

Thomas hat ein eigenes Zimmer oben im Turm, mit einem Bett und einem Holztisch, einem Stuhl und einem kleinen Fenster. Als uns die Wache hereinführt, sitzt er am Tisch und liest in einem seiner Bücher. Er lächelt, als er Robin sieht, und wer weiß, vielleicht lächelt er auch wegen mir.

»Da seid ihr ja! Ich war nicht sicher, ob ihr heute kommt.«

Wir haben den Wachen Geld gegeben, damit Thomas auch dann Essen kriegt, wenn wir ihn nicht besuchen können. Aber Robin ist fast jeden Tag hier und ich meistens auch.

»Wir haben dir ein neues Buch gebracht«, sagt Robin. »Aber ich konnte nicht lesen, was für eins das ist.«

Thomas nimmt das Buch und sieht Robin an.

»Komm«, sagt er und hält ihm die Hand hin. »Was weißt du noch vom letzten Mal?« Und Robin zieht seine Wachstafeln heraus, und die beiden tauchen wieder einmal ab in ihre Welt aus Wachs, Holz, Pergament und schwarzen Tintenkringeln.

Ich trete ans Fenster und schaue hinaus. Von hier aus hat man einen guten Blick über den Fluss, der sich wie eine helle Schlange durch York hindurch und jenseits der Stadtmauern wieder nach draußen windet. Auch wenn die Stadt selbst zu weit weg ist, um Einzelheiten zu erkennen, sehe ich die Reetdächer der Häuser, und auf dem Weg zur Burg entdecke ich einen mit Stroh beladenen Ochsenkarren und unten im Hof einen Mann, der ein Pferd herumführt.

Hinter den Stadtmauern beginnt ein Flickenteppich von Feldern. Grüne Weiden für das Vieh, braune Äcker, zum Pflügen bereit, und ab und zu ein gelbes Feld, das nicht abgeerntet wurde. Ein Ochsengespann zieht einen Pflug über ein leeres Feld – ich spüre ein Ziehen in meiner Brust, als ich das sehe, und frage mich, was wohl gerade in Ingleforn passiert. Sicher haben sie dort auch mit dem Pflügen begonnen. Ich wüsste gern, was mit unserm Land ist, ob es von irgendwem gepflügt wird oder ob die Ernte auf den Feldern verrottet ist und wieder zurück in den Boden sinkt. Auch das hat seinen Wert. Im nächsten Jahr werden die Erde fruchtbarer und der Ertrag höher sein.

Vögel sammeln sich auf den Burgzinnen und kreisen in großen Schwärmen über meinem Kopf. Es drängt sie zum Aufbruch, sie wollen wieder in ihre Heimat zurück, wo auch immer das sein mag. Auch ich sehne mich danach, endlich aufzubrechen. Irgendwo da draußen wartet Vaters Land – mein Land – auf mich und auf den Pflug. Aber wir können nicht gehen, bevor nicht Gerichtstag war und ein Urteil über Thomas gesprochen wurde. Das ist uns allen klar.

Ich drehe mich wieder zu Robin und Thomas um. Ein Bett, ein Stuhl, ein Kerzenständer, ein Fenster. Viel ist das nicht. Trotzdem wirkt Thomas nicht unglücklich. Sein Kopf ist dicht über das Buch gebeugt, mit seinem langen Zeigefinger fährt er an den Wörtern entlang, damit Robin besser folgen kann. Robin hat ein ernstes Gesicht aufgesetzt, aber wenn es um seinen Verstand genauso bestellt ist wie um meinen, ist ganz klar, wieso er nicht mit den Buchstaben zurechtkommt. Ich kann keinen Gedanken länger im Kopf behalten, als es dauert, von unserm Schlafgemach runter in die Küche zu gehen. Auch wichtige Dinge habe ich vergessen: wie der Bäcker in Ingleforn hieß, wie viele Brüder und Schwestern Alice hatte und wie viele von ihnen noch leben. Als wir ankamen, hat mir das große Sorgen gemacht, aber inzwischen nicht mehr. Überhaupt gibt es nicht mehr sonderlich viel, worüber ich mir Sorgen mache. Ich tue, was getan werden muss – koche Eintopf, braue Dünnbier, wasche Kleider, bringe Thomas Wasser und Essen. Alles andere lasse ich an mir vorübertreiben. Die Pest scheint jetzt fast überstanden, und bald wird auch der Gerichtstag vorbei sein. Dann ziehen wir weiter.

Robin hat das Lesenlernen fürs Erste aufgegeben, er versucht wieder einmal, Thomas zur Flucht zu überreden.

»Unten im normalen Gefängnis sind große Löcher in den Wänden, von der Flut im letzten Jahr«, erklärt er. »Du musst gar nicht viel tun, nur aufhören, dieses Zimmer zu bezahlen. Dann kannst du einfach rausklettern, das würde keinen kümmern. Im Gefängnis gibt es sowieso nur noch eine Wache, alle andern sind an der Pest gestorben. Wir könnten alles für dich vorbereiten – das könnten wir doch, Isabel, oder? Es wäre ganz leicht.« Der Schmerz steht ihm ins Gesicht geschrieben. Man sieht ihm an, wie entsetzlich er die Situation findet. Mir geht es ähnlich. So unendlich viele Leute sind gestorben, ohne dass irgendwer etwas dagegen tun konnte, und dieser Mann sitzt einfach da und wartet auf den Henker. Denn er wird hängen. Was sollen die Richter sonst mit jemandem tun, der auf seinem Schuldbekenntnis besteht?

»Genug jetzt«, sagt Thomas. Er legt Robin die Hand auf den Arm und lächelt seltsam entrückt – ein Lächeln, das mit dem Rest der Welt keine Verbindung mehr zu haben scheint. »Ihr und eure Familie sollt wegen mir keinen Ärger bekommen«, sagt er. »Damit ist alles gesagt.«

Robins Gesicht wirkt verzerrt vor lauter Unglück. Ich verstehe, warum. Vielleicht würden wirklich ein paar Männer nach Thomas ausgeschickt, aber nicht viele. Es gibt zu wenige Soldaten für zu viele wichtige Aufgaben – Gräber graben, Streitigkeiten beilegen, Ämter neu besetzen, Besitzansprüche klären. Ein entlaufener Plünderer sorgt nicht groß für Unruhe bei all den ungestraften Diebeszügen in den letzten Monaten.

Die Wahrheit ist wohl, dass Thomas gar nicht fliehen will. Ich denke, er möchte bei seiner Familie sein, bei seiner Frau und seinen Kindern. Er mag Robin gern – man sieht, dass er wirklich an ihm hängt –, aber als Grund zum Hierbleiben reicht ihm das nicht. Um das eigene Leben zu kämpfen lohnt sich, wenn du Brüder und Schwestern hast, die dich brauchen, oder eine Frau, eine Familie. Aber mir leuchtet ein, dass ein Tod wie dieser willkommen sein kann, wenn du Thomas bist und alles verloren hast, wofür du lebst.

Thomas schiebt die Bücher beiseite. Ein Zeichen, dass es für uns Zeit ist zu gehen.

»Isabel …«, setzt er an, und etwas in seiner Stimme lässt mich aufhorchen.

»Was hast du vor mit eurer Familie?«, fragt er. »Wenn der Gerichtstag vorbei ist?«

Robin wirft mir einen Blick zu. Ich brauche einen Moment, um mich zu fangen. Seit Thomas im Gefängnis ist, bin ich daran gewöhnt, alleine zu entscheiden, was zu tun ist, und ich werde ungern daran erinnert, dass Thomas in gewisser Weise immer noch unser Vater ist. Mit mehr Nachdruck als nötig sage ich: »Wir gehen nach Hause. Wir besitzen Land, gutes Land. Jemand wird uns aufnehmen, und wenn's nur wegen der Äcker ist.«

Thomas nickt gleich ein paarmal mit dem Kopf.

»Braucht ihr Geld – für die Reise?«

Ich bringe es nicht fertig, ihm zu erzählen, dass Ralph mit den wertvollsten Sachen durchgebrannt ist.

»Wir schaffen das schon«, sage ich stattdessen, und er nickt wieder.

»Gott schütze euch«, sagt er, und ich habe das Gefühl, eine Tür sei zugefallen und wir stünden draußen in der Kälte. Jetzt trage ich die Verantwortung für meine Familie wieder alleine.

Aber diesmal habe ich keine Angst. Diesmal weiß ich, alles wird gut.

37 ROBIN IM MONDLICHT

Die Menge auf dem Platz ist eigenartig ruhig. Dicht an die Wände gedrängt stehen die Leute da und warten. Sie flüstern miteinander und betrachten den Galgen auf dem Holzpodest, der vor den Fenstern der Taverne aufgebaut wurde. Die Menschen kommen tatsächlich zurück in die Stadt. Auf den Kirchenstufen auf der andern Seite vom Platz flüstern zwei Damen in feinen Seidenkleidern miteinander, während sich ihre Dienstmädchen an der Nase kratzen und mit den Fingern durch die Haare fahren. Auf den Straßen gibt es kaum noch Leichen, und immer mehr Fensterläden stehen offen. Trotzdem wirkt die Stadt wie ein Schatten ihrer selbst – traurig, seltsam, still.

Ich dachte, ich würde die vielen Blicke ringsum nicht ertragen können. Aber es ist noch schlimmer. Anscheinend finden die Leute den Tod von Thomas nicht aufregend genug, um in großer Zahl zu kommen.

Das Wetter macht es nicht leichter. Es ist ein erbärmlicher Tag, der Himmel grau und verwaschen, die blasse Sonne hängt mürrisch über den Dächern. Die Menschen wirken klein und verbraucht. Unsere Welt liegt danieder wie die Einöde, die Noah sah, als sich die Fluten zurückzogen. Es gab nichts als eine schlammige, wüste Leere, um ein neues Menschengeschlecht zu erschaffen.

Als es dann so weit ist, geschieht es ohne jedes feierliche Drumherum. Der Scharfrichter führt Thomas zum Galgen. Seine Hände sind gefesselt. Thomas steht sehr gerade. Wir vier drängen uns dicht an eine Mauer, ein Stück weg von der Menge. Robin rührt sich und tritt vor. Ich folge ihm. Thomas soll wissen, dass wir hier sind, auch wenn William und Lucie und Edith fehlen. Er soll beim Sterben nicht allein sein.

Seine Blicke streifen suchend über den Platz, finden unsere Augen, bleiben auf uns liegen. Er nickt, lächelt aber nicht.

Die Kapuze wird ihm über den Kopf gezogen. Die Schlinge um den Hals gelegt. Maggie schreit auf, sie schnappt nach Luft vor Entsetzen und vergräbt ihr Gesicht in meinem Umhang. Ich lege ihr meinen Arm um die Schultern und sehe hinüber zu Ned. Sein Gesicht ist blass, im Weiß leuchten wild seine Augen. Seine roten Stachelhaare sind viel zu lang. Sein Blick ist fest auf Thomas gerichtet. Er wird ihn nicht abwenden. Auch Robin wird das nicht tun. Und ich auch nicht.

Thomas fällt. Ned fährt zusammen. Ich dachte, die Hinrichtung wäre würdevoll – Thomas hat selbst so viel Würde, und er hat sich geopfert wie ein Heiliger. Doch dieser Tod ist würdelos. Thomas zappelt und zuckt wie ein Kranker, der einen Anfall hat, oder wie ein geschlachtetes Schwein. Ned zittert, die Hand vor dem Mund. Magsy wimmert an meinem Bauch. Die Menge schweigt.

Endlich hängt er still da.

Der Strick wird durchgeschnitten, sein Körper heruntergeholt. Das scheint alles gewesen zu sein. Keiner will bleiben. Die Menge zerstreut sich schon. Eine Frau schüttelt den Kopf, als sie an uns vorbeigeht.

»Haben wir nicht schon genug Tote?«, sagt sie. »Man sollte meinen, die seien es leid.«

Ned weint. Seine Lippen beben.

»Tut mir leid«, sagt er. »So leid ... furchtbar leid.«

Ich nehme ihn in den Arm.

»Ich weiß, Nedkin«, sage ich. »Mir tut's auch leid.«

Robins Gesicht wirkt weich vor Trauer und Müdigkeit.

»Er wollte sterben«, sagt er, und ich frage mich, ob er recht hat.

Das Haus von Thomas ist leer. Es brennt kein Feuer, es leuchten keine Kerzen. Draußen strömt Regen vom Himmel, unentwegt hört man das Tapptapptapp der Tropfen auf den geschlossenen Fensterläden. Ich zünde die Bienenwachskerzen an, und wir klettern alle in mein Bett, so wie daheim auf der Holzbühne unterm Dach. Dieses Bett ist weicher als unser altes, die Matratze ist mit Federn gefüllt. Trotzdem ist es das gleiche Gefühl. Wir sind zusammen, ein warmer, kuschliger Haufen, wir schmiegen uns aneinander wie ein Wurf Schweinchen oder wie frisch geschlüpfte Küken in ihrem Nest.

»Wie diese Mädchen das wohl finden würden, dass Robin und ich in ihrem Bett liegen?«, meint Ned kichernd.

»Schafft diese stinkenden Leibeigenen weg!«, sage ich.

»Wir stinken doch nicht!«, protestiert Mags.

»Vielleicht sind wir gar keine Leibeigenen mehr.« Der Gedanke kommt mir erst in diesem Moment.

»Das heißt aber noch lange nicht, dass die dich gleich heiraten«, sagt Robin zu Ned, und Maggie quiekt.

»Die armen Mädchen«, sage ich. »Wir sollten nicht über sie lachen.«

»Armer Vater, arme Alice, armer Richard«, sagt Ned.

»Und armes Baby Edward«, ergänzt Mags.

»Und Mutter und Thomas«, sagt Robin leise.

Und Geoffrey, denke ich, spreche es aber nicht aus.

Früher habe ich mich davor gefürchtet, bei der Rückkehr nach Hause die Wahrheit zu erfahren, aber das ist vorbei. Nichts zu wissen ist schlimmer.

Still liegen wir im Dunkeln, umgeben von den Geistern unserer Toten. Ich frage mich, wie lange sie wohl in unserer Nähe bleiben und uns begleiten. Vielleicht für immer. Der Gedanke ist traurig und schön, beides zugleich.

»Jetzt stirbt aber keiner mehr, oder?«, fragt Mags und presst ihre Stirn in meinen Bauch.

»Nein«, sagt Robin. »Jetzt stirbt keiner mehr.«

Mitten in der Nacht steige ich aus dem Bett und gehe nach draußen in den Gang. Die Fensterläden stehen offen, und silberweißes Mondlicht fällt auf die Wand gegenüber, schön und unheimlich. Ich stelle mich ans Fenster und schaue hinaus auf die Stadt. So viele Menschen sind gestorben. Warum nicht wir? Was soll ich tun mit diesem kostbaren Leben, das mir geschenkt wurde? Kann ich es besser nutzen, als Alice oder Edward es getan hätten?

Hinter mir höre ich ein Geräusch. Robin steht im silbrigen Mondschein, mit ruhigem Gesicht.

»Hallo, Robin«, sage ich, und er kommt zu mir und umarmt mich.

»Ich bin jetzt deine Familie«, sagt er. Und dann küsst er mich auf die gleiche Art wie an dem Abend, an dem Ned und seine Bande erwischt wurden.

Der Mond steht hoch am Himmel. Die Sterne leuchten. Robin liegt in meinen Armen, und wir küssen uns, Mund auf Mund, Herz an Herz. Wir küssen uns mit all der Lebenskraft, die wir in uns tragen und die den Toten fehlt. Wir leben. So viele andere sind tot. Nach dieser langen Zeit des Abgestumpftseins etwas zu fühlen tut unendlich gut.

Hier im Mondlicht weiß ich nicht mehr, wo mein Körper endet und seiner beginnt.

Ich löse meine Lippen von seinen und schaue ihn an. Er ist mir so nah, dass ich seinen Atem auf meiner Wange spüre. Ich zeichne mit dem Finger sein Gesicht nach, fahre über seine Nase, seine Wangen, seinen Mund.

»Lass uns viele Kinder haben«, flüstert Robin. »Ganz viele Kinder.«

»Und einen Kirschbaum und einen Bienenkorb.«

»Lass uns zu Joan gehen und das Vieh zurückholen.«

»Lass uns frei sein.«

Einen Augenblick lang ist es still zwischen uns, dann flüstere ich: »Ich liebe dich.«

Und frage mich, ob ich das wirklich meine.

Am nächsten Morgen wecken uns Faustschläge. Hart und drängend hämmern sie unten an die Tür. Hände, Füße, Fäuste, Angst. Das Poltern von einem Schultheiß oder einem Büttel, jedenfalls klopft da einer, der das Sagen hat.

»Ich hab nichts getan!«, ruft Ned.

»Wir machen nicht auf«, sagt Robin. Aber das geht nicht. Wer auch immer da gegen die Tür schlägt, er weiß, dass wir hier sind. Vielleicht sind es Verwandte von Thomas – vielleicht hat er irgendwo Brüder oder Schwestern oder Vettern, die gekommen sind, um ihr Erbe zu holen.

»Hab keine Angst«, beruhige ich Ned. »Ich lass nicht zu, dass sie noch irgendwen wegholen.«

Ich nehme mein Messer. Robin greift nach dem Schwert von Thomas. Ned will auf keinen Fall zurückstehen und schnappt sich den Besen. Sogar Mag kommt mit einem Kerzenständer bewaffnet hinter uns her und schwenkt ihn aufgeregt hin und her. Ich überlege, ihr zu sagen, sie soll oben bleiben, lasse es aber. Egal was wir tun, wir tun es zusammen.

Wir schleichen die Treppe runter. Draußen hämmern immer noch Fäuste gegen die Tür, laut und dringlich.

»Wir kommen!«, rufe ich durch die Tür. Das Hämmern hört auf.

Ich ziehe die Riegel zurück, fröstelnd in der kühlen Morgenluft.

»Bereit?«, flüstere ich. Die andern nicken.

Ich mache die Tür auf.

Auf der Schwelle steht Richard.

38 AM LEBEN SEIN

Stundenlang sitzen wir am Tisch in der Küche, trinken abgestandenes Dünnbier aus Thomas' Weingläsern und essen Fleischpasteten vom Händler auf der Straße.

»Ihr seid am Leben«, sagt Richard. »Alle lebt ihr. Sogar Robin!«

»Ich bin nicht totzukriegen«, sagt Robin, doch sein Lächeln wirkt müde. Er ist nicht mehr der gleiche fröhliche Junge wie damals beim Tanz am Mittsommerabend, als er mich dauernd angerempelt hat. Aber bin ich denn die gleiche Isabel wie damals?

»Wir haben gehört, du seist krank«, sage ich.

»Das stimmt«, antwortet Richard. »Aber irgendwann wurde es wieder besser. Und dann bin ich euch suchen gegangen.«

»Ich wusste nicht, dass so was möglich ist«, sage ich. »Ich dachte, du seist tot.«

»Und ich wusste nicht, was mit euch passiert war«, erwidert Richard. Dann sind wir still und denken an all das, was uns hätte passieren können, und an das, was stattdessen passiert ist.

»Weißt du, was mit Geoffrey ist?«, frage ich, doch Richard schüttelt den Kopf.

»In der Abtei gab es viele Tote«, sagt er. »Manche Leute behaupten, alle Mönche seien gestorben ... manche sagen, ein paar seien übrig geblieben und in ein Kloster nach Felton gegangen. Der Abt ist tot, das weiß ich. Die haben alles zugemacht. Ich wollte nicht dort hingehen, Isabel, tut mir leid. Geoffrey hätte das selbst auch nicht getan, wenn er noch leben würde.«

Aber das stimmt nicht. Vielleicht hätte Geoffrey nicht nach Ingleforn zurückkehren wollen, aber er hätte uns auf jeden Fall sehen wollen und wissen wollen, ob wir noch am Leben sind. Wenn er überlebt hätte, wäre er dann nicht von sich aus ins Dorf gekommen?

Als Richard mein Stirnrunzeln sieht, sagt er schnell: »Ihr habt eine Nichte. Sie heißt Sarah und hat rote Haare!«

Geoffrey scheint ihn überhaupt nicht zu kümmern. Er interessiert sich nur für Joans grässliches Baby.

»Ein Baby!«, ruft Mag. »Noch ein kleines Baby!«

Richard sieht mich erwartungsvoll an. Ich weiß, ich soll mich jetzt freuen.

»Und was machen wir jetzt?«, frage ich stattdessen.

»Ihr kommt natürlich nach Hause«, sagt Richard.

39 ZUM STERN

Wir packen unsere Sachen auf Stumpy, unsern Ochsen. Die schönen Kleider von Thomas lassen wir da – sie werden uns wenig nützen, wenn wir wieder von unserer Hände Arbeit leben. Ned nimmt das Schachspiel von Thomas mit und Margaret die Holzpuppe, die sie irgendeinem toten Kind gestohlen hat. Robin packt die Wachstafeln und drei große, in Leder gebundene Bücher von Thomas ein. Ich nehme nur Brot und Käse und das gepökelte Schweinefleisch aus der Küche mit. Alles, was ich sonst brauche, gibt es zu Hause.

Als ich hochgehe, um nach Robin zu schauen, steht er in Julianas Kammer. Auf dem Bett liegt die geöffnete Schmuckschatulle voller Gold und Silber – eine goldene Halskette mit grünen Edelsteinen, ein glitzernder Diamantring, Armreifen, die wie eine Schlange geformt sind, die sich in den eigenen Schwanz beißt. Robin hält ein Schmuckstück aus vielen einzelnen Silberketten hoch.

»Sieh mal, was ich gefunden habe.«

Ich gehe zu ihm und lasse die Silberketten durch meine Finger gleiten. Der Schmuck in dieser Schatulle muss mehr wert sein als Vaters Land und Haus, mehr als sein gesamter Besitz.

»Das war unter dem Bett«, erklärt Robin. »Ralph muss es übersehen haben. Thomas wollte, dass ihr das bekommt, Maggie und du. Das hat er mir schon vor Ewigkeiten gesagt.« Er hält mir die Schlangenarmreifen hin. Ich schlüpfe mit der Hand hinein. Die Schlangenaugen sind aus Rubinen, und auf dem Schlangenkörper sind Schuppen eingraviert. Ich werfe Robin einen Blick zu und sehe Tränen in seinen Augen. Ob Thomas das hier gemeint hat mit seiner Frage, ob wir Geld brauchen? Dieser Schmuck ist ein Vermögen wert. Er kann nicht gewollt haben, dass all dies der Stadt York zufallen.

»Warum hat er das überhaupt gemacht, Robin?«, frage ich und muss jetzt auch Tränen wegblinzeln. »Ist er losgezogen, um nach Kindern zu suchen, die er nach Hause mitnehmen kann?«

Robin schüttelt den Kopf.

»Bestimmt nicht«, sagt er. »Ich denk mal, er hat sich gar nicht groß überlegt, was er tun will. Ich glaube … na ja, ich habe ihn eben an William erinnert« – ich nicke –, »und bestimmt war er einsam. Da kam es ihm in dem Moment wohl wie eine gute Idee vor. Aber als wir dann hier waren, wusste er anscheinend nicht mehr so richtig, was er mit uns anfangen soll.«

Er berührt die Schlange mit seinen langen Fingern.

»Thomas war ein guter Mensch, Isabel«, sagt er.

»Ich weiß«, sage ich, lege meine Finger auf die von Robin und drücke sie in den schuppigen Schlangenrücken.

»Du solltest den Schmuck tragen«, meint er, aber ich schüttle den Kopf.

»Lass uns lieber gutes Land damit kaufen. Und Ochsen, Bienen und ein Schwein, dazu Gänse als Spielgefährten für Maggie. So wird es nicht vergeudet.«

Robin nickt, doch jetzt lösen sich die Tränen aus seinen Augen und laufen ihm übers Gesicht. Ich strecke die Hand aus und berühre es. In kaum zwei Monaten hat Robin zwei Familien verloren, und dann ist Thomas gekommen und hat ihm alles gegeben, was er sich jemals gewünscht hat. Und jetzt ist Thomas auch nicht mehr da.

»Du hast immer noch mich«, sage ich. »Robin, ich bin noch da. Wir sind jetzt deine Familie, das weißt du doch, oder?«

Er nickt und streicht mir über die Wange, sagt aber nichts. »Ich verlasse dich nicht«, sage ich. »Das verspreche ich dir. Und jetzt müssen wir los.«

Der Himmel ist verhangen, grau und dumpf. Von der Freude und dem Überschwang des gestrigen Tages ist nichts mehr übrig. Während wir marschieren, müssen wir immer wieder den Blick abwenden, um die verrottete Ernte auf den Feldern und das tote Vieh nicht zu sehen. Auch die Frage, was wir in Ingleforn vorfinden werden, wenn wir erst da sind, schiebe ich weg.

Wir übernachten wieder in dem Gasthaus, in dem wir auf dem Weg nach York schon mit Thomas gewesen sind. Es sieht genauso aus wie letztes Mal – der lang gezogene, verräucherte Schlafraum mit den Talglichtern und den schmutzigen Binsen auf dem Lehmboden. Auch wenn diesmal mehr Leute hier übernachten, ist der Raum noch immer halb leer.

»Die Menschen haben wieder mehr Mut«, erklärt Richard. »Sie machen sich auf, gehen weg aus ihren Dörfern und suchen anderswo Arbeit.«

Als wir am Abend an dem langen Tisch beim Feuer sitzen und reden, wird nur über Land und Arbeit gesprochen. Lord Hugh bietet jedem, der zu ihm kommt und die Äcker bestellt, dreieinhalb Pence. Lady Christina zahlt dreidreiviertel Pence. Lord Randolph, der alte Geizkragen, bietet bloß zwei Pence und einen viertel Penny.

Vater hat den Tagelöhnern zwei Pence pro Tag und die Übernachtung in der Scheune gezahlt, und sie waren zufrieden. Anscheinend haben sich die Dinge inzwischen geändert.

»Wir können verlangen, was wir wollen«, behauptet ein großer Mann mit einem roten Gesicht, der dicht beim Feuer sitzt. »Wenn sie's uns nicht geben, ziehen wir weiter, das wissen sie genau.«

Der Alte ihm gegenüber nickt. »Die Welt gehört jetzt uns, wenn wir wollen«, verkündet er. »Die brauchen uns.« Mit einem scharfen Blick wendet er sich Richard zu. »Pack die Gelegenheit beim Schopf, Junge!«, sagt er. »Das geht nicht mehr lang. So viel gutes Land zum Verkauf! Und erst das Vieh! Der Landadel hat durch die Sterbeabgabe so viel Vieh eingesackt, dass die kaum noch wissen, wohin damit.«

»Das hab ich auch gehört«, sagt Richard, der sich jetzt auf seiner Bank vorbeugt. »Ich will gutes Land«, erklärt er. »Und ich kann zahlen. Erst brauche ich Äcker zum Pflügen, später Weideland. Arbeit scheue ich nicht, aber ich will als freier Mann gehen, zusammen mit meinen Brüdern und Schwestern.«

»Aha!« Auch der andere Mann beugt sich jetzt vor. »Angeblich verkaufen sie in St. Helen gutes Land – hast du das auch gehört, Harry?«

»Alle verkaufen sie Land!«, schnaubt der Alte. »Aber nach St. Helen will doch keiner, da gibt's nur kümmerliche Flecken Erde und viel zu viele Steine. Lady Christina, da müsst ihr hin! Bei ihr –«

Richard hebt den Bierkrug an die Lippen. Für ihn ist das hier das gelobte Land. Und ich habe keinen Grund, mich zu beschweren – schließlich ist es genau das, was ich immer wollte, oder? Aber Richards Eifer stößt mich ab. Auch er hat Tote zu beklagen, das weiß ich wohl – Vater und Baby Edward und all die andern Leute in Ingleforn, nach denen zu fragen ich mich bisher nicht getraut habe. Doch die Vorstellung, dass daraus etwas Gutes entstehen könnte, egal was, löst Wut in mir aus. Dafür ist es noch zu früh. Es ist so ungerecht.

Robin scheint das Gleiche zu denken. In sich zusammengesunken, sitzt er auf der Bank und rührt lustlos mit dem Löffel im Eintopf. Magsy zupft ihn am Ärmel.

»Brichst du mir das Brot auseinander? Robin? *Robin!* Mein Brot ist so hart!«

Robin zieht den Arm weg.

»Nicht jetzt, Mag!«

Magsy guckt, als würde sie gleich weinen. Ich sehe ihr an, dass sie kurz davor ist, laut loszuheulen, und beuge mich über den Tisch.

»Nicht so schlimm, Mag. Guck, ich mach's dir schon. Iss und sei still.«

Maggies Oberlippe zittert immer noch. »Hab keinen Hunger«, sagt sie und schiebt meine Hand weg. Am liebsten würde ich das Essen über ihr auskippen, aber ich beherrsche mich, breche auch den Rest des Brotes in kinderkleine Stücke und gebe sie in den Eintopf.

»Kann sein, dass du keinen Hunger hast, aber was ist mit deinem Püppchen? Willst du ihr nicht was geben?«

»Die will auch nichts.« Maggie schmollt, aber die Gefahr, dass sie zu weinen anfängt, ist gebannt, und nur darum geht es mir im Moment.

Um Ned muss ich mir, was das Essen angeht, keine Sorgen machen. Er futtert seine Portion auf und dazu noch die Hälfte von Robins Brot, danach äugt er mit gierigen Blicken nach der Schale von Mags.

»Gehen wir zurück nach Ingleforn?«, fragt er. »Oder irgendwo anders hin?«

»Wir müssen nach Hause und Joan und das Baby holen«, sage ich. »Aber dann wird Richard irgendwo neues Land kaufen. Wir werden frei sein. Wir müssen nicht mehr für einen Lord arbeiten. Wie findest du das?«

Ned zuckt mit den Achseln, aber es scheint ihm zu gefallen. »Wenn ich groß bin«, verkündet er, »werde ich Schultheiß, so wie Gilbert. Dann hab das größte Stück Land im Dorf, und die andern müssen alles für mich pflügen.«

Er sieht so entschlossen aus, der robuste, kräftige kleine Ned, wie er am Tisch sitzt mit seinen abstehenden roten Haaren und Maggies Brot kaut, das Gesicht teils gerötet, teils weiß vor lauter Kälte.

»Das glaub ich dir«, sage ich ihm, und das tue ich wirklich.

Je später es ist, desto voller wird es in der Schankstube. Richard wendet sich von seinen neuen Freunden ab und bestellt noch einen Krug Dünnbier für uns.

»Ist die Pest noch in Ingleforn?«, will Ned wissen. Er hebt seinen Becher so langsam, dass ihm die Flüssigkeit als ein dünnes Rinnsal die Kehle hinunterläuft. Über dem Becherrand sieht man nichts als seine runden blauen Augen.

»Ein bisschen schon«, sagt Richard. »Aber viel weniger. Bald ist sie ganz vorbei, das verspreche ich.«

Offenbar sterben immer noch Leute. Meine Kehle schnürt sich zusammen.

»Woher willst du das wissen?«, sagt Robin. Mit finsterer Miene mustert er Richard vom Tischende her. »Ich wette, es ist nicht vorbei, nicht richtig jedenfalls. So läuft das nicht mit der Pest – sie verschwindet, aber dann kommt sie wieder.«

»Wenn's so wäre, könnten wir nicht viel dagegen tun«, erwidert Richard munter. Am liebsten würde ich ihm ins Gesicht schlagen.

Robins Blick verdüstert sich noch mehr. »Ich geh schlafen«, sagt er und schiebt sein Ende der Bank zurück, so abrupt, dass Magsy beinahe runterfällt. Mit einem überraschten »Oh!« lässt sie den Löffel in ihren Schoß fallen.

Robin kümmert das nicht. Sein Gesicht wirkt erhitzt, und er hat kaum was vom Eintopf gegessen. Ich weiß, dass ich ihm hinterhergehen und schauen sollte, ob mit ihm alles in Ordnung ist, aber ich habe die Traurigkeit und Wut dermaßen satt, dass ich sitzen bleibe.

In einer Ecke der Schankstube haben sich ein paar Musiker zusammengefunden – ein Fidelspieler, ein Trommler und einer, der Horn spielt. Die drei sind gut. Mit dem Löffel klopft Ned den Takt mit. Es wird dunkel. Das Mädchen, das serviert, läuft herum und zündet die Binsenlichter an den Wänden an. Magsy klettert unter dem Tisch durch auf meinen Schoß. Ich spüre sie warm und schwer an meinem Bauch. Ich halte sie fest und bleibe still sitzen, lausche auf die Musik und sehe zu, wie die Schatten an der Wand zu tanzen beginnen, wenn Leute am Feuer oder einem Binsenlicht vorbeigehen. Dabei denke ich daran, wie schnell alles vorbei sein kann. Einen Tag bist du hier, am nächsten fort.

Erst spät gehen wir nach oben, um uns schlafen zu legen. Robin liegt am Ende des langen Raumes. Er teilt sich das Bett mit einer rotgesichtigen Frau und ihrem Kind. Freie Schlafplätze gibt es nur noch am andern Ende. Richard nimmt Ned mit in sein Bett, ich und Maggie müssen uns zu einem dürren kleinen Mädchen legen, das sich auch im Schlaf noch die Flohbisse kratzt.

Ich liege lange wach. Der Schlafraum ist warm und dunkel, es stinkt nach Dünnbier und muffigen Binsen. Jedes Mal, wenn einer zur Latrine muss, hört man ihn fluchend den Gang zwischen den Betten entlangstolpern.

Als ich endlich einschlafe, träume ich von unserm kleinen Haus, in dem das Herdfeuer raucht und Lavendel und Rosmarin zum Trocknen an der Decke hängen, und hinter ihrer Flechtwand schlafen Stumpy und die andern Tiere. Ich träume von Alice, die Edward in den Armen hält und ihm beim Kochen ein Lied vorsummt. Ich träume von Hühnern, die im Stroh scharren, und dem Rascheln der Vögel, wenn sie sich ihre Nester im Reetdach bauen, und davon, wie Ned einen Ball gegen die Wand kickt und ruft: »Eins, zwei, ich bin dabei! Drei, vier, du bist bei mir!«

Ich frage mich, ob ich mein restliches Leben lang immer wieder diesen Traum haben werde. Ich frage mich, ob ich die Toten jemals vergessen werde, ob ich eines Tages vielleicht sogar froh sein werde – so wie Richard –, dass sie gegangen sind und uns diese leuchtende, leere Welt zurückgelassen haben, die jetzt uns alleine gehört.

Als ich aufwache, scheint die Sonne durch die schmalen Fenster, doch geweckt werde ich von hysterischem Geschrei am andern Ende des Raums, anscheinend von einem Kind. Auch die Leute um mich herum wachen auf, sie schimpfen und murren und blinzeln in die Sonne.

Ich richte mich auf. Eine kleine Schar Menschen hat sich um ein Mädchen versammelt, das kaum älter als Mag sein kann. Eine Frau umklammert die Arme der Kleinen, doch die will sich losreißen, sie strampelt und tritt mit bloßen Füßen gegen die Schienbeine der Frau. Dann sagt eine andere Frau: »Sie ist tot!« Der Satz fällt in dem Moment, als das Mädchen gerade Luft holt, um weiterzuschreien. Auf einen Schlag ist es still, sogar das kleine Mädchen hickst nur noch und schmiegt sich zitternd in die Arme der Fremden.

»Ist es …?«, fragt irgendwer, aber was kann es schon sein? Nichts sonst kann so schnell töten. Du legst dich lebendig ins Bett und wachst tot auf. Ich erwarte, dass die Leute in Panik ihre Sachen schnappen und hinausstürmen, aber niemand wirkt auch nur überrascht. Wenn man so lange mit dem Tod gelebt hat, ist jede neue Leiche nur noch eine Last, die man loswerden muss. Wir alle sind zu lange unter Toten gewesen, um noch Angst zu haben. Einen Unterschied macht es nur für die Frau selbst und für ihr Kind, das jetzt wieder anfängt zu kreischen.

»Wir sollten los«, sagt Richard. »Wir haben heute einen weiten Weg vor uns.«

»Ich hole Robin«, sage ich.

Ich ziehe Kleider und Schuhe an und laufe durch den Schlafraum auf Robins Bett zu. Um mich herum reden die Leute mit gedämpfter Stimme. Die Frauen, die um das kleine Mädchen herumstehen, flüstern miteinander und betrachten das Kind. Wahrscheinlich überlegen sie, was sie mit ihm tun sollen. Hat es irgendwo einen Vater oder andere Verwandte? Beim Näherkommen merke ich, dass es das Kind ist, das bei Robin geschlafen hat. Die Frau liegt noch schlaff und weiß auf dem Bett, wie ein gerupftes Huhn, ihre große Hand hängt heraus, die Finger sind schon dunkel verfärbt von dem Blut, das sich dort staut. Ihre Haut ist fahl und schauerlich.

Robin liegt zusammengekauert neben ihr auf der Seite, als würde er schlafen. Seine Hände hat er unter dem Kinn säuberlich übereinandergelegt, seine Lider sind geschlossen. Wie kann er nur schlafen bei diesem Tumult? Ich berühre ihn am Arm, um ihn zu wecken, und weiß Bescheid. Seine Haut ist kalt. Er ist tot.

Eine Frau aus der Schar um das Mädchen hat mich beobachtet. Jetzt tritt sie ans Bett.

»War das ein Freund von dir?«

Ich nicke.

»Und das kleine Mädchen?«

»Kenne ich nicht.« Ich schlucke. Ich will Robin schütteln, will versuchen, ihn irgendwie wachzukriegen, aber ich traue mich nicht, solange mich diese Frau mit aufmerksamen Blicken mustert.

»Schade.« Sie wendet sich nicht ab. »Irgendwo muss sie bleiben.« Ich gebe keine Antwort. Sie zuckt mit den Achseln. »Du musst was unternehmen mit ihm«, sagt sie und deutet mit dem Kopf auf Robin. Wieder nicke ich nur. Wenn ich den Mund aufmache, werde ich entweder weinen oder auf sie losgehen.

»Na gut«, sagt die Frau. Aber sie hört nicht auf, mich anzuschauen.

Ich kauere mich neben Robin und streichle ungeschickt seinen Arm. Er ist so kalt. Sein Gesicht wirkt schon wie Pergament, so wie tote Haut aussieht. Sein schwarzes Haar hängt ihm lose in die Stirn. Die Welt verschwimmt vor meinen Augen und wird wieder scharf. Meine Hand auf dem Bett beginnt wie wild zu zittern, und mir klappern die Zähne. *Ich wusste es,* denke ich. *Ich wusste, dass das passiert. Ich wusste, dass auf nichts Verlass ist, dass nichts hält.* Aber in Wahrheit wusste ich gar nichts. Ich dachte, ich sei sicher. Ich dachte, es sei vorbei.

Nichts ist je vorbei, denke ich, und gleichzeitig mit dieser Gewissheit überrollt mich die Trauer. Während ich hier an Robins Bett sitze, wird mir klar, dass ich mich nach diesem Tag heute nie mehr sicher fühlen werde. Ich werde nie mehr jemanden lieben können, sorglos, schlicht und süß, ohne mich an diesen Moment zu erinnern und Angst zu haben. Voller Überdruss richte ich mich auf und gehe zu Richard und den andern zurück, mit der Nachricht, dass wir fürs Erste nicht nach Hause fahren können.

40 ABSCHIEDNEHMEN

Die nächste Kirche ist drei Meilen weit entfernt. Wir begraben Robin und die tote Frau auf einer Wiese hinter dem Gasthaus, wo das Vieh des Wirts weidet und wo die Pferde frei herumlaufen und an den üppigen Grasbüscheln knabbern dürfen. Dort gibt es eine große Eiche, eine Weißdornhecke und Brombeeren. In den Gräben wachsen Disteln und Wiesenkerbel. Die Weide fällt zu einem Bachlauf hin ab, unten gibt es eine Furt und rauschendes Wasser. Es wird Abend, das schräge Sonnenlicht schickt lange Schatten übers Gras. Der Himmel über den Hügeln ist in Rosa, blasses Orange und Pfirsichtöne getaucht, die lang gezogenen Wolken schillern wie das Innere einer Auster. Es ist ruhig und kühl und friedlich.

Außer Richard und uns ist kaum jemand da, nur der Knecht des Gastwirts, der uns beim Schaufeln der Grabstätte geholfen hat – der Wirt hat die Leichen gleich in den Kuhstall schaffen lassen, damit sie schnell aus dem Haus kommen –, und die Tochter der toten Frau. Sie ist sieben Jahre alt und heißt Beatrice. Sie hatte einen Vater und zwei Brüder, aber die sind auch tot. Ihre Mutter und sie wollten nach Felton, wo ihr Onkel lebt. Später gebe ich einem Fuhrmann, der im Gasthaus übernachtet, ein goldenes Armband von Juliana, damit er Beatrice nach Felton mitnimmt. Richard guckt missbilligend – wie viel Land könnte man mit dem Armband wohl kaufen? –, aber das ist mir egal. Ich denke an Juliana, deren kleine Mädchen gestorben sind. Ich denke an Robin, der auf einmal kein Zuhause mehr gehabt hat, und an Alice, die sich um uns gekümmert hat, obwohl wir gar nicht ihre eigenen Kinder sind. Ich will mir nicht vorstellen, was mit diesem Kind passiert, falls ihr Onkel auch gestorben ist.

Beatrice hat fast den ganzen Morgen über geschrien, aber jetzt ist sie still. Sie lutscht an einem Stück Brot mit Honigwaben und hält Maggies Hand fest umklammert.

Auf einer Tischplatte aus dem Wirtshaus tragen die Männer die beiden Toten zu dem frisch geschaufelten Grab. Weil sie in Leichentücher gehüllt sind, kann ich Robins Gesicht nicht sehen. Darüber bin ich froh.

Bei der Beerdigung gibt es keinen Priester, und niemand hat Robin vor dem Sterben die Beichte abgenommen, aber ich kann mir nicht vorstellen, dass er in die Hölle kommt. Ich weigere mich, das zu glauben. Von einem Gott, der Robin in die Hölle schicken würde, will ich nichts wissen.

Mühevoll lassen die Männer die beiden Toten hinunter ins Grab, ein Leichnam auf den andern. Das geht nicht besonders gut, das Loch ist ziemlich klein, aber immerhin kommen die beiden nicht in die Pestgrube.

»Möchtest du etwas sagen?«, fragt mich Richard.

Ja, denke ich, aber mein Geist versagt, die Stimme bleibt mir weg, die Worte wollen nicht kommen. Was könnte ich schon sagen, um dem hier einen Sinn zu verleihen? Ich sehe Ned und Mag an, auch sie sind still. Sie weinen auch nicht. Richard zuckt mit den Achseln und fängt an, das Grab mit Erde zuzuschaufeln. *Warte*, will ich sagen. Aber worauf soll er warten?

Als die Männer fertig sind, möchte ich noch einen Augenblick alleine dort bleiben, aber Richard sieht mich erstaunt an.

»Wer soll denn auf Mag und Ned aufpassen?«, fragt er. Also muss ich gehen.

Am nächsten Morgen brechen wir nach Ingleforn auf. Ich frage mich, ob ich jemals hierher zurückkehren werde und wie lange sich hier wohl jemand daran erinnern wird, dass auf der Kuhweide zwei Tote begraben sind.

Ich grüble, was ich am Grab hätte sagen können, wenn ich den Mut dazu gehabt hätte.

Ich liebe dich.

Es gibt niemanden auf der Welt, der so ist wie du.

Es hätte mich glücklich gemacht, mein Leben mit dir zu verbringen.

Ich werde dich nie vergessen.

Doch diese Sätze klingen oberflächlich und unpassend. Überall im Land stehen Leute wie Beatrice und ich an offenen Gräbern und sagen immer das Gleiche zu denen, die gestorben sind.

Ich liebe dich.

Ich werde dich nie vergessen.

Es gibt niemanden auf der Welt, der so ist wie du.

41 AUS OFFENEM GRAB

Es ist dunkel, als wir nach Hause kommen. Richard hat eine Laterne an einer Stange festgemacht, sie schwankt und wirft lange Schatten auf die Flechtwerkwände der Häuser. Sogar im Dunkeln weiß ich, wo alles ist. Da ist der Brunnen. Da ist Emma Bakers Backofen. Dort sind die Bienenkörbe von Sir John, ordentlich aufgereiht. Da ist die Schmiede und dort der Schandstock. Es riecht sogar genau wie immer: nach feuchtem Gras und Schweinemist und Stroh und Erde. Die Luft wirkt sauberer, feuchter, üppiger.

Wir sind daheim.

Aber mir ist es egal.

Wir gehen auch nicht nach Hause, sondern übernachten in dem kleinen Haus von Joan und Richard, das aussieht wie immer, nur dass in der Wiege bei der Herdstelle jetzt ein knittriger kleiner Mensch mit rotem Gesicht schläft. Joan – von der Alice immer fand, sie hätte seit der Hochzeit ihre Sinne nicht mehr beisammen – kommt auf unser Klopfen hin zur Tür gerannt und wirft sich Richard in die Arme.

»Du bist zurück!«, ruft sie, dann erst entdeckt sie unsere kleine Schar.

»Du hast sie gefunden!« Und dann wird geküsst und liebkost, aber es kommt nicht die geringste Frage. Joan will nicht mal wissen, wie die Reise war.

Und da ist das Baby beim Herd. Ein kleines, zartes Mädchen, nicht annähernd so stramm wie Edward. Mein Blick wandert immer wieder in ihre Richtung und wieder weg, als hätte ich Angst, sie anzuschauen. Edward hat genauso dagelegen wie sie – immerzu muss ich an seine winzigen Wimpern und Fingernägel und sein ernstes

Schlafgesicht denken. Ich sitze zusammengekauert beim Feuer, die Hand zum Trost auf Maggies Rücken, aber sie schüttelt mich ab und geht das Baby bewundern. Richard wirft mir einen seltsamen Blick zu. Anscheinend erwartet er mehr Begeisterung von mir. Aber das Dorf ist bloß eine Ansammlung leerer Häuser und ungepflügter Felder, das Baby macht mir Angst, und mein Herz weigert sich zu begreifen, dass Robin tot ist – ich werde die Vorstellung nicht los, auch er wäre bei uns. Außerdem muss ich zur Abtei gehen und herausfinden, was mit Geoffrey ist. Und aus irgendeinem Grund treibt mir Joans aufgeräumtes kleines Zuhause die Tränen in die Augen.

»Du bist Tante geworden, Isabel«, meint Joan, doch ich presse die Lippen fest zusammen und sage kein Wort.

Wir werden bald aufbrechen. Joans Schwester, die mit einem Gerber aus Kirby Felton verheiratet ist, hat dort ein Haus gefunden, wo wir wohnen werden, solange wir auf der Suche nach Land sind. Richards Augen glänzen, wenn er über Weidegründe und Weizenfelder und Vieh redet – über all die herrenlosen Rinder und dazu die vielen Tiere, die nach dem Tod ihrer leibeigenen Besitzer als Hauptfall an die Herrschaft gingen, die sie schnell wieder loswerden will.

Ich hatte geglaubt, alles komme wieder in Ordnung, wenn wir nur wieder zu Hause sind, aber vielleicht wird nichts je wieder gut.

Früher dachte ich immer, ich würde mein Leben in diesem Dorf verbringen, aber jetzt bin ich froh wegzugehen. Ingleforn ist ein seltsamer Ort, halb ausgestorben. Die leeren Häuser starren mich mit leeren Blicken an, und überall erinnert mich irgendwas an die Toten: die leere, verriegelte Schmiede, in der niemand mehr arbeitet, die halb wild umherstreunenden Schweine, die herrenlosen Hühner, die nach und nach in die Kochtöpfe der Dorfbewohner wandern, die vielen Häuser mit geschlossenen Läden, damit der Wind nicht hineinweht, die verwucherten Gärten voller Unkraut. Sir Edmund ist in seinem

Londoner Haus gestorben, angeblich kommt bald ein neuer Erbe, ein Vetter aus Duresme, der noch ein Junge zu sein scheint. An Sonntagen ist die Kirche halb leer; ein Pfarrer, den ich nicht kenne, hält hier und in Great Riding die Messe. Anders als der arme Simon kommt er dabei nicht ins Stolpern. Gelangweilt und pflichtbewusst hört ihm die Gemeinde zu, dann gehen alle nach draußen und reden über andere Dinge, genau wie immer.

Will Thatcher kommt nach dem Gottesdienst auf mich zu und spricht mich an. In den paar Wochen, die ich weg war, ist er noch mal ein ganzes Stück größer geworden – er ist kein Junge mehr, sondern fast ein Mann. Vielleicht bin ich eine Frau.

»Schön, dass du da bist«, sagt er, viel direkter als früher. Von seiner alten Schüchternheit ist fast nichts mehr zu merken. »Ich dachte schon, ich würde dich nie mehr wiedersehen.«

Krampfhaft verschränke ich die Arme vor der Brust. Ich habe ihm nichts mehr zu sagen. Ich habe keinem mehr irgendwas zu sagen. *In dieser Welt will ich nicht mehr leben*, denke ich plötzlich. Die Klarheit dieses Gedankens erschreckt mich, ich muss zwinkern. Ist das wirklich wahr?

»Wir bleiben nicht hier«, erkläre ich Will teilnahmslos. »Richard will, dass wir dorthin ziehen, wo es besseres Land gibt.«

Er nickt.

»Ich gehe auch bald weg«, sagt er. »Der neue Lord braucht Wachleute für seine Burg im Süden. Fast alle seine Soldaten sind an der Pest gestorben. Ich bleibe nicht hier.«

Ich wüsste gern, ob er sich an den Kuss erinnert. Und ob er mich vermissen wird, in dieser neuen Burg mit dem neuen Lord, der wohl auch nicht öfter in Ingleforn sein wird als Sir Edmund, wie es aussieht.

Er tritt von einem Fuß auf den andern so wie früher, dann sagt er: »Und ich werde heiraten. Maude Baker.«

»Ach!« Ich blinzle ihn an. Dann sage ich: »Das freut mich, Will, wirklich.« Aber das tut es nicht. Maude Baker ist klobig und fisch-

äugig und dumm. Obwohl sie mit beinahe zwanzig Jahren ein großes Mädchen ist, fürchtet sie sich immer noch vor Ratten und Spinnen und Faltern.

»Hoffentlich – hoffentlich wirst du glücklich«, sage ich zu Will,
und das meine ich ernst. Bedächtig nickt er mit dem Kopf und sagt:
»Und du auch, Isabel. Du auch.«

Niemand scheint zu wissen, was in der Abtei passiert ist. Joan behauptet, alle Mönche seien an der Pest gestorben. Richard sagt, ein
paar hätten überlebt, aber die hätten ihre heiligen Bücher eingepackt
und ins Kloster nach Felton verfrachtet. Und als ich den neuen Pfarrer frage, meint der, es seien wohl schon noch ein paar Mönche da,
aber die würden bald fortgehen, noch bevor es Winter wird, zumindest glaube er das.

Am Tag vor unserm Aufbruch gehe ich zur Abtei. Es ist kalt. Der
Herbst ist da. Die Abtei liegt in der Senke bei der Straße ganz wie
immer, doch unter dem weißgrauen Himmel wirkt sie still. Die großen Holztore sind verschlossen. Ich hämmere mit den Fäusten dagegen, aber es kommt niemand. Aus den Ritzen zwischen den Pflas-
tersteinen wächst Unkraut, und eins der schönen Buntglasfenster der
Kapelle ist zerschmettert, durch die große Lücke kann der Regen
ungehindert in den Innenraum eindringen. Das alles sollte traurig
sein, und das ist es auch, aber in diese Traurigkeit mischen sich die
Stille und Friedlichkeit, die diese mir so vertraute Abtei seit jeher aus-
strahlt, und das alte, sehnsüchtige Heimatgefühl, das Geoffrey immer in mir aufsteigen lässt.

Da ist der Baum, auf den ich geklettert bin, wenn ich Geoffrey
besuchen wollte, ohne dass die Mönche es mitbekamen. Er steht immer noch an der Obstgartenmauer. Hochzuklettern ist einfacher, als
ich es in Erinnerung habe. Anscheinend bin ich gewachsen. Rinden-
stückchen und Moos lösen sich, bald habe ich grüne und braune
Flecken auf Händen und Kleidern, aber das macht mir nichts aus.

Das Kleid ist mir sowieso zu kurz. Ich brauche ein neues. Ich muss Joan nach dem Webstuhl von Alice fragen. Noch mehr Arbeit für den langen Winter.

Bei den Obstbäumen ist niemand, aber aus einem andern Teil des Gartens höre ich etwas, jemand pfeift, und da ist ein Klopfen wie von Metall auf Stein. Ich folge den Geräuschen und nehme dabei alle Zeichen des Verfalls in mir auf: die welken Blätter, die den Boden verdrecken und in den Matsch fallen, ohne dass jemand sie wegfegt, die verdorrten Lauchstängel im Gemüsegarten. Eine große Müdigkeit macht sich in mir breit, mein Körper wird schwer. Ich frage mich, ob mich das alles jemals loslassen wird. Es gibt so viel zu tun, nicht nur hier, sondern überall, und ich bin so müde.

Der Mönch ist auf dem Acker hinter dem Friedhof. Er schaufelt ein Grab. Knietief steht er in der Erde und kommt nur langsam voran. Die Erde ist voller Steine, und er muss immer wieder innehalten, um sie mit seinem Spaten auszugraben. Trotzdem wirkt er fast fröhlich. Er hat seine Kapuze heruntergestreift und pfeift vor sich hin.

Obwohl er mich bemerkt haben muss, hört er nicht auf zu arbeiten, als ich zu ihm trete.

»Wo sind die Mönche?«, frage ich, ein bisschen zu laut.

Der Mönch lacht bellend.

»Wo ist irgendwer?«

Ich brauche einen Moment, um zu begreifen.

»Sind sie tot? Alle?«

»Ich bin hier, oder?« Der Mönch stößt den Spaten in den Boden und schleudert Erde über seine Schulter. »Aber ja, es gibt mich und dann noch den armen Bruder John – wir sind die Letzten.«

Ich bin still. Eigentlich habe ich nichts anderes erwartet, aber irgendwie vielleicht doch. Ich fühle mich, wie man sich fühlt, wenn man eine Last niederlegt, die von Anfang an viel zu schwer zum Tragen war – schwach und zittrig und außer Atem. Der Mönch streift mich mit einem Blick, sagt aber nichts. Dann wendet er sich wieder dem Grab zu. Ich stehe schweigend da und schaue ihm zu. Der Tag riecht nach feuchtem Gras und feuchter Erde. Meine Hände sind fleckig von der Baumrinde, und mein Kleid ist vorne grün verschmiert, von oben bis unten. Meine Füße sind nass. Mein Bruder ist tot. Die Äste der Bäume malen Schatten ins Gesicht des Mönchs, ein Streifen dunkles Braun, dann Weiß und wieder dunkles Braun. Das Wasser strömt im Bach, die letzten Äpfel reifen an den Bäumen, und mein Bruder ist tot.

»Habt ihr's getan?«, frage ich den Mönch bitter.

»Was denn?«

»Euer Bett mit Teufeln geteilt. Hat euch Gott darum alle umgebracht? War es das wert?« Ich werde lauter. Der Mönch gräbt weiter.

»Wenn, dann haben sie mich jedenfalls nicht dazugeholt. Schade. War immer furchtbar kalt in meinem Bett in diesen langen Nächten.«

»Das ist nicht komisch!«, sage ich mit schriller Stimme. Der Mönch blickt auf.

»Nein«, sagt er. »Das ist es wohl nicht.«

Ich ramme meine Schuhspitze in die Erde am Rand des Grabs. Es ist guter, fruchtbarer Boden, bröcklig und weich, voll mit Würmern und blassen, sich kräuselnden Graswurzeln.

»Ich hasse Gott«, verkünde ich. Der Mönch ignoriert mich. Mit seinen zusammengepressten Lippen erinnert er mich Alice, die ungerührt weiterwebt, während Mag einen Heulanfall hat.

»Ich glaube nicht mehr an Gott«, sage ich schließlich. Dabei weiß ich nicht mal, ob das stimmt – kann es überhaupt eine Welt ohne Gott geben? –, aber immerhin sieht mich der Mönch daraufhin endlich an.

»Wenn das stimmt, bist du nicht die Einzige. Ein paar Jungen aus Ingleforn haben immer wieder Steine gegen die Fenster geworfen, die ganze letzte Woche über. Als gäbe es in der Welt nicht schon genug Kummer.«

»Wie kannst du da noch an Ihn glauben?«, frage ich. »Nach allem ...« Ich mache eine kreisende Armbewegung, die alles auf einmal meint – die Gräber und die leere Abtei, die Stadt York, wo die Leichen auf den Straßen liegen, und Alice und Vater und Edward im Grab bei den Ratten, und Thomas, wie er am Galgen baumelt.

Der Mönch schweigt. Mit dem Spaten hebt er Erde aus dem Grab und lässt sie mit einem satten Klatschen ins Gras fallen. Das hat etwas seltsam Beruhigendes, genau wie die Feldarbeit zusammen mit Vater. Mein Vater ist tot. Mein Bruder ist tot.

»Weißt du«, sagt der Mönch, »ich war ein Kind zur Zeit der großen Hungersnot. Hast du davon schon mal gehört?«

Das habe ich. Viele Leute im Dorf erinnern sich an die Hungersnot, als der Regen über die Ernte kam und alles Getreide vernichtet hat. Vater hat seine Großmutter, eine Baby-Cousine und eine kleine Schwester verloren, die noch jünger war als Mag.

»Und dann haben die Eltern sie klein geschnitten und in den Kochtopf getan!«, hat der schmutzige Nick immer behauptet. Dabei hat er die weißen Zähne im roten Mund gefletscht und mit seinem langen, verdreckten Gesicht so furchtbare Grimassen gezogen, dass man die Muskeln unter der Haut arbeiten sehen konnte. Aber Vater hat ihm widersprochen. Sie hätten seine kleine Schwester nicht aufgegessen, sondern auf dem Friedhof begraben, unter dem Ostfenster der Kirche. Will Thatcher allerdings sagt, er habe auch gehört, dass Menschen sich gegenseitig aufgegessen hätten.

»Menschen sind seltsame Geschöpfe«, sagt der Mönch. »Sie fällen die Bäume über ihren Häusern und wundern sich, warum die Flut kommt. Sie verspeisen alle Gerste und fragen sich, wieso ihre Kinder hungern. Sie hören von bösen Zeichen auf dem Kontinent – die Pest und das vom Himmel regnende Feuer und die Froschplage – und behaupten: ›Das kann mir nichts anhaben. Das kommt nicht zu uns.‹«

»Ich kannte einen Mann aus York«, erzähle ich. »Er hieß Watt, und er meinte, die Leute in Frankreich hätten gesagt, die Pest würde nur die Heiden dahinraffen, bis sie dann nach Frankreich kam. Dann haben die Leute in England gedacht, die Pest würde nur die Franzosen dahinraffen, bis sie nach England kam. Da haben sich die Schotten gefreut, dass die Krankheit die Engländer trifft ...«

»Und jetzt ist sie auch in Schottland«, sagt der Mönch und spuckt aus. Ich nicke. Jetzt ist sie in Schottland.

»Keiner will glauben, dass ihn selbst ein Unglück treffen kann«, sagt er. »Aber das tut es. Das wird es tun. Das Unglück ist zu Jesus gekommen und zu den Israeliten und den Ägyptern. In vier-, fünf- oder sechshundert Jahren werden immer noch Leute Bäume fällen und alle Gerste verspeisen und hoffen, dass die Vorsehung gnädig mit ihnen sein wird. Aber Unglück wird auch sie ereilen, egal was sie hoffen. Das, was uns passiert ist, war grausam, das stimmt, wir mussten mehr Leid ertragen, als wir uns je hätten vorstellen können. Aber schau! Du bist noch da und ich bin es auch. Ich muss eine neue Abtei aufbauen, und du musst dein Land bestellen, wette ich.«

»Wir gehen weg«, sage ich. »Bevor der neue Lord kommt. Mein Bruder Richard sagt, es wird keinen kümmern, ob wir Leibeigene sind oder frei, solange wir Hände haben, um die Felder zu pflügen. Wir werden reich sein, sagt er.«

»Aha«, sagt der Mönch. Er wirft noch einen Spaten Erde aus dem Grab. »Da hat er vielleicht nicht mal unrecht.« Er schaut zu mir hoch. »Du solltest dankbar sein, mein Mädchen.«

Ich kauere mich ins nasse Gras und ziehe den Kopf ein, damit ich ihn nicht sehen muss, wie er da im Grab steht. Ich denke an die Bibelgeschichte von den Lilien auf dem Feld, die weder pflügen noch weben noch backen oder säen müssen, weil Gott in seiner großen Gnade sie kennt und liebt.

»Ich habe Angst vor dem Baby«, sage ich durch den Vorhang meiner Haare.

»Angst vor dem Baby!« Der Mönch lacht. »Ein großes Mädchen wie du! Das Ende der Welt überstehst du, aber vor einem Baby hast du Angst!«

Er hat recht. Ich bin ein Dummkopf. Aber in Wahrheit lässt sich das Ende der Welt leicht überstehen, wenn du nicht damit rechnest zu überleben. Wenn du weiter nichts tun musst, als dich fester in deinen Umhang zu wickeln und noch einen Tag lang zu leben. Das kann jeder, denke ich mir. Nach dem Tod von Alice konnte ich mir nicht vorstellen, irgendwas anderes zu tun, als auch zu sterben.

Leben ist schwerer als Sterben. Ich denke an Joans Baby, Sarah. Ich will nicht unter einem Dach mit einem Baby wohnen und es nicht lieb haben, aber ich kann Sarah nicht lieb haben, ohne an Edward zu denken, und ich weiß nicht, ob ich die Kraft aufbringe, mich an alle zu erinnern, an die ich mich erinnern muss, und den Kummer zu ertragen, der mir aufgebürdet ist.

»Vielleicht komme ich mit in die neue Abtei«, sage ich in die Grashalme hinein. »Vielleicht werde ich Nonne. Nonnen müssen nicht denken, oder?«

»Andauernd«, sagt der Mönch. »Andauernd.« Er hört auf, Erde aus dem Grab zu schaufeln, und fährt sich mit seiner schmutzigen Hand durchs Gesicht. »Hör mal«, sagt er. »Du kommst mir nicht wie ein Feigling vor.«

Ich ziehe die Schultern hoch und beuge mich vor, bis mein Gesicht beinahe das nasse Gras berührt. Ich bin Isabel. Ich bin kein Feigling. Aber einen Augenblick lang werde ich mich hier hinlegen, mit den Fingern die Tautropfen von der Unterseite der Grashalme streifen und mich erinnern, wie es sich anfühlt, ganz und gar zu Hause und vollkommen sicher zu sein.

»Was werde ich tun?«, frage ich das Gras und die kleine schwarze Ameise, die an einem Löwenzahn hochkrabbelt. Der Löwenzahn ist ein Berg für die Ameise, aber sie klettert trotzdem hoch. Ich weiß die Antwort und bin nicht überrascht, als der Mönch sie ausspricht.

»Du wirst leben«, sagt er. »Was sollst du sonst tun?«

42 FINIS

Richard ist stolz auf sein neues Land, alle sollen es bewundern. Er hält Joan an der Hand, während sie über die aufgebrochene Erde stolpert. In einem über die Schulter geschlungenen Tuch trägt sie Baby Sarah. Sarah fängt an, sich für die Welt zu interessieren. Sie reckt den Kopf und schaut alles mit ihren blauen Augen an. Langsam bekommt sie auch Haare: dünne kupferrote Strähnen, so wie Ned.

»Ich stelle mir vor, dass wir hier überall Roggen anbauen«, erklärt Richard. »Ich würde es auch gerne mit Bohnen versuchen. Vater hat ja mit Bohnen nie Glück gehabt, aber auf dem Boden hier ...« Joan lauscht ihm mit aufmerksamem Gesicht, genau wie Sarah. Dabei interessiert sie der Roggen nicht im Geringsten, für sie geht es nur darum, wie sein Mund beim Sprechen zuckt, um das Wunder, dass er hier ist, so froh und lebendig.

In der Winterkälte ist der Boden hart gefroren. Schwer und grau hängt der Himmel über uns. Raureif funkelt auf Gräsern und Sträuchern. Es wird viel Arbeit, so viel Land zu bestellen und sich um alles zu kümmern, erst recht ohne die Tagelöhner, auf die wir uns in Ingleforn verlassen konnten, aber es ist eine gute, nützliche Arbeit. Aus nichts etwas zu machen – das ist die beste Arbeit, die es gibt. Wenn ich die Lider senke, sehe ich vor mir, wie diese Äcker sein werden, wenn dort erst Roggen und Bohnen und Hafer wachsen und alles, was Richard sonst noch probieren will.

»Wir können hier wirklich was Großes zustande bringen«, sagt Richard zu Joan mit leuchtenden Augen und stolzem Blick. Und er hat recht. Das können wir.

Wem Gott Wissen und Beredsamkeit gegeben hat, der darf das nicht verschweigen und verheimlichen, sondern er muss sich bereitwillig hervortun.

Die Frau, von der diese Worte stammen, war eine Äbtissin und Dichterin, und hundert Jahre nach ihrem Tod werden ihre Gedichte immer noch gelesen und gesungen. Emma, die Bäckersfrau, kann genauso gut backen wie ihr Mann John. Als wir nach Ingleforn zurückgekommen sind, war sie immer noch da und hat Brot gebacken, zusammen mit ihrer Tochter. Sie hat uns aus dem letzten Roggen vom vergangenen Jahr drei große Fladen gemacht.

Wir sind nicht lange in Ingleforn geblieben. Richard hat gehört, dass Lady Christiana jedem, der auf ihren Gütern beim Pflügen und Säen fürs nächste Jahr hilft, drei oder vier Pence gibt. Wir waren dort nichts als Tagelöhner, aber niemand hat uns groß gefragt, wo wir herkämen, und wir sind als freie Männer und Frauen bezahlt worden. Der Erbe von Sir Edmund ist ein grüner Junge aus Duresme, der über seine Leibeigenen ungefähr so viel weiß wie ich über den Bau einer Kathedrale. Gilbert Reeve lebt nicht mehr, und keiner aus dem Dorf bringt es über sich, uns hinterherzujagen.

»Also sind wir jetzt freie Leute?«, frage ich Richard. Er zuckt mit den Achseln.

»So gut wie. Wir werden jedenfalls nie mehr für jemand andern arbeiten müssen, darauf kommt's an.«

Frei zu sein ist köstlich. Am Anfang ist alles so seltsam und grau und durcheinander, dass ich kaum richtig begreife, was wir hier haben. Erst als es Winter geworden ist, schaue ich mich um und erkenne so richtig, wie wir leben, in unserm eigenen kleinen Haus auf unserm eigenen Land, mit Joans weinendem kleinem Mädchen an der Herdstelle. Jeden Tag sind Richard, Ned und ich draußen auf den Feldern und lernen mehr darüber, wie das Land liegt und wie tief der Ackerboden reicht, wo welche Pflanzen sogar dann gut gedeihen, wenn wir uns kaum um sie kümmern, und wo sie dürftig bleiben, obwohl wir alles tun, was wir können.

Bald wird es Frühling. Eine neue Ernte. Ein neues Jahr.

»Die Welt wird größer, Isabel!«, sagt Richard. »Schau dir all die Leute an, die hierherkommen und als freie Menschen leben. Schau dir unser Land an!« Er tätschelt Baby Sarah. »In welcher Welt du wohl mal leben wirst, was?«

Schon jetzt ist Richard reicher, als Vater es jemals war. Er überlegt, mit dem Geld von Thomas ein paar Tiere zu kaufen, für die sonst niemand Verwendung hat. Sie sollen guten Gewinn abwerfen, bis ich alt genug bin und selbst einen Hof haben kann. Schafe züchten ist weniger Aufwand als der Anbau von Gerste.

Joan hält davon überhaupt nichts. »Wozu hast du so viel Ackerland gekauft, wenn du Schäfer sein willst?« Aber Ned gefällt die Vorstellung, er würde lieber für eine Schafherde sorgen, als auf dem Feld zu arbeiten.

Überleben ist eine seltsame Sache, wenn so viele tot sind, die du liebst. Nicht jeder erträgt das. Eine Frau hat sich im Winter aufgehängt, ein Mann ist verrückt geworden – er hat plötzlich mit den Blättern an den Bäumen gesprochen, sie mit den Namen seiner Kinder angeredet. Das, was ich fühle, ist meistens gar nicht mal echte Trauer, sondern eher eine große Empfindlichkeit, als könnte mich der kleinste Stoß verletzen und ein falsches Wort zugrunde richten.

Aber der Mönch in meiner Abtei hatte recht. Wenn du arbeiten musst, dann arbeitest du. Wenn du leben musst, lebst du.

Es gab eine Zeit, da dachte ich, die ganze Welt würde ertrinken, keiner würde am Leben bleiben. Doch jetzt hat sich die Flut zurückgezogen und wir stehen oben auf dem Berg, wie Noah und seine Frau im Mysterienspiel, und blicken hinaus in eine neue Welt, auf das Land, das uns gehört.

HISTORISCHER HINTERGRUND

Der Schwarze Tod war die größte Einzelkatastrophe in der Geschichte der Menschheit. Es gibt keine exakten Zahlen darüber, wie viele Menschen ihm zum Opfer fielen, aber man nimmt an, dass etwa ein Drittel, vielleicht sogar annähernd die Hälfte der europäischen Bevölkerung von der Seuche ausgelöscht wurde. Mit Sicherheit hat sich die Bevölkerung Europas zwischen dem Beginn und dem Ende des vierzehnten Jahrhunderts halbiert. Das war nicht allein das Werk des Schwarzen Todes. Auch die große Hungersnot von 1315 bis 1317, der Hundertjährige Krieg zwischen England und Frankreich und der miserable Stand der mittelalterlichen Medizin hatten ihren Anteil daran, aber der Schwarze Tod war mit Abstand der bedeutendste Faktor. Ein Vergleich macht diese Zahlen greifbarer: Im Ersten Weltkrieg – dem größten Unglück der jüngeren britischen Geschichte – wurden etwa 1,55 Prozent der Bevölkerung getötet. Beim Schwarzen Tod geben neueste Schätzungen für England eine Todesrate von etwa 45 Prozent an. Die US-Regierung hat bei der Planung von Maßnahmen im Falle eines nuklearen Winters Daten über den Schwarzen Tod als Orientierungsrahmen verwendet.

Den Schwarzen Tod – damals auch als Pestilenz, *le morte bleu* oder großes Sterben bezeichnet – hält man heute für eine Kombination von drei unterschiedlichen Krankheitsbildern: der Beulenpest, der Lungenpest und der septikämischen Pest. Die Beulenpest, auch Bubonenpest genannt, ist das, was man sich spontan vorstellt, wenn man das Wort *Pest* hört: schwarze Beulen in der Leistengegend und den Achselhöhlen, rote Flecken, Fieber. Die Lungenpest entsteht, wenn der Erreger direkt die Lunge befällt oder die Beulenpest in eine Lungenentzündung übergeht und die Patienten Blut spucken – diese Variante der Seuche ist hochgradig ansteckend. Die septikämische Pest ist sicher die erschreckendste von allen drei Ausprägungen, denn die Betroffenen sind im einen Augenblick noch vollkommen gesund und kurze Zeit später tot. In diesem Roman stirbt Edward an der Beulenpest, Simon an der Lungenpest und Robin an der septikämischen Pest.

Robins Zweifel, ob es mit der Krankheit wirklich vorbei sein könne, sind vollkommen berechtigt. Im Lauf der nächsten dreihundert Jahre ist die Pest in verschiedensten Ausprägungen immer wieder aufgeflackert, bis sie 1666 in der Großen Pest von London ihren letzten Höhepunkt fand. Die Beulenpest existiert bis heute, wenn auch in stark abgeschwächter Form. Dreizehn Jahre nach den hier beschriebenen Ereignissen wäre Isabel mit einem neuen Ausbruch der Seuche konfrontiert, dem fünfzehn Prozent der britischen Bevölkerung zum Opfer fielen, acht Jahre später gab es eine neue Welle, die noch einmal etwa zehn Prozent tötete. Schlimmerweise raffte diese zweite Pestwelle vor allem Kinder hinweg, die zur Zeit des Schwarzen Todes noch nicht geboren waren. Deshalb fehlten ihnen die Abwehrkörper, die ihren Eltern das Überleben sicherten. Diese Pestepidemie wurde daher auch als *Kinderpest* bezeichnet.

Als Teenager habe ich Romane geliebt, in denen es um das Ende der Welt, um apokalyptische Zustände ging. Ich wurde geboren, als der Kalte Krieg gerade zu Ende ging, und habe mit einer leicht morbiden Begeisterung alles verschlungen, was den atomaren Holocaust schilderte, dazu die unterschiedlichsten Darstellungen von Seuchen und Kriegen. In einem Science-Fiction-Roman von John Wyndham ging es sogar um menschenfressende Killerpflanzen. Über den Schwarzen Tod wollte ich schreiben, weil er ein ganz reales apokalyptisches Ereignis war. Die Menschen, die diese Zeit durchlebten, glaubten tatsächlich, dass die Welt untergehe. Doch im wirklichen

Leben war diese Apokalypse ganz anders als in den Science-Fiction-Romanen, die ich früher gelesen habe. Hunger war kein Thema für die mittelalterlichen Bauern – viele von ihnen hatten während der Pestzeit sogar zum ersten Mal in ihrem Leben genug zu essen. Und die Gesellschaft als ganze überlebte, auch wenn sie unter den kaum erträglichen Belastungen immer wieder zusammenzubrechen drohte. Die Toten wurden begraben, die Waisen versorgt. Die Kirchenbücher von 1348 und 1349 sind voller säuberlich geführter Listen von Verstorbenen. In Testamenten und Gerichtsakten ist zu erkennen, wie Ländereien von einem Erben zum nächsten weitergegeben wurden – manchmal wechselten sie innerhalb von Wochen mehrfach den Besitzer.

Genau wie die Zeit nach dem Ersten Weltkrieg waren die Jahre nach dem Schwarzen Tod für England eine Zeit großer sozialer Umbrüche. Frauen wie Emma Baker durften erstmals in Handwerksberufen arbeiten, die bis dahin Männern vorbehalten waren; viele von ihnen brachten es in dieser Zeit zu Wohlstand und Ansehen. Der Feudalismus – die gesellschaftliche Ordnung, die Isabel und ihre Familie dazu verpflichtete, unentgeltlich auf Sir Edmunds Feldern zu arbeiten – wurde empfindlich geschwächt, genauso wie die Macht der Kirche. Ähnlich wie Thomas waren viele Menschen im ausgehenden Mittelalter nicht bereit, sich einem Gott zu unterwerfen, der ihre gesamte Familie ausgelöscht hatte. Familien wie die von Isabel profitierten von einem grundlegenden Wandel: Hatten sie zunächst in einer Welt gelebt, in der Land teuer und Arbeit billig war, gab es nach der Seuchenzeit übergenug Land, jedoch kaum Arbeitskräfte, die es bewirtschaften konnten. Daher wurden in den folgenden Jahren viele Bauern wohlhabend – Richard ist ein Beispiel dafür.

Heute sind uns Sicherheit und materieller Wohlstand so selbstverständlich, dass wir die Möglichkeit, selbst zu Opfern einer Katastrophe zu werden, weitgehend ausblenden. Wie die Engländer im Mittelalter betrachten wir Bedrohungen durch einen Atomkrieg oder durch Klimaveränderungen als etwas, das anderen passiert, aber ganz bestimmt nicht uns. Ich wollte in meinem Buch zeigen, dass auch bei uns Katastrophen passiert sind und wieder passieren können. Und dass Menschen eine erstaunliche Fähigkeit besitzen, in den Ruinen ihrer Welt zu stehen und sie aus der Asche wieder neu aufzubauen.

GLOSSAR

Astrolabium ein aus einer Scheibe und einem Zeiger bestehendes Instrument für astronomische Messungen

Blattern altes Wort für die Pocken, eine gefährliche Infektionskrankheit

Campball eine frühe Version von Fußball, die in England besonders beliebt war

Dorfanger Wiese oder Platz in Gemeinbesitz, der von allen Bewohnern eines Dorfes genutzt werden kann und als Weideland dient. Daneben ist der Anger ein Ort für Feste und andere gemeinschaftliche Aktivitäten. Oft gibt es am Anger einen Teich, häufig sind auch der Dorfbackofen und die Schmiede dort gelegen.

Dünnbier ein nur schwach alkoholischer Getreidesud, wird im Mittelalter oft zu den Mahlzeiten getrunken, auch von Kindern

Duresme normannischer Name für Durham, eine Stadt im Nordosten England

Eintopf Grundnahrungsmittel der ländlichen Bevölkerung. Dieser Eintopf besteht in der Regel aus Hafer, Salz, Fleischsud und Kräutern. Je nach Jahreszeit können Erbsen, Lauch, Speck, Bohnen, Kohl, Zwiebeln, Knoblauch und anderes Gemüse dazukommen. Aus Früchten wie Kirschen oder Johannisbeeren werden zu dieser Zeit auch süße Eintöpfe zubereitet.

Flechtwerkwand eine Wand, die aus senkrecht aufgestellten Stangen mit einem Geflecht aus Zweigen oder Stöcken errichtet ist. Auch mittelalterliche Zäune bestehen oft aus solchen Geflechten. Die Wände der Häuser in Isabels Dorf sind aus Flechtwerk mit Lehm: Die geflochtenen Wände werden mit einer Lehmmasse bestrichen, die beim Trocknen fest wird. Auf diese Art können Bauernhäuser schnell gebaut und auch mühelos erweitert werden, wenn die Familie größer wird.

Freisasse Besitzer eines Landgutes, das von allen Abgaben und Lehnspflichten befreit ist, für das also keine Frondienste auf den Feldern eines adligen Herrn zu leisten sind

Gericht In diesem Buch kommen zwei unterschiedliche Arten von Gerichten vor. Das bei der Gerichtseiche in Ingleforn stattfindende Gericht obliegt den adligen Gutsherren und ihren Vertretern. Es tagt mehrmals im Jahr und regelt vor allem die Angelegenheiten des Landguts und des Dorfes. Es bestraft kleinere Verstöße, wenn etwa jemand Tiere frei auf den Feldern herumstreunen lässt oder verpflichtende Frondienste nicht ableistet, und beurkundet außerdem Wechsel im Landbesitz. Auch Steuern und Abgaben werden von diesem Gericht erhoben. Im Unterschied dazu sind die Richter, die Thomas zum Tode verurteilen, Beauftragte des Königs. Sie reisten als Wandergericht durch das mittelalterliche England und entscheiden landesweit über alle Verbrechensfälle.

Halsbräune Mandelentzündung, auch ein alter Name für Diphtherie

Hauptfall Abgabe, die beim Tod eines Leibeigenen an den Gutsherrn zu zahlen ist, meistens das beste Stück Vieh oder der kostbarste Besitz

Herdstelle Kochgelegenheit und Feuerstelle im Haus, meist mitten im Raum und ohne Rauchfang. Die Herdstelle bei Isabel in Ingleforn besteht aus einem schmiedeeisernen Gitter mit einer abnehmbaren Haube. Die Herdstelle bei Thomas ist ein aus Steinplatten gemauertes Geviert.

Hose im Mittelalter eng anliegend und eher mit Leggings vergleichbar, von Männern an der Stelle von Hosen im heutigen Sinn getragen, von Frau anstelle von Strumpfhosen

Kapuze Die Kapuzen an mittelalterlichen Kleidungsstücken sind abnehmbar. Sie bedecken Kopf und Schultern und haben oft leuchtende Farben.

Krankenbruder Mönch, der in einem mittelalterlichen Kloster oder einer Abtei für die Krankenstube zuständig ist

Kräuter Oberbegriff für alle Gemüsearten. Im Mittelalter hält man grüne Gemüse für schädlich und ist der Meinung, sie müssten vor dem Essen gut durchgekocht werden.

Küster ein Kirchendiener, der für alle praktischen Dinge rund um die Kirche und den Friedhof zuständig ist, oft zugleich auch Totengräber und Glockenläuter

Landhufe altes Flächenmaß. Weil Pflüge in der Regel von großen Gespannen aus mehreren Ochsen gezogen werden, sind die mittelalterlichen Felder sehr groß; sie umfassen zwischen sieben- und zwölfhundert Morgen, also hundertfünfundsiebzig bis dreihundert Hektar. Diese Felder sind in Streifen aufgeteilt, die von einzelnen Familien bebaut werden. Eine Landhufe, wie sie hier gemeint ist, entspricht etwa einer Fläche von zwölf Hektar. Für jede Landhufe muss der Besitzer zwei Ochsen zum Ziehen des Gemeinschaftspfluges bereitstellen.

Leibeigenschaft die persönliche Abhängigkeit eines Bauern von seinem Grundherrn. Leibeigene müssen auf den Feldern des Grundherrn arbeiten und zahlreiche Abgaben leisten. Sie dürfen nicht von dessen Gutshof wegziehen, unterliegen seiner Gerichtsbarkeit und dürfen nur mit seiner Genehmigung heiraten.

Miasma anderer Begriff für Pesthauch

Michaelistag kirchlicher Feiertag am 29. September, wird zu Ehren des heiligen Michael gefeiert, der als Bezwinger des Teufels gilt. Früher der Termin des Erntedankfestes, das häufig auch Schlachttag war, außerdem Stichtag für Pacht- und Zinszahlungen und Fälligkeitstermin für die Abgabe des Zehnten

Mysterienspiel Theaterstück zu einer Bibelgeschichte oder religiösen Legende, vor allem bei Festen aufgeführt, in den Städten meist durch die Zünfte

Pater Noster lateinisch für Vaterunser, Bezeichnung für das entsprechende Gebet

Pesthauch eine Wolke schlechter, pestverseuchter Luft. Im Mittelalter glaubt man, dass sich Krankheiten durch stinkende Luft weiterverbreiten, wohl deshalb, weil bei manchen Krankheiten die Befallenen einen üblen Geruch verströmen, so auch bei der Pest, und weil viele schlecht riechende Orte, zum Beispiel Abwassergruben, tatsächlich oft ungesund sind.

Placebo Domino Gebet zum Gedächtnis der Toten, eigentlich das Totenoffizium, das mit den lateinischen Worten *Placebo domino in regione vivorum* beginnt (*Ich werde dem Herrn gefallen im Lande der Lebenden.*)

Rotlauf mittelalterliche Bezeichnung für Hautkrankheiten aller Art, wie Akne, Neurodermitis, Gürtelrose usw.

Schandstock besonders in England verbreitete Form des Prangers, an dem Menschen zur Bestrafung gefesselt und öffentlich vorgeführt wurden

Schultheiß Aufseher auf einem Landgut, Stellvertreter des Gutsherrn. Der Schultheiß stammt meist selbst aus der Landbevölkerung und hat eine Vielzahl von Aufgaben. Er treibt zum Beispiel Mietzinsen und Abgaben ein, organisiert die Arbeit auf den Feldern des Gutsherrn und sorgt dafür, dass die Leibeigenen zur Feldarbeit erscheinen.

Der Schultheiß von Ingleforn ist Gilbert Reeve, wobei *reeve* das englische Wort für Schultheiß ist. Die Bezeichnung des Amtes wird hier also zum Namensbestandteil, wie das auch bei Handwerksberufen oft der Fall ist: John und Emma Baker sind die Bäcker, John Smith ist der Schmied usw.

Skriptorium   Schreibstube, Raum, der speziell für Schreibarbeiten eingerichtet ist

Spielleute   in Gruppen umherziehende Musikanten, auch Schauspieler, Gaukler und Artisten

Spindel   ein hölzerner Stab, der fürs Wollespinnen benutzt wird. Im mittelalterlichen England ist Spinnen Frauenarbeit, weil es nebenher getan werden kann, während man Kinder hütet, den Essenstopf im Auge hat oder ein Feuer in Gang hält.

Styche   eine mittelalterliche Infektionskrankheit, über die heute kaum noch etwas bekannt ist, eventuell eine Form der Lungenentzündung

Sumpffieber   ein alter Name für Malaria, auch Wechselfieber oder Dreitagefieber genannt. In sumpfigen Gebieten ist diese Krankheit während des Mittelalters auch in England verbreitet.

Tonsur   Mittelalterliche Mönche und Priester scheren sich als Zeichen ihrer Hinwendung zu Gott eine kahle Stelle oben am Kopf, mitunter rasieren sie sich auch den gesamten Kopf.

Tristan und Isolde   eine Legende, die von der tragischen Liebe zwischen dem aus Cornwall stammenden Ritter Tristan und der irischen Prinzessin Isolde erzählt. In einigen Versionen der Geschichte gehört Tristan zu den Rittern der Tafelrunde um König Artus.

Yeomen   ursprünglich militärische Gefolgsleute, später Bezeichnung für freie Landbesitzer ohne persönliches Abhängigkeitsverhältnis von einem Gutsherrn. Sie mussten lediglich Wachdienste am Gutshof leisten.

Zehntscheune   Die mittelalterlichen Gesetze legen fest, dass ein Zehntel der Einkünfte einer Familie an die Kirche abgetreten werden muss. Weil Bargeld in ländlich geprägten Gegenden zu dieser Zeit wenig verbreitet ist, müssen Bauern meist tatsächlich ein Zehntel von den Eiern, dem Getreide, dem

Fleisch und allem sonst abgeben, was sie erwirtschaftet haben. Diese Naturalabgaben werden in der Zehntscheune gelagert.

Zelter ein leichtes Reitpferd, das besonders ruhige Gangarten beherrscht, heute Gangpferd genannt

Zetermordio allgemeiner Alarmruf, der Diebe, Mörder und andere Verbrecher an der Flucht hindern soll. Wer diesen Ruf hört, ist verpflichtet, sofort zu unterbrechen, was er tut, und alles zu unternehmen, um den Flüchtenden zu ergreifen.

DANKSAGUNG

Mein Dank geht an Phil Hoggart, der mir so vom Schwarzen Tod erzählt hat, dass ich Lust bekam, darüber zu schreiben. (Danke auch für die Hinweise auf all die andern seltsamen und faszinierenden Dinge, über die ich später einmal schreiben werde.) Bedanken will ich mich auch bei den freundlichen Leuten vom Cosmeston-Mittelalterdorf, die mir Antwort gaben auf wichtige Fragen, zu denen sich die Geschichtsbücher ausschweigen, zum Beispiel: »Haben im Mittelalter Brüder und Schwestern im gleichen Bett geschlafen?« oder: »Gab es auf mittelalterlichen Höfen einen Hühnerstall?«

Sehr dankbar bin ich auch den vielen kreativen Köpfen, die in Cafés, Dachböden und Polizeistationen neben mir saßen und mit Energie und Hartnäckigkeit an ihren Romanen, Comics und Dissertationen arbeiteten, während ich an diesem Roman schrieb: Tara Button, Tom Nicholls, Susie Day, Pita Harris, Victoria Still, Carrie Comfort, Emily Hunka, Sarah McIntyre und allen Leuten von der Fleece Station. Danke für den kollegialen Austausch und auch für die wiederholte Erinnerung, dass Spider-Solitär-Spielen nicht als Schreiben durchgeht.

Danke an Jessica Metheringham-Owlett, die Frau mit dem wunderbaren Namen, für ihre großzügige Unterstützung des Firefly-Projekts (www.fireflybosnia.org) im Rahmen einer stillen Auktion, bei der eine Erwähnung in der Danksagung dieses Buchs zu gewinnen war.

Wie immer gilt mein Dank auch meiner Lektorin Marion Lloyd, die mich glücklich gemacht hat mit Vorschlägen wie: »Geht das noch ein bisschen schauriger?«, und meinen beiden Agentinnen, der schmerzlich vermissten Rosemary Canter und der wunderbar tüchtigen Jodie Marsh. Und Tom Nicholls, meinem Freund und Ehemann, der mich erstklassig mit Umarmungen, Internet, Schraubenziehern und finanziellen Ratschlägen versorgt und immer plausibel begründen kann, warum das Buch, an dem ich gerade arbeite, nicht annähernd so schlecht ist, wie ich es mir einbilde.

SALLY NICHOLLS wurde am 22.6.1983 in Stockton, England, geboren. Sie studierte Philosophie und Literatur, ohne eine Vorstellung davon zu haben, wie man später Geld damit verdienen könnte. In einem Schreibseminar verfasste sie ihren Debütroman *Wie man unsterblich wird* – mit nur 23 Jahren. Überraschenderweise wurde die Geschichte gleich vom ersten Verlag angenommen, an den die Autorin sie schickte. Der Roman, 2008 in England und im selben Jahr bei Hanser erschienen, wurde in 18 Sprachen übersetzt und u. a. mit dem LUCHS des Jahres der ZEIT und dem Waterstone Children's Book Prize ausgezeichnet. 2009 war er außerdem für den Deutschen Jugendliteraturpreis nominiert. 2010 erschien Nicholls' zweites Jugendbuch, *Zeit der Geheimnisse*, bei Hanser. *Keiner kommt davon* ist ihr dritter Jugendroman. Die Autorin lebt in Oxford, gibt Creative-Writing-Seminare und hat gerade ihren vierten Roman abgeschlossen.

BEATE SCHÄFER arbeitete nach dem Studium der Germanistik, Geschichte und Amerikanistik 20 Jahre als Verlagslektorin. Heute ist sie Übersetzerin und freie Lektorin für Belletristik und Jugendliteratur. Sie hat an der Berliner Alice-Salomon-Hochschule eine Ausbildung als Schreibpädagogin absolviert und leitet Seminare und Schreibwerkstätten für Jugendliche und Erwachsene.

🎧 erscheint als Hörbuch bei Audiolino,
gelesen von Anne Moll